U0359580

暨创原理一二三
基于商业原理的创业规律

张耀辉　著

清华大学出版社
北京

图书在版编目(CIP)数据

暨创原理一二三：基于商业原理的创业规律/张耀辉著. —北京：清华大学出版社，2021.12
ISBN 978-7-302-54597-2

Ⅰ.①暨… Ⅱ.①张… Ⅲ.①创业—研究 Ⅳ.①F241.4

中国版本图书馆 CIP 数据核字(2020)第 002571 号

责任编辑：王如月
封面设计：李　唯
责任校对：王凤芝
责任印制：杨　艳

出版发行：清华大学出版社
　　　　　网　　址：http://www.tup.com.cn，http://www.wqbook.com
　　　　　地　　址：北京清华大学学研大厦 A 座　　　　**邮　　编**：100084
　　　　　社 总 机：010-62770175　　　　　　　　　　　**邮　　购**：010-62786544
　　　　　投稿与读者服务：010-62776969，c-service@tup.tsinghua.edu.cn
　　　　　质量反馈：010-62772015，zhiliang@tup.tsinghua.edu.cn
印 装 者：北京同文印刷有限责任公司
经　　销：全国新华书店
开　　本：185mm×260mm　　　　　**印　　张**：11.5　　　　　**字　　数**：216 千字
版　　次：2021 年 12 月第 1 版　　　　　　　　　　**印　　次**：2021 年 12 月第 1 次印刷
定　　价：48.00 元

产品编号：086057-01

本书获到 2018 年度广东省本科高校教学质量与教学改革工程项目"实践育人创新创业教学团队"项目资助

自 序

　　1998年我博士毕业的时候，我国已经开始引进创业投资理念。那时我正和我的师妹葛建新（现为中央财经大学教授）讨论她的论文选题，我对师妹说，中国的创业大潮即将到来了。回到辽宁工程技术大学后，我的一位学生想选择创业投资方向选题作论文，这使我进一步确认了此前的判断。我调到汕头大学工作以后，感受到了南方自由创业的文化氛围，开始体会到，东北不能振兴的原因有很多，缺少曾经的创业热情和借助环境成就自己的智慧，是其中之一。

　　有一次我去东北出差，在火车上遇到了一位销售人员，他的故事后来成为一个我用来解释东北能否振兴的理论依据，即微观垄断模型。那次在火车上的谈话场景，我至今记忆犹新。和我对面交谈的乘客是个年轻人，他是做大学教育试验装备销售的。当我们谈起销售定价的时候，他非常坦率地告诉我，买方会把价格定得比他们公司的价格还高，但前提是他们必须给予采购者个人以回扣，他们公司不会吃亏。这个过程中没有创造，却有人获得了利益，谁吃亏了呢？是学校。也许不是学校花钱，那就是政府吃亏，因为这样的项目多是财政出钱购买的。买方向卖方提出的不是降价，而是提高价格，这有违常理。为什么？价格并不是最重要的，重要的是那位买方代理人拥有的采购权。如果不从双方沟通角度分析这一问题，如果不从商业层面观察，可能无法发现隐藏在市场背后的垄断现象，采购人员以权谋私让买方吃亏是代理人链条失控。此后，我对创新的研究就以此为视角，重点研究在供求关系上，双方会有什么样的表现，到底是什么阻碍了商业的形成，淡化了对竞争的重视。我的博士论文也与此有关，并在此基础上出版了《我国供给调控理论与政策研究》一书，该书以"有效供给"作为核心概念构建了宏观调控理论。"有效供给"被我定义成能够有效满足需求的供给，相反，供给与需求脱节，导致供给过剩。供给过剩并不是真正的过剩，而是无效供给过多，导致有效需求没有得到培育。商业层面的有效是供给有效的前提条件之一，或者说，供给一方要想让自己更加有效，需要借助有效的商业层面的持续变革。

　　变革经常有着很强的破坏性，在环境不允许的情况下，只有少数英雄敢于突破并取得成功，他们是我们学习的榜样。过去，大学变革经常被社会诟病，大学校长下决心做存量变革，上无支持，下会得罪人，管理人员与专业教师都不同意，这让校长们对真正的教

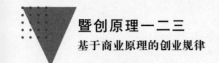

育变革望而生畏。因此那些有理想、有责任心的大学校长只能做增量，用增量改革进行探索，争取能够向改革迈出一步，不成功，也不会伤及整体。这是我来到暨南大学探索"三创"教育的基本背景。

作为创业学院的创始院长，我把推动大学变革作为自己的使命，虽然有点小马拉大车的感觉，但责任心使然，仍旧在这样的工作环境下推进工作。和所有大学一样，上级布置的任务不能不完成，并因此形成了上级任务导向。既如此，那还需要创业学院吗？需要。创业学院在这样的环境中闯出一番新天地，这样的新天地没有任务，也没有多少压力，天高任鸟飞，海阔凭鱼跃，这样的大环境可遇不可求。我很感谢我们校长胡军教授。

创业学院把商科研究和课程建设当作头等大事，没有想到，数年过去了，当我把业绩清单提交给教育部和中组部组织的"万人计划"教学名师评选的时候，我的材料竟然获得了很高的评价。自此我有更强的信心，一定要把"三创"教育做好。这样的定位让我走向全国，指导了许多省级师资培训，还帮助一些省份成立了双创联盟。

但是，我深深知道，这个工作既是我个人的，更是暨南大学的。人总是会有退出职场的那一天，那时还有没有你自己呢？所以，从去年起，我开始做退出职场的准备，录制MOOC，编撰专著和教材，也把常年和我们合作的企业请进来，构建起一个有利于创业学院成长的环境。

一个人，为人类服务，而不只是拿工资为单位服务，这才是人。一个老总也好，一个教授也好，或者一个勤勉的普通职员也好，都应该思考一下这样的问题：你到底为人类留下了了什么？

借助创业学院这个平台，我完成了对创业型大学的理解，把创业学院作为试验田进行探索，打开了校门，吸收各类资源和能量，面向更多的学生，发现更多未来的领导者。我期待着暨南大学创业学院的工作能够成为中国高等教育改革的一个突破口，希望这项工作对学校和国家再能有所贡献，它也将成为我人生的归宿。

张耀辉

2021 年 7 月

目　　录

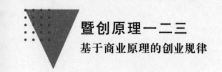

绪　　论

1906年，端方主持庚子赔款事宜，决定创办一所为华侨服务的大学——暨南学堂，即今天的暨南大学，校名源于《尚书——禹贡篇》，"东渐于海，西被于流沙，朔南暨，声教讫于四海"。"暨"字意同"及"。拙作书名中的"暨"代表"暨南大学"也有触及、联系的意思在内。

自建校之始，暨南大学就确定了面向华侨办学的宗旨和方向，那艘满载爪哇华人的船到达祖国大陆时，暨南学堂正式开学。学校以文科见长，商科是主体学科之一，始有暨南，便有商科，暨南大学成为中国最早的商科大学。早期商科的创办并没有被社会更多关注，中国没有商科教育的传统，1918年以后一些高校设立商科专业，仅是以技能培养为主。我们可以从科系设置中看到，会计系成为商科最主要的科目，还有商学系，但研究所向，基本上是贸易之学，或者是引进西学。1978年以后，商科越来越成为中国的热门学科。多年来，对商科的基础研究没有得到充分开展，尽管一些局部研究有所进展，但对商的本质的认识并没有与时俱进。学生仰慕暨南大学这所百年商科大学，却在进入以后，似乎总感觉到学校缺少独特理论体系。

2003年，从暨南大学珠海校区开始，暨南大学有了"三创"教育。在此前的四年，许多人意识到中国的发展依靠的是创业，而互联网经济时代的到来为创新创业搭建了良好的平台，让大学学子有了获得创业机会的可能，我也开始了新教育规律的研究。互联网经济在当时还只是被视作电子商务，是从供给侧优化开始的，大家意识到电子商务可以给客户带来方便，可以压缩供应链，可以为顾客提供更大的价值，但还没有认识到通过扁平和低成本互动可以让顾客充分地反馈，不论是提出意见（提出差评，约束商家），还是客户间的互动，甚至人人都可以成为信息播报者，以致后来形成一波全新的商业模式，造就一批在全球名列前茅的创业英雄。事实上，互联网时代的确为社会真正带来了全新的商业理念，客户不仅是用手投票的"上帝"，也是可以用脚投票的"上帝"，每个人都可以根据自己的利益诉求发表评论，他们既是客户，也是生产者，他们借助经验的知识化发声，变成了人人可以参与经济运行的创业者。这个全新的，带有丰富科技营养的商业模式可为人类共同分享进步，成为中国借助后发优势、实现弯道超车的巨大动力。

增量是改变世界的根本。增量的好处不只在于替代，在统计意义上，增量使得总

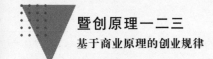

量出现性质的改变,更有意义的是,它往往能迫使存量发生转变,让优胜劣汰变成市场上强大的动力,那些不改变的存量,增量将其替代掉,这种压力让存量不得不接受事实,被迫改变自己。市场是一个人人都在设法生存的环境,当增量企业获得的机会增多,意味着存量企业获得的机会在减少,这种压力会迫使在位企业反思并向增量的主体学习。这是一个重要的发展机制,在互联网科技应用大潮的推动之下,20年前,中国早期接受互联网思维的那批人就开始了增量对存量的推动。

多年来,中国致力推进创新,把在位企业作为创新的主体,但进展缓慢、效果不佳,其原因在于转型的动力不足。在位企业反复听到“创新”的要求,却没有实际行动,逐渐钝化了自己的市场意识,他们认为,这就是口号,而不是真正的国家行动。但是自从2014年中国提出“大众创业,万众创新”以来,在位企业的创新动力大幅增长。为何以前国家投入巨资他们却无动于衷,而此时却开始有了创新动力呢?因为这次的政策针对的并非是在位企业,而是新创企业。一些受到新创企业启发、诱导、关联、打击和挤压的在位企业,受到了来自不同方向的压力,认识到国家这次的推动不是一般口号,而是有了真实的战略行动,于是从态度上发生了根本的改变。国家不再把创业与创新割裂开来,而是把创新与创业融合在一起,鼓励创业者创新,把希望寄托在创业者的创新上,用这个“搅局者”改变了全局,在位企业逐渐走上了创新的舞台。

一些曾经在改革开放初期成功创富之人,希望能够保持以前获取财富的方式,但是增量不允许他们如此。一些迟钝者抱怨,他们每月为员工发工资,却没有什么新的业务。这是因为他们没有创新的主动意愿,只想让政府像以前一样挽救他们不思进取的企业,他们对着政府说:“给一些政策吧,我们可是在过去为中国就业立下了汗马功劳的人啊!”但是,喊叫的结果不再像2008年那样等来大规模启动投资,而是迎来政府收缩权力、给市场松绑,让新创企业大量进入,给市场注入新的活力。今天的中国,不是没有需求,而是因为企业缺少对未来市场需求的探索,传统的需求几乎全部处于产能过剩状态,几乎没有什么产业可以不借助新的产品、新的服务就可以安稳活着。这些不转型的企业者没有了收入,企业管理者却又不肯认输,最后他们之中相当一部分人再次回到打工队伍之中,成为败将的“榜样”;那些还有一些财富剩余的老板,及时转型,获得了重新崛起的机会。后者之中,有的成为新创企业的老板,有的成为投资人,也有的借助原来的企业,开拓创新、推动企业转型,活得很好、脱胎换骨,成为社会的正面榜样,与新创企业共同汇集成产业转型升级的洪流,让中国经济在面对多种不利因素的环境下,还能够保持较高的增长速度,成为维持中国经济发展的核心动力。在市场经济之中,增量推动存量是永远成立的一般原理。

增量是“创”,不论创新、创业,还是创意,不论主体是外部新成立的组织,还是在位企业,只要有"创"的行为都是增量。允许"创"和保护"创"并非易事,如果只是一张白纸,没有阻止"创"的势力,"创"都比较容易。但是,当社会已经培植了一股不需要用"创"却可以获得利益并有着巨大影响力的势力的时候,"创"必然会被这样的势力所阻挡。自发的"创"的力量十分微弱,需要借助强大的外力使自己站立起来。这个外力来自科技,来自文化,更来自国家对民族振兴的追求。文化是弱的影响,软的影响,也是持久的影响。当"创"在取得社会共识之前,"创"与"不创"两种力量势均力敌时,经常是"不创"略占据上风。此时可能只有个别的创业者仍然能够保持清醒,借助国家提供的条件和机会,悄悄地进行着创新创业,他们在别人还没有觉醒之前,已经开始了创新创业。有时,虽然保守势力强大,但新创势力也很强大,社会对在位势力并不认同,主流文化保持着对新创行为的高度赞扬,社会在文化推动之下,自发地产生着"创"的行为,不需要额外的动力,比如在美国。但在中国,"不创"的势力曾经十分强大,如果没有国家的"大众创业,万众创新"的推动,也许仍然处于零星的创新创业状态,不会形成"双创"浪潮。但现在不同了,"双创"以后,没有"创"的行为,就等于白活,企业要有为"创"而活着的文化。建设有利于"创"的文化,是为了形成持续的"双创"动力,是构建"双创"社会之本,也是制度建设的方向和责任。

　　科技也是一个推动"创"的重要力量。创业者是科技成果的利用者,他们把科技接受下来并付诸行动造福于人类,自己也因此获利。科技没有限制,可以自由传播,渗透于市场和社会各个角落。那些有着深刻理解能力的创业者,可以把它们利用起来,使之变成产品或服务。那些已经产权化的科技,如专利,可能会形成使用与传播的限制,但是创业者可以利用其创造的产品启动市场,让市场产生需求的渴望,并演化出各种不同的细分需求。创业者为了满足需求,不断改变产品设计,细化产品功能、改变商业模式、延伸服务,从而获得机会。当具有知识产权的科技成果成为过期专利时,思想仍然存在,多可以被创业者重新组合创造出新的产品设计。至于那些具有基础设施属性的科技,更会因为难以限制传播,而为社会带来巨大的创业机会。近年来,影响最为深远的科技成果当属互联网,中国不是互联网的发明国,却是世界上互联网应用最深、普及最广的国家,中国的许多新一代的创业者都来自这一领域。一些新的科技进展,会让许多成功企业家无法理解,尽管他们有条件创新,却不在意新的变化,沉浸在过去已有的技术范式和成绩上。而新的创业者则不同,他们只能通过"创"才能改变自己,才能获得翻身的机会,超前的理解力成为他们创新成功的关键。马云在与外国人交流过程中理解了互联网对未来的价值,而此时,几乎所有企业都以传统方式认为"不挣钱就不能活下去,不挣钱怎么办企业?"但马云却认为市场建设的根本是诚信建设,只要是市场就可以有钱挣,并搭建和运行自己的两大商业平台——外贸平台阿里巴巴、内贸平台淘宝,在巨大的传统观念包围之中,渐入佳境,如步入无

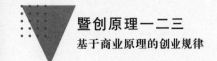

人之地,没有遭受到竞争者的打击,获得快速成长。他和在位企业比拼的是对科技运用的理解力、新商业模型的构建与理解能力,其成功创业是借助科技,特别是新型基础设施完成的,更是"科技必将影响未来"的坚定信念决定的。

政府可以成为"创"的推动者。能否推动"创"是衡量政府是否有责任心的重要标尺。维持已有的利益格局,不帮助任何一个势力,表面上是一个无为政府,但是,在位企业可以利用政府的无为构建起影响力。表面上无为,实质上却会通过不同途径接受这些不想改变的企业,为他们遮风挡雨。只有愿意打破既有利益格局,主动保护"创"行为,以此推进社会进步,政府才能成为推动"创"的外力。有为政府,应把带领民族在自强、自立之中走向繁荣作为根本,通过维护稳定为"创"的社会创造条件,而不是为了稳定让社会止步不前。这是一种担当,也是举国家之力,推进"创"的社会形成的举措。

创意、创新、创业都是"创",都可以为社会提供增量。创意只是一个想法,通常情况下,创意并不能产生效益,因此似乎创意没有意义,但正因为它只是一个想法,它才可以天马行空。新颖性是创意的本质,没有新颖性,就不可能形成新的假设,也不可能有所创见,新颖是创意的根本意义所在。但是,创意毕竟只是一个粗放的构思,需要在深化、具体化、生动化过程中变成可以产生效用的现实。创新、创业往往都基于创意,是创意的具体化和明晰化的商业活动。创意是起点,是桥梁,是把世界中的不同事物联系起来,形成新构想的思想活动。创意具有突破性,尽管有一些创意暂时看起来没用,但这种突破的意义,可能比直接产生效益的活动更有意义。

如果说创新需要研发,而研发活动首先要开展的是研究。所谓的研究是为了验证和确认假设,这些假设要具有新颖性并暗含着可检验性质的创意。假设只能来自创意,即使研发活动后面的一些开发和设计,也需要新颖的构思,也需要把已经确认的原理与创意相结合,把构思变成图纸、软件、方案、原理、配方和样品。那些不能实现这些目标的研发,多是因为创意不够新颖,或在全过程中创意不能与市场有效结合,不能有效地解决问题。

创意可以成为独立的产业活动。无论是动漫、游戏、影视以及演艺等产业,都是内容生产,它们不需要研发,只需要创意。内容产业是满足人类精神需求的产业,人们在满足了物质需求以后,越来越需要精神的满足。因此,内容产业是未来的朝阳产业;内容产业的产品形态几乎不需要借助物质,不需要消耗多少资源,具有可持续生产的特征。当经济发展到高级阶段时,创意以及由此带来的内容产业越来越成为社会发展所倚重的对象。

商业创意可以将不同的商业元素重新组合起来,建立新的商业生态和新的商业逻辑。被人们称为"不卖隔夜肉"的小型副食连锁超市"钱大妈",使用一个新的价目表,表达了紧贴消费者意愿进行定价的经营理念,小超市从晚上 7 点开始打折,到晚上 11 点以后实行百分百地折扣,用价格实现了一个具有时代感的消费承诺——绿色与新鲜,进而征服了消费者,成为广东发展最快、最具成长性的新型副食供应商。"钱大妈"将自己定位为贴近用户的新式商业,以很小面积的便利店服务小区居民,在电子商务大行其道时特立独行,让人不得不承认这个商业创意很成功。

创新并非仅指研发,研发是创新的前奏,真正的创新是把技术引入商业,改变产业格局,重新组合要素,其本质仍是商业活动。创新经常会与创业行为重叠,特别是正在运行的企业所组织的创新活动,可以把这一活动看成是企业内部的创业因子,也可以把它看成是一个新项目的创业开端。表面上看,企业内部的创业与创新组织没有什么差别,但是所依据的工作原理与指导原则却有着很大的不同。企业内部具有创新指向的创业活动需要不断整合新的创意,更需要将参与活动的团队成员个人的创业激情动员出来,共担风险,共享成果,而不是单纯依靠企业的资源进行简单扩张,更不是项目研发的科技攻关。创新是用新的产品代替旧有产品,需要的是市场检验和企业内部资源的重新调度和整合。创新需要技术,需要可以直接变成产品或服务的技术,那些科技产品还需要通过设计、试制、测试才能定型,如果规模化生产,还需要对供应链进行重新整合,每一步都可能面临着不可知的未来,这些不确定性带来了创新的风险,使许多投入可能血本无归,还可能需要大量的具有浪费性质的投入,企业需要事先做评估并作出相应的安排。

从市场角度来看,创新是从旧到新,是对市场现有产品或服务的突破,创新一旦成功,将迫使许多传统企业退出,并推送了一批新企业进入市场,其结果是产业获得了转型和升级,市场换了一批新企业并带来新的经营理念和经营模式,而消费者则改变了自己的消费观念与行为。

创业是从无到有,但它是将要素组织起来、稳定下来。这是相对自己而言的活动,而不是相对市场而言的活动。当创新与创业两者重叠时,需要同时用两种理论结合起来指导企业的运营。创业可以把创意运用于商业,也可以把创业者认为"成熟"的技术运用到生产和销售之中。然而最有意义的创业应该是那些既能激励自己和团队,也能改变产业的,带有创意色彩的经营行为。

创意是想法的增量;创新是原理和商品的增量;创业是企业数量的增量;创新创业是产业和活力的增量。这些都是增量。共同为市场提供了新能量,让市场能够充满活力,以丰富着我们的社会生活。

"创"代表了暨南大学创业学院的核心理念和追求。国际上没有创业学院,却有创业型大学,创业型大学起源于欧洲。全球三次教育变革都起源于欧洲,第一次是牛津大学的创办,其建立标志着神学、哲学研究者和有志于未来做研究的学者可以汇集在一起,后来又有了剑桥大学。牛津和剑桥两所大学影响了世界,促使英国成为世界上第一个工业化国家,也以巨大的科学成就为人类进步提供了思想方法。这是第一代大学的意义,以其自由、独立的大学传统向中世纪宗教社会作抗争,也为人类遗留下重要的大学传统,至今,世界最前沿的大学仍然保持着这种传统。第二次是以洪堡大学(即柏林大学)的创办为标志的专业化教育。19世纪60年代,德国还是一个落后的农业国,面对如何赶超世界强国的历史使命,德国出现了一批民族精英,铁血宰相俾斯麦是其中的代表,俾斯麦的助手财政大臣洪堡认为必须通过工业化才能实现强国之梦。工业化需要工业人才,大学要培养可以直接进入工厂的技能高超的工人和工程师,而不只是培养思想家。洪堡利用自己财政大臣的特殊身份集中了一笔资金,吸引了世界科技精英来到刚刚创办的洪堡大学。后来这所大学成为德国工业化的核心,人才、科技原理、思想以及各类专家,汇集在这所大学,使得德国只用了50年时间,就成为世界经济强国和科技强国。洪堡大学的贡献,不仅在于推动了德国经济的发展,也在于创建了新的教育理念,这一理念后来得到世界的承认和追捧,形成了现代大学教育的基本理论。第三次也来自于欧洲的教育改革实践。荷兰在1962年成立了一所大学——特温特技术大学,到70年代,短短十几年,这所大学就成为在欧洲排名靠前的大学,究其原因是它主动变革,成为了一所创业型大学。

创业型大学是适应未来的大学。大学需要把自己的知识直接转化为学生的想法、创意,影响和带动学生开展研究,学生再将对知识的理解转化为直接的生产力,创造财富。为此,大学需要建立强有力的领导班子,把不同层次的教学机构变成学术组织,把获得的资源投入到学科建设之中,形成学科发展的特殊优势,将研究的优势转化为知识资产,把学生的创业行动与知识资产进行结合,使之成为大学的重要经费来源。为此,要建立有助于知识向创业转化的校园文化,"拆除"大学院墙,让社会参与到大学的创业氛围建设之中。荷兰这所大学的发展过程引起了欧洲许多大学的关注。在《建立创业型大学:组织上转型的途径》[①]一书中,讲到了五个生动的例子,它们都是一些小国的大学,却都成为某一学科领域的佼佼者,同时也成为经费充足的大学。美国此后在"拆除"院墙方面取得重要进展,并在学生创业追求的推动之下,很多大学不自觉地变成了创业型大学,典型的代表是斯坦福大学。

虽然中国的创业型大学还迟迟没有出现,但是为了推进教育改革,一批创业学院悄悄地出现在许多大学校园。国际上还没有一所大学设立创业学院的时候,暨南大学就是第一所公开表达要建立创业学院的大学。那是在2009年春节前的一次采访中,时任暨南大学校长胡军教授对媒体做了一番畅想,提出了要把大学生创业实验园

---

① 伯顿·克拉克著,王承绪译.《建立创业型大学:组织上转型的途径》.人民教育出版社,2007年版。

升格为创业学院的设想,但在方案提交校长办公会讨论时引起了激烈的争论。当时提出创业学院的想法是把全校方方面面与"三创"相关的部门和业务统一起来管理,以利于整合资源。但这些部门都对应着国家和省的管理机构,如果统起来管理,创业学院就要承担管理职能。由于分歧太大,创业学院成立之事被搁置了下来。直到三年以后,周边的"211"大学都成立了创业学院,暨南大学的创业学院才最终成立。因为存在着工作目标上的风险,校长并没有调整既有的工作方向,也没有给创业学院特别明确的任务。当然,由于国际上没有创业学院,国内成立创业学院的大学也缺乏现成的理论指导,大家都还处在探索之中,而出身于管理专业的胡军校长,他的一个重要管理思想,就是放手让大家去想、去做。由此,暨南大学创业学院开始了自己艰难的创业历程。

大学一定要以研究为根本,一定要有独立思考,有核心的思想,要能够结合前沿建立独创的理论体系,同时更需要以思想推进创造心态,让研究成为公众可吸收的内容,促进思想的转化。暨南大学创业学院建立的初衷,是为建设创业型大学进行试验,自我定位为推进大学改革,促进学校具备创业型大学的基本特征。

第一,要有自己的学科建设目标。这个定位是为了充实百年商科内涵,学校不能只躺在"百年商科"的前人功劳簿上,而是要深入开展商科研究。借助创业学院这个平台,开展更加开放的商科理论研究。创业学院建立后,相继成立了十五个商科研究所,确定规划,面向校内外招标,并明确这些研究所要以商科基础理论研究为主要侧重,努力将研究成果以最开放的方式变成课程、理论,推入课堂、讲座、论坛和白皮书,避免成果被束之高阁。

第二,要开展创意、创新、创业("三创")的普及教育。创业学院担负全校本科生"三创"教育通识课的开发和教学组织。我们把"三创"通识课建设逐步升级为国家精品视频公开课、国家精品在线开放课程(MOOC),以免费的方式通过各种平台向学生推广,辅之以读物、教材和训练软件,为学生提供方便和完备的"三创"训练基础条件,也为大学教师提供系统的教学工具。我们建设的《创业基础》(MOOC)每年受益人数达3万多人次,是"学习强国"中最早的创业创新类课程;开发完成的《创业哲学》和《国情分析与创业设计》是暨南大学特色课程,也在 MOOC 上线,《创意与创新》MOOC 也于 2020 年上线。《暨南大学"三创"教育系列通识课程》以 MOOC、教材和训练软件一起进入社会。本书也与之配合,成为辅助培训教材。

第三,建设开放的知识转化平台。我们把大学看成是研讨知识应用场景的园地,发动学生参与,为愿意参与研讨的各类学生提供专门的"三创"训练,创建多种服务平台。为那些有志于成为创业精英的学生开办创业训练营,每年四至六期,促进他们精化创意,为他们提供创业资源配套服务。同时,也吸引需要创业转型的校友、企业家

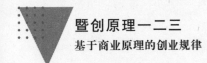

参加并支持多种"三创"培训,研讨创新转型理念、方法,交流创业经验,促进新商业模型论坛、创投大讲堂、项目打磨会、青创新四板路演等都活动成为品牌。需要提到的是,训练营让本书涉及的主要内容有了验证的机会。

第四,有独立的资金来源。除初期学校投入的经费外,创业学院每年的运行经费和人员投入都由自己筹措解决。在创业学院成立之初,暨新国际暑期学校开办,第二年便获得盈利,按协议每年向暨南大学创业学院交纳管理费,成为创业学院最重要的资金来源。同时,教授们把自己的课题经费用于举办各类"三创"活动,形成了品牌效应。创业学院一批创业导师和合作者,看到创业学院经费紧张,主动捐赠建立各类基金。校友会成立前后,一批创业成功的校友也有捐赠。创业学院自己孵化的企业也陆续开始捐赠。这些都成为创业学院的资产收益或经费来源。

第五,营造大学的"三创"文化。"12·18"(要爱·要发)创业文化节在创业学院建立之初创办,每年一期,在12月18日前的一周举行。虽然暨南大学校园各类"三创"活动很多,但这一长期的品牌活动已经成为校友和导师联谊的"年会",老师和学生们对它有了深深的期待。大学的"三创"文化是长期的、深入人心的,创业学院的微信公众号自2016年开始运行,收获了几千位粉丝,成为创业学院的窗口和"三创"文化推动的主要工具之一。创业学院把"爱·信·商·赢"归结为自己的"三创"文化,深入课堂。把《爱的奉献》《从头再来》和《国际歌》作为创业学院主题歌,把《在路上》作为学生毕业歌,用滴在嫩叶上的一滴水的画面作为院徽。我们认为"三创"教育只是对未来成长的一点点启发,通过广泛的"三创"教育,让人人都可以成为精英才是我们的追求。

本书内容是创业学院三个商科研究所的科研成果,也是暨南大学创业学院办学理念与科研路径的支撑。这三个研究所分别是"创业哲学研究所""新商业模型研究所"和"首富与创业环境研究所"。虽然本书还不能把三个研究所的主要成果都囊括进来,但主要的理论观点大体上都覆盖到了。

全书共有三个部分,分别是:暨创一,以独创的"好顾客管理原理"指导创业企业成长;暨创二,以独创的"商业模型理论"指导初创者进行商业设计;暨创三,以独立归纳的创富三定律,即滚动定律、杠杆定律和"权钱"交易定律,构建以提高创业成功率为目标的财富创造理论。全书的独立性比较强,是按自己的逻辑思考并通过工作检验的成果。本书内容在学术上有所突破,但也因此可能带来一定的学术风险。不过通过我们长达十几年的积累,结合培训中学生的反馈,基本上可以肯定,本书对学生们"三创"理念形成和"三创"能力提高,会起到促进作用。

"好顾客管理"是基于"企业只要有顾客的认同与追随,就不会死亡"的理念建立的创业理论。顾客的归属感是企业对顾客进行管理的结果,企业把顾客当作"没有最好，只有更好"的动力和智慧的来源，把吸纳顾客的建议和意见当作企业改进的根本，由此激励顾客提出改进建议，公开表明企业愿意并鼓励顾客提出建议、意见的意愿，那么任何业务都可以在不断改进之中取得成功。企业发现并管理好顾客，顾客会在这样的管理中成为企业成长的支持者，而与企业是否处在红海无关。

"商业模型"是基于"在无法模仿其他人商业模式的前提下，如何第一个思考商业设计"的理念而形成。商业模型理论是一个理论思考工具，也是一个商业设计工具，它要描述一个企业的商业逻辑，以实现企业三大任务，即满足需求、扩大盈利、实现成长。如果一个商业设计能够将分散和隐藏的需求搜集起来，通过商业设计将其变为盈利的支撑，再通过盈利分配创建成长资源，然后再将成长资源扩展形成更大范围的市场需求，企业将顺利获得成长。从成长角度来看，企业家的核心任务不只是组织创新，还包括设计并运行商业模型，创业的关键在于建立并运行商业模型。

"创富三定律"是基于三个创富的重要环节建立起来的三个重要理念。在很大程度上，这是从企业理财角度看待企业财富创造活动。让钱滚动起来是创富的根本，创业者需要的是比别人多一些财商，用借来的钱创业是重要方法之一，而用权利来主张自己的利益更是挖掘资源价值的理论工具，它是中外企业家诞生的根本原因之一，也是他们成功的一条基本路径。

这三个内容每一个都可以作为独立的创业体系，形式上似乎它们并不关联，但内容上则表达了暨南大学创业学院的基本主张。我们不希望创业者挣了钱，却忘记了做好事和做好人。我们希望每位学生都能打造百年老店，成为优秀的企业家。

这本书的书名确定为《暨创原理一二三：基于商业原理的创业规律》，希望这本小书能够概括暨南大学创业学院的基本理论观点，表达我们的追求，也希望更多的人借此书了解我们，成为我们的点赞者、同路人。

暨创一　好顾客管理及其创业原理

1. 蓝海不可信

（1）发现蓝海有那么难吗

2006 年，我们创业实验室三位学生的同学来到了珠海，有的是出差，有的是访友。他们基本住酒店，经济型酒店的价格是每天 260 元，如果租房，比酒店的房子要大三倍，三室一厅还带厨房，月租只需 1000 元，他们不能理解。可事实就是如此，这个价格在我的学生上大一时就这样，现在他们上大三了，一直没有改变。他们注意到，来珠海的几个人，身份各异，有来找工作的应届本科毕业生，有来旅游的公司小白领，也有来学校实习的在校生，都不想住得太差，还都要在珠海住上一段时间。这三位学生把这些人按住的时间分成半年以上、一个月至半年和七天至一个月三类。同时，他们发现有愿意与别人合租的人群，如果给他们分别定价，就有市场需求。

在出租房市场，房东为了减少麻烦，都要出租半年以上，半年以内是找不到房源的，他们用押金来约束租客，按月滚动，当然也有扣除押金的，这要看签约的情况。假设想租半年的租客，想随时退房，并且想减少一些房租，比如他们想减少到 1 000 元的一半 500 元，就有再出租套利的机会。再比如那些想租的时间更短的租客，他们只想租两个月，每月只想交 400 元，和租房相比，可以节约 5 200 元（1 000×6－400×2），和住酒店相比可以节约 14 800 元（＝260×30×2－400×2），这可是一个很大的数字了；那些只想住十天的也想要节约，如果他们的价格按天计算，每天是 100 元，可以节约 1 500 元（＝260×10－100×10），这样节省了不少花费。

如果能够把房子出租给另外一些租客，按三室一厅，分别租给有相同需求的租客，以 500 元一个月出租给短期租客，每个月可以赚 500 元（＝3×500－1 000），给中期租客，每个月可以赚取 200 元（＝3×400－1 000），把房子租给按天计价的租客，每个月可以赚取 8 000 元＝（100×3×30－1 000）。最后这种出租的方式利润太高了，他们算到这儿，十分激动。他们的结论是：把房子租下来，尽量不租给第一种和第二种，但可以用这些出租方式来导流，同时他们决定把房租适当地提高。他们知道，这些计算还没有把他们的运营成本考虑进去，他们要让短租的租客感受到与酒店一样的服务体验,每天都要有一些正式、合乎标准的服务,这需要一些成本,但是这些年轻的学生不愿意雇用员工,那些打扫房间、整理器具的事情都由他们自己来完成。

半年下来,他们竟然赚取了 4 万多元钱,他们才经营了四套房子。他们开始憧憬未来,认为,这是一个还没有被人们发现的蓝海,利润很高,市场也不小。正在他们兴奋的时候,他们的家长不约而同地要求他们放弃这个项目,他们没有办法,只能放弃,有一位他们相识的朋友,把这个项目用 4 万元买了去。他们经营了半年的项目共计赚了 8 万元,之后这三位同学分道扬镳了。

他们决定放弃的时候,我让他们讲理由,他们说,他们经营的房子分布在珠海香洲的几个地方,他们舍不得打车,每天骑自行车或者乘坐公交车到房子那里,有时解决完一个问题,马上又来电话要求解决另一个问题,他们感觉太疲劳。他们只体会到了创业的不容易,却没有意识到他们发现了一个新产业,这个后来被称为短租的市场十分火爆。

十年之后,产生了一家上市公司,这家公司所使用的平台,与我们那几个学生所使用的平台没有什么差别,但是,这家公司做大了,平台上有许多客户,小生意变成了大买卖。

发现蓝海有那么难吗?这几个同学是因为有他们的同学来珠海看他们,他们才注意到这个细分市场,并且发现这个短租市场潜在着巨大的利润空间。"孔雀东南飞"的时候,广东不断接纳外来人口,流动人口比暂住人口增长还快。暂住人口是来打工的,他们最想做的就是挣钱,然后寄回家,至于那钱是怎么挣的,是用饭钱省出来的,还是住得很差节约出来的,他们不管,只要能够攒下钱就行。而流动人口是来花钱的,虽然他们的钱可能不多,但却是准备好要花掉的,因此,房租适当高一些,他们是可以接受的。这个蓝海最主要表现在价格上,用出租房子的收益,减去他们付出的成本,利润足够让他们吃惊。

接手的公司保留了中期分租,是因为那样比较好管理,它收取了押金,不怕租客破坏财物,平时不用花费心思。而短租的利润虽然比较高,却需要多付出精力和管理维护成本。总体上算下来,中期分租最合适,项目利润足够,市场前景也很可观。

发现一个蓝海,可以用三个标准,一是假想的市场背后有充分的数据给予支持,而这些数据是相对可靠、稳定的。理由是中国是一个越来越市场化的国家,人口流动会越来越充分,人们的收入增长会促进人们的各种流动,而流动之中,会有企业设想的顾客出现。二是这个商业模式有足够高的利润。前面这个项目投入不多,只是平台建设,其他都是动态投入和支出,如果不做了,后期就不会发生成本,因此,不需用投资回收期来衡量利润与成本比率。共享单车,因为短期扩张,投入大于产出,用利

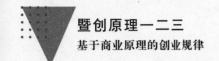

润来评估,很久都是负值。但是如果一辆车的投资回收期只需半年,最长一年,这样的投资回收期就太吸引人了。总之,没有高的利润,不能称其为蓝海。三是这个市场还没有被别人发现,或者别人注意到了市场中存在很多问题,却没有设计好商业模式,或者发现问题的人没有给出解决方案,或者没有从根本上相信这个问题会变成需求。

于是,我们应该确认,发现蓝海并非很难,当你把主要的问题都想到,假设那个问题是真的,然后试着提出解决方案,蓝海就在你面前了。总结起来就是:

- 找到问题。
- 假设问题。
- 给出一个你自己可以接受的答案和理由。
- 行动。

（2）没有永远的蓝海

还是上面的例子,没过多久,开始有人注意这个项目,并不是其他的什么人,而是房东。这个项目的前提是租房的租金保持较低水平,且一直维持不变。这几乎是不可能的。珠海在 2000 年时经济进入了低迷期。许多当地官员认为,珠海经济落后于中山,在广东经济实力排名不断下降是珠海政府的错误战略造成的,政府把那些加工企业赶出珠海,肥了别人,瘦了自己。珠海经济形势不好,地产业价格也不高,有一段时间还持续下降,压制着租房市场的价格。这个局面在进入 2010 年以后开始变化,那时一线城市房价已经攀升到 3 万元/平方米以上,而珠海房价还在几千元,地产商开始炒作二、三线城市房地产的时候,珠海这个曾经的特区、有过高房价历史的城市经过缓慢释放高点压力,房价开始快速攀升。房价上升,房屋的租金也会上升。果然,在 2012 年后,租房价格开始快速上涨,四年以后,分租的套利空间大幅压缩。酒店价格基本没有什么变化,而三室一厅房子的租金却涨了三倍,达到每月 3000 元,而分租的价格上涨不到两倍,每天不到 200 元,有的只有 120 元,这让中期租房几乎没有多少利润,平台挤到短租市场,房子空置率上升。原因是短租利润过高,吸引了不少平台企业参与,它们把租客给分散了。人们在珠海购房,有不少房子不是用来住的,而是用来保值的,珠海的房源也变得丰富起来,那些平台拿到房子的机会很多。平台委托管理模式,让平台可以只赚不赔,短租的商业模型已经稳定,蓝海的特征几乎不见了,蓝海变成了红海。

一些人认为,这个行业是服务业,蓝海变成红海是必然的,他们的意思是如果不是服务业,蓝海就可能不会变成红海。如果你了解无人机产业,就知道这也是一种惯性思维,即便是技术含量高的产业,也会出现蓝海迅速变红海的情况,甚至有的还没有成为蓝海,就已经成为红海了。云计算和大数据产业差不多都是这样,原因是行业发展的信息被国家当作公共产品免费提供给社会了,何况还有举国体制做担保。人们一再经历太阳能、风能这样的蓝海变红海的惨剧,却一直觉得只要有技术,蓝海就会存在。这实在是一种误解。

由于房源分散,管理成本过高,我曾向几个学生建议,不断增加房源,并且逐渐向某地集中,主要是向学校靠拢,把房源集中,他们没有采纳我的建议。规模才是保护蓝海的根本,而规模增加的时候,成本也同步增加,创业者会觉得根本忙不过来,服务质量就会大打折扣。投诉变多,就更会让蓝海的发现者感到危机。如果他们听取了我的意见,也许他们会成为一家大公司,虽然蓝海总会消失,但是如果他们努力,自己的蓝海可能还会存在。

只想跟风蓝海,如果人人都保持这种思维方式,蓝海变红海的速度就会更快。

没有永远的蓝海,可能有下列原因:

- 蓝海变成了共识。如果某个产业被发现,意味着商业模式被确认,进入该产业已经没有理解上的障碍。而这个产业不断在媒体或者在国家某些正式报告中,或者在一些论坛上出现,具有了高成长和高盈利的特征,当人们不再怀疑这个产业的时候,这个产业成为蓝海的共识便形成了。进一步,如果人们进入这一产业到了争先恐后的程度,蓝海竞争惨烈,蓝海变红海就是必然。

- 误解蓝海保护。人们对蓝海的向往,有时到了迷信的程度。这会蒙蔽自己,把那些别人认为可以阻碍进入市场的因素作为保护蓝海的手段,最典型的是技术壁垒。许多人认为技术具有知识属性,可以通过法律手段保护起来,从而阻断别人的进入。这几乎是自欺欺人。首先,现代技术来源不再是单一渠道,多数产品的技术是多项技术的组合,而技术来源的复杂性导致了技术越来越具有"共享"的特征,如果技术来源于国外,技术输出方有足够的动力转让使用权,并且愿意多家转让,通过增加接受方之间的竞争来增加技术输出国的获利,那么技术应用的垄断很快会消失;其次,技术的寿命没有专利时间长,专利本身也存在着时限性,最长的专利时限只有 20 年,而专利应用的始点多不是专利保护的始点,这样就会缩短专利的真实保护期。如果真的存在技术的知识产权保护,出现了蓝海特有的较大利润空间,人们对打破技术壁垒会有更大的热情,会加大对这一领域的投入,各种相似的新技术马上就会出现。

- 没有管理好自己的蓝海。发现者认为,发现蓝海特别重要,把目光集中到发现上面来,如果只是发现,而没有管理,发现的蓝海就是社会的,而不是自己的。这可以带来社会进步,但是,自己的利益却会因为竞争者过多而消失。

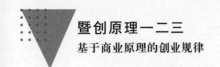
由于竞争者过多,让蓝海中的利润消失,蓝海也就不再是蓝海了。管理蓝海的根本方法是利用蓝海,让自己去融入这个刚刚发现的市场,以行动占领而不是以舆论占领。共享单车中的摩拜再怎么强调它的自行车成本高昂也没有阻挡住小黄车的进入,共享单车几乎一夜之间变成了红海。好的做法应该是低调进入市场,把利润降低,或把投资回收期变长,让后来的进入者不那么眼红,再以较快的速度复制和推广自己。另外一个原则是,用自己的努力,不断去发现蓝海的不完善之处,自己主动迭代,用小创新代替大创新。做事低调、行动迅速、快速迭代,精于管理,就有可能让自己成为蓝海的主人,而不是发现了蓝海,却失去了蓝海。

2. 胜出红海

人们希望的蓝海可能并不存在。往往都是误以为是蓝海,却发现没有什么可以阻挡蓝海成为红海,这就是竞争的力量。

(1) 误以为的蓝海

有时候,人们的想象会让自己变得十分乐观,但是如果市场缺少背景,如果许多人的需求并不符合自己的市场想象,或者你没有解决可能出现的问题的预案,比如主办一个会议,想邀请别人参加并愿意掏钱却还不足以支撑会议支出,那么举办这个会议的想法就是让自己误入了蓝海。

如果误以为自己发现了蓝海,特别是让投资人也觉得这是一个蓝海,也许就变成了一场灾难。现在的大学分成了学校、学院和系三个层次,有的还设有教研室,达到了四个层次。在老的大学和老的学院,系主任特别忙,他们的一项重要工作是学术研究,其中邀请学者前来讲学,是他们加强对外联系、推广本学科,增强对外部人才的吸引力的主要手段,然而,如何确定听众往往成了一个大难题。这个难题集中在如何要求学生参加,比如要求相关专业的硕士和博士研究生参加,而他们对讲座经常抱有敌意,或在现场摆弄手机,或不那么专心听讲。这让主讲人感觉不到应有的尊重,丢了认同感的来宾可能会将讲座变成了挣钱,而不是传播自己的学术观点,主办方对这样的场面也显得十分尴尬。主办方会以自由听讲的方式去组织,但是,因为信息传递不当,可能一些人想听,却未接到通知,而那些有点名气的学者前来,人们会拥入讲堂,一票难求。主办方不知道听讲座的人会有多少人,会场规模成了一个不确定因素:把会场订大了,里面空空如也;会场订小了,会感觉难堪。有一次,我去主讲,会场大约有 150 个座位,只有十五六个人,虽然我的讲座没有受到影响,但内心也在责怪主办方。后来,我知道了这是一个常见的难题。当我把这个难题告诉一些学生,他们愿意做一个平台,其基本功能是用平台对主讲人和主讲内容进行推广,邀请报名,在限定时间内确定人数,根据参会人数再确定具体开会地点,最后再发正式通知,包括座位表和相关注意事项。这样做的好处是可以向系主任申请一些会议推广费,让学术讲座有推广意义,而不只是为自己的研究生服务,或者只搞了个讲座的形式。而地点最后确定的意义在于可以让现场有饱满感。对听众而言这是一场稀缺的讲座,会更加珍惜机会;对主讲人来说,会增加成就感,因为台下坐得满满的,这是对自己的肯定。当然,主办方也应该做好心理准备,万一只来了三个学生,讲座可以变成研讨会,也是一种尊重。这样可以不浪费场地资源,也不会因为现场尴尬而让系主任觉得丢了面子。系主任当然会高兴,因为这个平台还可以帮助他管理现场,分配座位和签到,记录参加者,特别是有助于对研究生参加讲座进行考核,还可以完善讲座档案,在需要的时候生成一些有用的资料。

这样的平台可以用于各种私人定制的会议,比如,派对、生日聚会,凡是能够想到的聚会,都可以使用这个平台,所以它很容易被理解为会议管理软件。

(2)为何会迅速成为红海

思想的传播是最低成本的传播,不要说越来越严重的低成本复制,即便是以前,没有互联网,人们也会用"拿来主义"去复制别人的思想,特别是复制可以带来利益的思想。

当模仿无法阻止时,红海很快就会出现。如果你能够作这样的判断,说明你已经成熟了。

如果大家在红海中,只是增大了市场的供应量,这个市场的竞争还算是温和的。但你要知道,那些后来者往往会是价格战的挑起者。这些后来者是那些专门爱捡便宜的人,从战略上,有一个名词可以形容他们,他们是跟随者,他们节约了市场开拓的成本,即便需要研发,也只是填补自己的空白,毕竟市场的方向和实现方式已经被先驱者探明,研发费用可以大量节约。节约下来的研发费用成为他们挑起价格战的资本。同时,他们也急切地希望能够把顾客从老企业手里抢夺过来,他们认为顾客是趋利的,只要价格低,就会有顾客。

红海里最令人瞩目的场景是杀得血海一片,蓝海被不断死去的企业的鲜血染红。这是一种形容和比喻,而企业的账面上几乎都是红色,那是真实的,因为没有企业能够在价格战中幸免。一些新创企业之所以有胆量进入蓝海与老企业搏杀,一是它们缺少持续亏损的体验,二是有一种"傻小子睡凉炕全凭身体壮"的盲目,结果最终用自己的鲜血当染红了蓝海。可以把红海迅速形成的原因归结为:勇敢地闯入红海,不仅

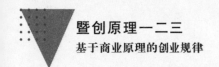

可能成为牺牲者,还让红海竞争变得更为惨烈。可以把红海迅速形成的原因归结为:

- 以为是蓝海和误以为进入了蓝海,急切地想从中争夺顾客、获得利润,想通过价格优势来成为偷食者。
- 新创企业过多,它们听信了热门产业的发展报告和宣传,在进入新市场时,使用了机会窗口概念,这样的勇猛行为让它们一旦进入,就难以脱身。
- 投资人也受到了相同渠道舆论的鼓舞,变得轻率起来,他们鼓励创业者比拼资金,价格战变成了消耗战。

（3）红海有什么好处

我们这里所说的红海是那些已经被确认的,而不是刚刚成为红海的市场。对这样的市场,人们谈"红"色变,唯恐避之不及,但是创业者又不得不依赖红海,企业面对红海似乎有点无可奈何,其实并不是这么回事。那是因为红海里仍然有一些企业在闷头发大财。有这样的企业做榜样,人们就会忘记红海的含义。也就是说,红海里仍会有一些好处,只是人们没有注意到而已。

第一个好处是红海是一个古老的市场。因为古老,所以不需要教育,人们都明白,消费它会给人们带来什么,人们深深地依赖它,它变成了人们生活中的组成部分。这好比一件大众消费产品,每个人对其拥有相同的消费知识,并在社会上相互传播,成为人们的谈资和交流的对象,所以不存在消费的认知障碍,因为人们都理解这个产品。

第二个好处是红海几乎不存在市场进入障碍。所有人都可以成为红海里的创业者,而生产产品或从事服务的认知几乎没有理解上的壁垒,有大量的榜样可以供剖析和学习,企业所需要的人才在市场上可以随处找到,如果你想做这个市场,不需要额外支付更多的投入,就可以实现。

第三个好处是它的市场规模巨大。因为市场规模大,所以,每个创业者都有可能挤入其中并分得一杯羹。我们经常看到一些长期存在的红海市场,分散在各地,成为不同地区的小产业,比如到处可以看到相似的小店铺、小作坊,它们都能够勉强活着,一个重要原因是红海市场规模巨大,即便加入一个企业,也不会影响其他企业多少收益,不会引起已有的企业的抵制。

第四个好处是红海是一个超级稳定的市场。因为超级稳定,几乎不存在由市场带来的风险,如果说存在风险,多是内部管理上的风险。它不仅技术上稳定,商业模式也基本稳定,除非是遇到了互联网这样强势技术的挑战,会影响到商业模式的改变。大多数情况,红海的商业模式长期不会改变。

第五个好处是人们的需求会随着时代的变迁而出现分化,红海里的需求既稳定、刚性,又会有一定的层级和分类。如果从功能上认识需求,可能皮包就是皮包,而不会出现 LV 概念包;手表就是手表,而不会有劳力士概念表;酒店就是住的,而不会有五星级概念。分化是必然的,表面上是红海,但分化以后的红海,内部已经出现了变化。迪拜航空公司在人们快要下飞机的时候,送给所有带小孩的旅客一件礼物,由此可以悟出,它之所以能够成为世界顶级航空公司,仅仅是因为飞行安全吗?飞机落地的时候,着地的声响很大,听起来很吓人,但人们并没有因为这个原因而不去乘坐这家公司的飞机。这家公司即便没有意识到自己处于红海,但也已经利用了红海,进而摆脱了红海,至少现在是这样。

红海有这么多好处,人们还要躲避吗?伟大的公司可以产生于蓝海之中,更可以产生于红海里。那些处于红海之中的企业,没有成为伟大的企业的关键在于它们没有认识到红海还可以利用的一面,而且非常有可能使自己成为伟大的企业。

(4) 胜出红海

处于红海不是因为无奈,而是因为红海有如此多的好处,应主动去利用红海。这是一种勇气,也是一个方法。

勇气是一种稀缺的品质,不是人人都有的。因为它稀缺,所以出现了人们的行为差别,那些能够勇敢跨入人们都不敢尝试的领域的人,他的这种勇气就有可能成为获利的因素。能够胜出红海,是因为敢于跳入红海。如果还没有行动,就被人们的议论吓倒,肯定是缺少勇气的表现。

然而,勇气并不是能够胜出红海的全部原因,只是一个先决条件,是解释人们都说是红海,为什么还有人会进入红海的一个理由。勇气在许多人看来是傻瓜"品质",而能够不傻,并成就伟大事业者,一定会从人们都说坏的里面,找到好的方面。他们能够认识到前面所说的红海各方面的好处,并且能够把红海的好处具体化。比如市场规模到底有多大,里面所需要的技术如何划分,仔细区分红海里所包含的细节,才能够认识到市场上哪些需求已经得到满足,哪些需求正在形成,需要用自己独创的办法将其调动出来。

红海中的技术已经稳定,从技术角度寻求突破几乎完全无法做到,而且技术突破需要花费很多。在红海里,花费许多技术研发的投入太过冒险,行动也太过明显。技术并不是胜出红海的手段,它最多只是一个保障。日本出现了一家伟大企业,做的完全是红海事业——理发店,它们确认人们理发并不单纯需要美观舒适,还需要节约时间。因此,一个概念被创造出来,这就是"快理",与快餐、快洗一样的商业概念。为了保证足够快,就得牺牲掉一些无用的品质。于是,传统意义的宽敞的理发厅没有了,洗发环节取消了,取而代之的是局促的等候空间,不用洗发,和不会给顾客造成发屑

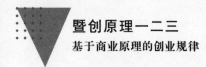

困扰的专用吸尘器。

对顾客来说,理发这件事含有四个需求层次:一是理发,二是快,三是舒适,四是更加舒适。这四个层次中,"快"是核心,"理"是基础。于是,这家日本企业推出了"快理"这个商业设计,在保证以最快的速度为顾客节省理发时间的同时,还为顾客提供相对舒适的服务,并将这种商业设计铺到国内,再铺到世界各地。

日本这家企业的成功,并非应用了什么先进技术,而是用商业分析分化了红海。此前,人们并没有意识到这个技术分析有什么重要意义,但是,如果你发现了红海可被分化,这项分析技术就会成为你分化红海后进行市场设计的一种保障。

全世界几乎没有不是按麦当劳的方式经营快餐的企业,麦当劳为快餐作了定义,这与搜索引擎、连锁经营、共享单车没有区别,它们都是行业的定义者,也是行业标准的提供者。虽然它们没有利用国家的力量,国家也没有参与其中,它们只是通过经验给行业制定了标准。那些没有接受标准的企业,被市场逐渐抛弃,退出了历史舞台。王安公司在与IBM公司竞争的过程中,开始处于优势地位,后来因为IBM使用了标准策略,把自己的设计开放给竞争对手,带动了许多潜在进入者加入,大家都使用IBM公司的标准,终于把王安公司给挤垮了。

能够胜出红海主要是因为:

- 有勇气进入红海,越是人们说不应该,越需要冷静分析并且尝试一下,至少是思考一下,看看是否还有机会。

- 注意到红海需求规模巨大却也在不断随着世界的变化呈现不断的分化,这个分化不只是向上的,满足收入更高的那群人的,还有向下的,满足那些低端需求的人群,他们才是可能带来利润的人。让红海分化需要有新的办法,技术只是这个新的办法的支撑和保障,而不是根本。根本的是挖掘人们的需求,挖掘隐藏在内心深处、被社会忽略的需要。

- 红海中的强者,是那群懂得利用规则,甚至能影响或直接参与制定规则的企业。和那些无法主导标准的企业相比,它们没有在乎成本,市场对它们的信任持续时间也比较长,品牌价值较高。虽然制定标准是大企业的事情,但并不是说创业企业不能考虑这一问题。路翔科技创业之初主要是从国外引进道路沥青技术,自己消化、能够组织生产以后,在广东说服设计部门接受它们的产品进行试验,然后向国家标准管理部门去申请推广这一标准。广东是重要的受益者,因为提高道路标准可以优化道路管理,节约综合费用,减少道路占用;而这家公司更加受益,因为后来全国都在使用它们的沥青。要想成为行业领袖,就要参与制定或影响行业标准,有时只是一种荣誉,代表了科技水平领先的程度和被国家认可的程度,而如果能够通过标准实现规模化生产,

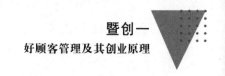

则可以实现双赢。

能够胜出红海是因为不怕红海,但更是因为从红海中挖掘出了自己的市场,自己能够从中发现新的蓝海,而别人却不知道、不以为然,那不就是自己已处在蓝海之中了吗?

3. 服务力

服务力是一种能力,也是一种实力。我们不倡导把它变成竞争力,而是希望把它变成企业的发展能力。因为我们认为,企业的发展才是根本,而发展的根本是让顾客有更好的未来,但是服务力的确对竞争力有重要影响,其中的重要原因是它由细节决定。

(1) 决胜点在于注重细节的服务

东京着衣,多年来以整体搭配营造商品质量感、每周上架超过 100 款新品追求服务效率,从而实现快速扩张。有人问,它们是如何做到快速扩张的? 可以说,它们卖的速度造就了它们的规模扩张。东京着衣在 2010 年就创造了 6.5 亿元营收额,排名全球第三。它们最早提供 800 免费客服电话,类似中国的 400 电话,电话服务的平日客服时间长达 14.5 个小时,配合电话订货,它们提供了商超取货服务。

郭台铭说:"魔鬼都藏在细节里。高科技企业在微利时代的竞争力,来自企业的速度、质量、科技服务、弹性、成本。"他的意思是高科技也不会造就高利润,现在已经没有了蓝海,只靠申请专利来保护自己的时代已经结束,取而代之的是创新竞争,大家几乎不约而同地在市场上完成相同或功能相近的产品,如果企业想参与竞争,只好用其他的办法。这些办法包括:第一是速度,不停地研发,快速更新产品,用短期垄断代替长期垄断;第二是质量,产品要好用,让人用着放心;第三是科技服务,不仅提供产品,也提供使用过程中的全部服务,深入用户之中,把产品与使用结合起来;第四是弹性,不是以自己设计的固定产品满足市场,而是让自己适应顾客,顾客需要什么,企业都可以生产,这要求企业必须有定制生产的能力;第五是成本,高科技公司内部成本优势往往就是价格优势。能够做出,做得好,还价格低,这就形成了竞争力。这种竞争力的核心是服务力。

(2) 为什么服务力会成为竞争力

竞争力是不可模仿的。一些专用资产,比如土地资产,它的特定地理位置会让其形成特殊的竞争力,不论是用来建设机场,还是用来建设住房,都可能会形成排他的影响;那些专用的无形资产也一样会形成排他性影响,如商标、广告、标识等。特殊的情况下,技术专利也可以形成不可模仿力,但那些已经签约的商业合同经常比技术专利的资产专用性更强。那些特别准入制度或者国家批准的矿山资源控制权,也是专用资产,只不过它的行政垄断因素太强,会遭致人们的抵制。

在不可模仿的因素之中,有一种是服务力。因为服务力涉及细节,很容易隐藏在企业之中,不易察觉,不像技术这样的专用资产那么容易引人注目。有时候即使公开请人来观察,也未必能够学习到这些细节,它难以琢磨,更难以模仿。

基于细节的服务力不需要研发那样的投入,但并不是不需要投入,为完善企业而花费的心思才是企业有意识的服务力的投入。企业不断完善细节是以教训作为代价的,这些投入隐藏在经营过程中,有的企业投入大,甚至反复出现错误,而没有得到教训并加以纠正,它们成为企业失败的原因,没有变成未来成长的资源。

(3) 为什么服务力是发展力

人们消费需要什么?需要的是细节上的服务。当企业把服务注意力放在细节上的时候,消费者会感受到企业的关爱和体贴,这些关爱和体贴会变成消费者的信任,被当作故事和谈资传播。这种传播不是广告,它因具体生动的故事而感人,也令人更容易相信。它会带来什么?一是带来更大的信任,更大的信任才是品牌的根本,这样的服务力正在形成无形资产;二是带来顾客的忠诚度,它经过了仔细掂量、犹豫后的理性购买和重复购买全过程;三是带来更大范围的购买行为,最终形成社会整体的信任。在这样的背景下,企业捕获了更大的市场需求,会有更多的利润,积累更多的资产。

所谓企业发展力是指企业规模扩张与利润、资产增长的能力,这种能力是企业努力的结果,体现在市场对企业的认可上。市场对企业认可的并不是功能,而是由功能携带的细节,没有功能的细节,顾客不可能给予承认,因为他们没有得到实惠,功能可以落实细节,让有细节的服务体现企业的用心。当你在一家商店里看到荷叶滚边显瘦雪纺的洋装,标价是299元,看到飞舞蝴蝶双色的方包,标价是399元,看到水钻果冻的凉鞋,标价是250元,琳琅满目的商品,有动人的图片和说明,商品的展示设计会让你觉得处处在打动你,勾动着你的消费欲望。如果它的商品如它的说明一样,或许还能有其他的惊喜,你会不信任企业吗?

可以说,服务力就是用于建立顾客的信任。一旦企业获得了信任,就可以获得发展力。形成这种发展力花钱不多,却可以持久,毕竟它分散隐藏于顾客心中,不会轻易消失。

好产品应该永远伴随着好服务,顾客购买的不仅是满意的产品,更是想要一种可靠、获得尊重的服务。华为公司曾提出"虔诚地服务客户是华为存在的唯一理由"。无论是高科技人才,还是普通工人,每个人每天都在为他人服务,同时也接受着他人的服务,服务无处不在,无孔不入。想要得到别人的服务,首先要学会服务别人。服务远远不止一个微笑那么简单,服务力是一个系统的功能产品,是企业发展的生命力。在 20 世纪 90 年代初期,韦尔奇认识到服务导向比产品导向更重要,于是他决定将通用电气的重点从卖产品转变为向用户提供解决方案。IBM 现已转变为世界上最大的服务公司。"IBM 就是服务",这是 IBM 公司的一句经典的广告语。有人评价,郭士纳有两个最突出的贡献:一是保持了 IBM 这头企业巨象的完整;二是让 IBM 公司成功地从生产硬件转为提供服务,成为世界上最大的一个不制造计算机的计算机公司。因此,只有诚信才能永续经营,只有服务才能基业长青。

(4) 网络时代的服务力

人们会以为实体店容易塑造服务力,网店没有什么服务力可言。其实并非如此,甚至恰好相反,因为网络交易体验略低,所以更需要服务力加以保证。网络卖家不仅有服务力的打造空间,还有与实体店不大相同的服务力内容。网络卖家有五个排行靠前的服务要求。

- 基本质量。不论什么商业模式,如果你的产品达不到最基本的功能标准,顾客为何要买你的产品?好服务的前提是产品的基本功能和质量没有问题,如果有根本性的差异,远远低于同类企业的产品功能和质量,你的服务再好也没用。笑脸永远代替不了功能。

- 开发新款的速度。网络上的竞争更加激烈,原因是在网络上销售的产品,很容易传播到各地市场。这也会造成对竞争者的影响,他们会纷纷效仿。同一产品的市场竞争激烈局面到来的时间更短,企业只有不断改变自己,增加新款产品,以便在竞争对手进入时,能够摆脱他们。更为重要的是,企业要注意到市场被满足的同时,会出现需求的分化,各种细致的需求会被诱发出来,只有不断开发出新款产品,跟上需求分化的速度,才不会被快速的市场需求变化所淘汰。

- 顾客答询。服务的最重要起点是与顾客沟通,这如同医生和病人一样,企业就是那个医生,它什么病都得见过,对病症司空见惯,但对病人来说,病症往往是他从来没有遇到过的,两个人的感受完全不一样。顾客买了东西,希望功能是正常的,质量是不存在问题的,但是他们并不知道他们所得到的产品是不是这样,由此生出担心甚至焦虑。如果企业对此漠不关心,或者沟通迟缓,这种担心或焦虑会演变成顾客行为,他们的抱怨会传播开,企业的损失马

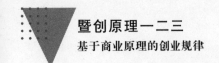

上就会形成。从顾客角度而言,不少的产品对顾客来说具有应急意义,企业不着急,但顾客马上就要见到效果,见不到效果,会让顾客感觉上当受骗。由此可见,沟通及时,经常会比功能更重要。

- 有弹性的、可选择的购物平台。百货公司这种商业形态存在许多年了,后来又有了超市。在超市,同样品牌的产品会有很多种,这是为了满足人们的选择。没有选择就没有服务,用一种产品满足人们的需要,必然会强制替代,人们变得不得不接受,这就会让人们感受不到尊重。平台必须有足够的选择空间,保持产品的弹性,让人们感受到企业考虑得周全,这种态度才会让顾客感受到企业的服务是真诚的,是为顾客着想的。

- 产品规模化,并将规模化的产品传递给顾客。在相同成本、相同价格的情况下,扩大规模可以增大利润。如果规模扩张不会带来价格变化,利润肯定会加速提升,原因是规模会产生成本节约。不论生产成本,还是营销成本,如果规模效应明显,利润增速都更加可观。即使价格下降,这种增速也有可能发生,而且可能会因为价格下降的原因挤出竞争对手。这是人们能够普遍认识到的。实现产品规模化的着重点在于网络化。如果想让服务充分,必须达到足够规模,让服务之间相互形成冗余、相互补充,而不是只提供一种服务。

这些要求是同时存在的,企业为了获得发展,需要把每一条都做好,至少不能低于行业平均水平。

(5) 增加服务力的三条原则

一般而言,增加服务力可以从以下最重要的三个方面入手:

- 开发商品的独特性。这是用产品来保证服务,以服务指导产品设计与生产。特殊性是突出了某一方面,或者某几方面的功能。华帝燃具是在市场中已经有 300 多家相同类型企业的条件下挤入市场的。它们认识到,厨房干净是家庭主妇的需要,这是基本功能,加上不锈钢罩的电子炉具可以保证干净。另外如果电子打火一次、两次不成功,人们就不敢再打火了,因为此时煤气已经集中了一些,闻到了煤气的味道,人们担心它会爆炸。保证电子打火一次性点燃成为产品的独特性,这可以节约煤气,节省时间,能够让人们放心地使用这种煤气灶,"放心"成为它们的独特性。以上用来指导它们的研发,后来高保障的点火技术被奥运会注意到,2008 年奥运会李宁飞天点燃主火炬用的就是它们的技术。任何一种产品都有自己的功能,如果加以分析,会发现它集中在很小的一个方面。为了加强独特性,企业可以根据客户的心理,集中在其他没有多少人注意到的功能上下功夫,加大研发投入将产品特殊功能提升到别人达不到的极致水平。这没有什么稀奇,关键是你是否有增加服务力的意识。

- 开展服务创新。这不是指产品创新,而是指针对人们的细节需要,开展人们意想不到的服务。会在本书中多次出现的"钱大妈",这家商店注意到中国人的食品消费升级,其中的一个重要导向是安全绿色健康需要。但是人们并不相信商店会如此傻,认为它们一定会把前一天没有卖出去的东西在第二天接着出售。如何让人们相信,它们不会这样做呢?它们使用了"可置信威胁"的概念,用一个价目表来表达自己的决心。为了让人相信,到处讲它们的一句口号——"不卖隔夜肉",那价目表在晚上 11 点是 100% 折扣。它们没有做什么,只是把本来应该做的,明确了出来,让客户自己为企业进行定位。服务创新就是围绕客户的需要,将新的要素组合到服务之中,强化服务。我的学生创办的企业中,有一家上市公司叫艺丰集团,做玩具贸易,面向全球市场,艺丰集团几家分公司领导异口同声地告诉我,他们对客户邮件几乎是即问即答,不会拖延。如果在同一个时区,这样的服务标准没有什么,但是在面向全球 24 个时区时,这需要一定的管理能力。客户出现疑问,他们急迫的心情需要用后台管理来保障,传统的办法可能不行。

- 随需应变。每一个人的需要都不一样,每个人在不同时间的需求也不相同,会随着他们的境遇、状态和心情的变化出现新的变化。企业如果想让顾客满意,只能认可这种非理性的需求变化,并利用自己队伍稳定的专业能力,为客户提供需求变化后的服务。如果需求总是在变化,企业如何利用这个能力?的确,这是一个矛盾。工业化阶段与后工业化阶段有着很大的不同,前者以相同的产品满足人们的基本需要,那些可能存在的需求变化,往往被强制性替代所压制。但是以服务力来取胜的后工业化时期,企业需要根据需求变化来调整自己,这种调整能力取决于专业化能力。所以,随需应变,即是要求每一位员工都是全才,都是专家,能够把自己的才能用于应对需求变化。企业必须经常教育员工,经济增长一定会带来人们需求的个性化变化,员工不能适应这种变化,就无法保证企业的持续发展,更不要说提升工资待遇了。

(6) 人心与创新

企业经常要权衡稳定与创新的关系、人心与利益的关系。它们在不同目标下出现纠结、矛盾,有的还要冲突。它们有的把挣钱作为理由,丢掉了口号中与挣钱无关的内容;也有的经常会不动脑筋,只是听命于社会舆论,企业的个性消散了。

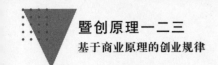

创新的确重要,但是创新需要花钱。创新的产品市场未必认可,创新存在风险。创新可能会吞噬企业的既得利益,因为新产品代替了旧产品,在扩张了一部分市场的情况下,压缩了传统市场,这些都会给企业带来压力。不创新,可能会被其他企业超越,但唯创新可能也不是企业的追求。鉴于以上,企业应该把稳定放在第一位,在稳定的前提下开展适当的创新。唯创新的企业是极少数的个别企业,比如通用电气在韦尔奇的领导下成为天天创新的公司。但是大家要注意,它们面向的是全球市场,可以借助全球人均收入的巨大差异来满足人们的不同需要,每个市场都很大。如果你的市场很小,这样定位肯定会让你投入的钱过多。所以,企业应把不怎么花钱的提升服务力排在第一位,然后才是产品创新,它排在第二位。毕竟人们需要的服务,是消费以后使用过程中的体验与满足。

企业到底与客户交换到了什么?人们一定会认为这是一个很傻的问题,出售的是产品,交换回来的是现金。你想想,到底是不是这样?只有少数情况下,客户去店铺购买了产品,然后就不再光顾店铺了。多数情况下,顾客会反复去一家店铺或企业购买,他们为什么不去其他企业?顾客内心中已经建立了一种无形资产,那就是人心,他们对企业的信任变成了他们重复购买和传播企业的依据。人心的伟大力量,让企业不需要做任何表白,顾客都会跟随企业。

人心与利益是一对矛盾。当企业过多关注利益的时候,人心可能正在慢慢丢失。多数情况下,利益都是处于被分割的状态,你多一些,他就少一些。虽然我们不能假设顾客不讲理,他们要把企业利益都拿走,但是他们争取利益的动机应该是永远存在的。如果企业过分地抢夺利益,隐藏陷阱,让顾客上当,人心会在企业急切地争取甚至是压榨顾客利益以后失去,这将是企业灾难的开始。

产品创新是为了得人心,因为人们需要新的产品。但是,如果过度创新,让顾客不停地花费以跟踪创新的产品,如同今天的手机那样,人们也会感到痛苦。关注顾客的需求才是争取人心的关键。

服务力是获得人心的保障。不论是用服务理念来指导企业的各种行为,还是用服务本身去满足顾客的需要,它都代表了体贴。在人们心情不好的时候,如果首先想到的是利用企业的服务,企业能赚不到人心吗?如果顾客在购买完成以后,企业会嘘寒问暖地让顾客提出一些自己的感受,而不是平白无故地打扰顾客,顾客能不认为企业就是在关怀自己吗?人心获得需要服务力,用服务力来评价企业是否获得了人心非常重要。

4. 没有最好，只有更好

有一句话，成为许多企业的座右铭，这就是"没有最好，只有更好"。但并不是所有企业都认真想过，为什么企业要做得更好？是针对竞争，摆脱竞争对手的追击吗？企业如何才能做得更好？

（1）红海胜出的根本是让自己做得更好

成熟的市场总会有一些追求卓越的成功者保留下来，这些成功者是那些做得更好的企业。竞争理论认为，只要比对手做得更好一些，企业就会活下来。这个理论并不涉及顾客的感受，而是针对竞争对手，只要把竞争对手打倒，自己就会活下来。但是这样做，顾客是什么感受呢？顾客应该是不得不接受这个现实，不得不接受你这个企业价格低，却没有什么服务质量的产品。

把对手打倒就可以胜出红海，这是对竞争理论的曲解。竞争理论是动力理论，是用优胜劣汰的动力来推动企业进步，推动进步是它的目的，而不是打死竞争对手。这个理论没有打死竞争对手就可以胜出红海的意思，投资界那句"杀敌一千，自损八百"，不是什么好办法。但是企业在这个理论的应用中却往往误以为如此。它们不是把注意力放在把自己做好上，即使做好自己，也只是比竞争对手做得好一点，更多是把自己定位成比竞争对手做得更有利益上，甚至有时会采取欺骗性手段。这是产生红海的根本原因。

企业离不开红海，所有蓝海很快都会变成红海。想胜出红海，不能用打死竞争对手的办法。你打死一家，还会有另外一家，你能打得过来吗？你还能够活着，是因为你做得比别人好一些，还有一些顾客能够跟着你走，只不过你自己不知道。

让顾客永远跟着你走，这是一个伟大的追求，它不仅可以让企业拥有顾客，节约企业的宣传费用，更重要的是把人心——无形资产放在顾客那边，使企业有了长久不绝的生命之源。当企业面对危机的时候，顾客可能会原谅你，不放弃你。让顾客永远跟着你走，企业就会变得伟大。

顾客之所以跟你走，在本质上是因为你做得更好。顾客希望你做得更好，因为你的更好对他们有好处，你是否打败竞争对手，他们并不关心。他们关心的是你是否能够做得更好，你做得更好，他们会有更好的日子；你做得不好，他们的日子会停止改进。世界在变，顾客的期望也在变，你要根据顾客的需要改变自己，顾客才会跟着你走。

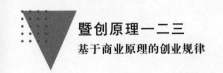

（2）一个问题：顾客会希望你倒闭吗

没有一个顾客希望自己喜欢的企业倒闭。企业倒闭对顾客有什么好处？不仅没有好处，还经常会有损失。如果某种事情发生会造成人们的损失，人们会希望发生吗？不会。除非是企业伤害了顾客，顾客有报复心理，如果企业一直待顾客很好，顾客应该不存在希望企业倒闭的动机。但即使这样，想着法子让企业倒闭，损人不利己，仍是一种非正常行为。

曾经有一家理发店，我经常光顾，定期去理发。突然有一天门口贴了一张告示，说本店转让。问旁边的店主，说是关门回老家了。每次去光顾时，我都与店员聊到经营情况，他们会抱怨房租上涨太快，老家现在变化很大。我每次理发都刻意地缩短间隔，意思是多给他们一些生意，让他们不要走。他们在，我很方便，他们不在，我要重新找理发店。理发师傅对我不熟悉，技术水平是否能让我满意，我没有把握。

许多企业并不在乎自己的行为对顾客所产生的影响，其实，企业倒闭对顾客的影响很大，主要的损失包括：

第一，经验和知识。任何消费都是一个建立经验的活动过程，即便是使用一台电脑，一套软件，一个鼠标，也存在着熟能生巧的规律。重复本身会锻炼技巧，一些可以表达出来，有一些就只有顾客自己知道。美国家政女王斯图尔特，就是一位能够仔细琢磨生活，也能够表达生活形态与经验的家庭主妇，后来她被塑造成为电视节目的明星，再后来她利用明星的影响建立了自己的商业帝国，授权经营许多品牌。店铺位置、开关门时间、店铺和师傅的特点、价格、使用的材料和出售品类，这些都无法通过教科书帮助把握，只能是在消费中慢慢积累经验，至于那些产品，如何安装，用什么方式咨询使用中出现的问题，更需要依靠自己积累的知识和经验来解决。如果店铺倒闭，这些知识和经验全都没有用了，白白损失掉了。

第二，关系和信任。企业与顾客通过消费建立起关系，每一次重复消费都是对上一次消费印象的再确认，这种不断被强化的关系就是信任，是顾客在内心中形成的对企业的态度。信任是一种资源，它可以节约为了验证不确定因素、去除不确定性而产生的投入。那些拥有信任的企业，顾客可以不用验货，不用询问，也不需要价格谈判，一切都变得十分简单，甚至打发孩子去消费，因为顾客知道商店童叟无欺。企业对顾客的各种优待，是对顾客这一信任的回报。因为顾客信任它们，它们获得了节约，理所当然地要与顾客进行节约的利益分成。当然，顾客也可以把这种以折扣方式表现的利益馈赠看成是一种激励，通过重复购买为企业继续提供利益，同时也强化了与企业的关系。信任还可以形成金融"效应"，因为信任与信用并非只是一字之差，一旦将信任用于融资，信任就可以变成信用。赊账是典型的信用现象，它是用别人的钱来完成自己的消费。存在信任的老顾客,拥有赊账的权利,是因为企业认可了顾客的信任。但是,当企业倒闭了,顾客消费所积累的全部信任就都消失了。

第三,售后服务。许多消费需要售后服务才能够完成,特别是那些需要安装、维护、保养的产品或服务。企业一旦倒闭,购买这些服务的投入就全部丢失了。人们都喜欢办健身卡,一是怕麻烦,每次都要用现金交易有不方便之处;二是店家用便宜的价格来吸引你,依据价格歧视原理,用价目表把价格敏感人群给筛选出来;三是激励那些冲动型消费人群,在接受售后服务的过程中下定继续消费的决心。不论店家是否设有陷阱,顾客后续的健身都得依靠店家的存在。一旦店家倒闭,顾客办卡的投入就丢失了。许多人购买了曾经广告做得十分响亮的产品,购买后,他就不希望企业倒闭,否则许多后续服务都不容易获得了。

面对可能发生的这些损失,顾客没有让企业倒闭的动力,只要企业小心维护顾客,顾客没有其他的办法让企业倒闭,顾客为了让这些损失减少到最低,还会维护企业,不让企业倒闭。企业要意识到顾客是与自己站在一个战壕里的,而不能把顾客看成是盘剥的对象或者是敌人。但是企业却经常会忘记这一点。那些有着百年老店传统的企业,经常会把"顾客是我们的衣食父母"挂在嘴上,原因是它们知道,顾客才是企业真正的朋友。

(3) 顾客会帮助企业吗

许多企业把顾客视为利益的来源。企业的确应该知道,顾客为了让自己的利益最大化,会帮助企业保持合理利益。我经常问大家,如果你帮助了别人,是希望别人更好,还是希望别人更坏?大家通常会异口同声地说,当然是更好。这是一个重要的原理。

如果这一问题得到了肯定的答复,企业应该相信顾客会帮助自己。因为顾客可以从企业变好之中获得好处。最大的好处是顾客可以保护好自己的资产,因为企业接受顾客帮助,变得更好的时候,企业就不会倒闭。当然,企业得到顾客帮助的好处不止上面这些。

大部分的企业不相信这一点,它们过于自信,过于封闭,认为顾客帮助不了它们什么,它们做产品设计,进行产品生产,甚至它们的销售都不是由顾客完成的,顾客怎么才能帮助自己呢?它们所指的帮助多是那些在企业出现财务危机的时候向顾客借钱,在企业的眼里,顾客只是腰包里有钱的人,它们看到的只是顾客的钱。这是非常错误的,也可以说这样的企业很矫情,这样的企业是做不大的。

企业不需要顾客帮助,是在压缩自己的利益共同体。一个没有同盟者的人,就是

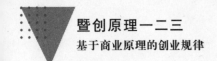

没有朋友的人,想做成事业是很难的。一些企业懂得这个道理,特别是那些有大量中间客户的企业,都会小心地维护业务往来。而那些面对大量散户的企业却经常忘记顾客是它们最应该结交的朋友。如果他们数量足够大,对企业的感情足够深,企业经营会是十分容易。

顾客帮助企业,是希望企业能够活得更好。帮助企业做得更好,顾客也从中获得利益。如果企业没有做得更好的追求,它们必然不希望这样的帮助,他们对顾客的希望就是顾客前来购买,多花一些钱。

如果企业把自己看成是专家,是最聪明、最优秀的,则骨子里就是把自己看成是最好的,或许企业会把"只有更好"的口号贴在墙上,可能也会做一些改进的事情。而一旦把自己看成是最好的,它们就没有追求进步的动力,它们怎么还会接受来自顾客的帮助呢?相应的思考是顾客只是一群只会花钱享用的呆子。

"只有更好"的真正意思是不断进步,而不断进步的动力既来自企业内部,也来自企业外部。增加企业自己的同盟者,至少是观念上的同盟者,企业没有损失,相反却有可能获得巨大的进步动力。何乐而不为呢?

5. 从忠诚度到归属感

Reichheld 的一项研究表明,忠诚消费者比率提高 5%,企业利润就会提高 25%～85%,由此引进了一个重要的概念叫忠诚度。忠诚度是基于企业追求利润而建立的概念。我们要讨论顾客对企业的帮助,通过这样的帮助让企业做得更好,这样,忠诚度的概念就不够用了。

(1) 忠诚度

顾客忠诚度是指由于质量、价格、服务等诸多因素的影响,使顾客对某一企业的产品或服务产生感情,形成偏爱并长期重复购买该企业产品或服务的程度。有时顾客忠诚度也是指顾客出于对企业或品牌的偏好而经常性重复购买的程度。它经常与品牌忠诚度混合使用,因为品牌忠诚度也是指消费者在购买决策中,多次表现出对某个品牌有偏向性的(而非随意的)行为反应。它是一种行为过程,也是一种心理(决策和评估)过程。品牌忠诚度的形成不完全是依赖于产品的品质、知名度、品牌联想及传播,它与消费者本身的特性密切相关,依靠消费者的产品使用经历。提高品牌的忠诚度,对一个企业的生存与发展,扩大市场份额极其重要。

衡量顾客忠诚度的主要指标是:

1）整体的顾客满意度（可分为很满意、满意、比较满意、不满意、很不满意）；

2）重复购买的概率（可分为 70％以上、70％～30％、30％以下）；

3）推荐给他人的可能性（很大可能、有可能、不可能）。

其实，前面这些忠诚度的指标是基于企业利益的，是把企业作为市场推广、利润创造和资产积累的工具。把企业的目标假设为追求这三个指标，基本上是企业短期利益的表达。但是，企业不仅追求短期利益，还更在乎长期利益，所以对顾客忠诚的认识也应超越这些指标。忠诚度还应包括一些其他内容，比较重要的有：包容、认同和促进，相应的指标应该包括包容度、认同度和促进度。

企业应该把包容企业行为的顾客作为忠诚顾客。企业有可能犯错误，顾客如果能够在一定范围内不采取极端措施，不用脚投票放弃企业，这样的顾客就是忠诚的。他们可能会抱怨，也可能不声张自己的委屈，背后是他们的容忍。企业要认识到顾客的容忍是基于对企业的信任，是基于对企业信任的长期积累，这种容忍会形成一定的经营缓冲，让企业不会有太多的压力，避免因为急切的利益诉求而造成企业倒闭。当然，过度的容忍，可能会纵容企业放松对自己的要求，让问题长期存在，所以容忍度必须具有一定的限度。

企业的任何行为都包含着企业对自身与社会价值的追求，这种价值观通过企业的商业行为传播到社会之中，顾客是企业价值观的接受者。顾客认同了企业的价值观，就会忠诚于企业，成为企业价值观的传播载体。有人特别喜欢日本的产品，它们设计精细并且人性化，也有很好的节约功能。有人已经接受可以多花钱，但要舒适、好用，也要节约资源的观念。有人只想价格便宜，不管质量好坏，先看价格，只要价格足够低，就能够接受，这些，都是企业价值观通过商业行为传播到社会上后，从顾客端得到的价值观认同的反馈。

顾客的价值观认同，促进了企业发展。顾客不希望企业停止进步并由其他企业代替为他们服务，这种心理的背后是顾客的忠诚，而不是挑剔，更不是打击企业，让企业垮台。对此有关的分析将在后面深化阐述。

在现代经济中，出现了粉丝的概念，许多新企业为了追求粉丝规模，把增加粉丝数量作为企业的业绩。粉丝是忠诚客户吗？

粉丝并不来自企业的经营努力，也不来自顾客对企业的信任，而是产生于对企业中的某一个元素稀缺性的向往。粉丝比具有忠诚度的客户更会追逐企业，他们不是理性的追求，而是近乎于盲目的追求，他们的追求不是信任，而是对稀缺的渴望，是不容商量的追随，是没有理由的追捧。

粉丝是企业能够在市场上生存和获利的基础，维护粉丝，让他们持续放大对企

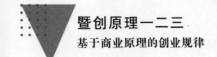

业的迷信,对企业来说并不是坏事。但是,由于粉丝起源于企业拥有的稀缺要素,一旦这种稀缺被其他要素替代,企业的粉丝就会消失。也就是说,粉丝这种无形资产比通过其他方式建立的无形资产更加虚化,也具有可遇不可求的特征,企业难以驾驭。

顾客的忠诚十分重要,培育顾客的忠诚,应该是企业的基本要求。但是,在我们看来,这还远远不够,有一个重要的顾客心理,需要企业引起重视,这就是顾客的归属感。

(2)归属感

归属感是从企业角度认可的顾客对企业亲近的态度,它是企业的感觉,是企业看待顾客时认为顾客是否从内心与企业利益保持一致的标准。

顾客归属感是顾客与企业关系的表达。如果顾客买完就走,再不发生关系,顾客没有归属感;如果顾客买完以后,除了钱,还留下了其他的,表明顾客有所留恋,可以初步判定顾客对企业有了归属感。

我们经常听到家长在教训孩子时说"好像这不是你的家一样",家长为什么这样生气?因为他们认为,他们的孩子在破坏,而不是在建设。而另外一些家长,通常是那些父亲会让孩子过来,一起把东西收拾好,他们一起建设的行动,正在恢复孩子对家庭的认同,也许比妈妈的骂声更管用。归属就是把家当成家,而把家当成家的重要行为是建设的行动。如果去一些地方做客,主人说"你把这里当成家",她们的目的是让客人有归属感,宾至如归,像在自己家里一样随便,那么在家里是什么样的呢?大约是:

没有什么不能做的。除了破坏性的行为,其他所有可能的建设性活动都可以做,按自己的想法去做,不担心别人会指责,敢于对结果负责,可以说"那是我做的,我就希望那样"。

没有什么不能说的。在家里可以批评,可以建议,可以讨论,可以商量,精心维护家庭可能会考虑得多一些,但是如果出发点是为了建设,各种各样的说法都应该听取。

容忍别人的错误。没有不犯错的人,只要这种错误是为了建设,可以容忍错误的发生,因为有这样的环境,所以人们敢于犯错误。我们可以把家庭理解成是一个让我们犯了错误,也不会造成太多影响的"有限责任公司",在公司里,可以随意犯错误,而一旦看到错误能够带来的新的有意义的方向,是一种有意思的尝试,有可能会推广到家庭之外。

在家庭之内可以做到的,企业之内也应该做到。家庭没有解体,每个成员都愿意为此而努力建设,才会成为家庭。同样,企业没有解体,每个成员都为企业的成长而投入建设,才会成为企业。没有组织成员的投入,组织无论如何也不会继续存在,但成员愿意投入,又是组织存在与发展的前提。

成员愿意投入,首先是因为没有精神负担。如果害怕投入被误解和非议,甚至是拒绝,那么还会有人投入吗?其次是因为获得了鼓励。如果说,没有拒绝成员的投入是一种去除阻力的活动,那么鼓励投入则是一种激励和增强动力的活动。如果一个组织能够做到成员对组织的投入没有阻力,还有动力,那么成员将愿意主动地投入组织,并会产生一种发自内心的感受,这种感受就是归属感。

当组织成员有了归属感,他会有一种因"我是他的人"而主动为组织服务的意愿,并认为,主动去做是我的责任,得到赞扬是正常的,得不到赞扬也可以容忍。这样的成员对企业有着重要意义。这如同家庭一样,成员把企业当成了家。"我是他的人"是一种责任,是主动的投入行为。

人们希望有归属感,这是人类的天性。有个著名的实验:把刚出生的小猴子放在有奶流出的柱子和有绒毛的柱子前,小猴子在吃完奶以后,马上回到有绒毛的柱子并依偎着柱子。人们否定了食是追随的根本,提炼出"关怀"的概念,但是关怀又产生什么呢?猴子为什么需要关怀呢?因为动物的本能也需要归属,它必须是属于某一类,否则无法生存。从这个意义上说,认识归属感是在回归人类本性。

归属感是主观的态度。它是认同心理的体现,是自我的心理感受,是被接纳以后的个人感觉。

归属感是文化。有的组织整体归属感强,原因在于组织认同文化强调得较多,成员之间认同,让每个成员都觉得是集体的一员。有一些行为被看成是接纳,而相同的行为在另外的组织里没有整体影响,表现出文化的差别。

归属感需要塑造。文化建设可以影响员工的整体归属感,并且可以通过制度建设和文化建设持续下去。一个不愿意接纳的组织,缺少了针对归属感的管理,获得归属感的可能性变小,组织的真正支持者也不会很多。

(3)归属感与忠诚度

归属感会带来什么呢?忠诚!因为忠诚可以产生利益,所以人们关注忠诚度。但忠诚度又来何处?应该来自于归属感。如果没有归属感,不把自己当作组织的人,他的忠诚又从何而来呢?

归属是人们对组织的认可,是对组织接纳的认同,是对组织建设的责任,而忠诚

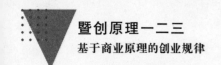

则是对组织的肯定,是不会背叛组织的行为。个人对组织的认可是对组织的肯定,这种认可来自于组织对其行为的接纳,他主动将自己视为组织的一员,这样的行为在低级时,表现为不会背叛,跟着组织走;在高级时,它会表现为对组织建设的贡献。

关注忠诚,是组织对成员判断的关注,也是组织对成员建设行为的关注。把注意力放在归属上,忠诚是自然的结果,而关注忠诚,归属的结果则不一定。增加归属感,才可以提高忠诚度;增加忠诚度,未必能够增加归属感。

(4) 组织的归属感

关注归属可以提升组织建设的水平,也可以提高组织的建设能力。虽然忠诚度对企业来说很重要,但是,从组织建设角度来看,仅仅提高忠诚度是非常不够的。

组织有了归属感文化,可能会形成每个成员的归属感,那些没有归属感的成员会受到感染变得有归属感。虽然他们有可能来自于缺少归属感的地方,对别人的接纳没有意识,对待世界冷冰冰的,但是,如果这个组织有着文化感染力,仍然可以让他们感受到他们逐步地成为组织的一员,从而不会对别人冷漠。

归属具有文化性,而文化需要通过组织建设来实现,这样,组织建设与归属感之间就会建立起联系。一个有亲和力的企业,是让人人有归属感的企业,这种组织要求也不是什么难事,其主要的组织建设目标是接纳,每个成员对于那些希望被接纳的人都采取接纳的态度,对那些于组织有贡献的行为、有贡献的态度给予赞扬,真诚地承认,就可以建立起这样的文化。

归属感的培养应该先从组织内部开始,这要求员工要有归属感。若要做到这一点,则要求企业首先要有这样的追求。企业要意识到,当员工存在归属感的时候,企业会有凝聚力,会提升文化的感染力,会增强员工工作的主动性,会调动员工的创造力,会通过员工的归属感自动向社会相关成员渗透,从而产生影响力。把培养员工的归属感作为管理目标,是企业管理水平提升的重要手段。一个有持久发展力的企业需要刻意塑造员工的归属感,除了上述理由以外,还因为员工是顾客与企业的界面,企业通过员工与顾客打交道。员工没有归属感,他们就不能通过与顾客打交道发现企业需要改进的问题。如果说提升顾客的归属感是我们研究好顾客管理的目标,那么增加员工的归属感是实现这一目标必不可少的中间环节,它也是组织归属感的起点和重要内容。

(5) 家庭的含义与顾客归属感

对企业来说,家庭是消费地,是产品输送的终点,同时也是商品的试验场。人们在消费产品时按厂商承诺做各种环境下的使用,会发现产品的问题。人们在购买现场可能不能完全体会到产品的好处,或者发现产品存在的问题,多数产品都需要拿回去才知道消费的结果。比如在大街上购买了雪糕,为了吃掉而购买的活动是消费,这是从经济学意义看待的消费,而真实的消费过程是把雪糕吃掉,不只是当时的感受。这还没有完,因为雪糕在你的身体里还在发挥着作用,比如吃完以后觉得身体凉爽,或者感觉肚子痛,甚至可能出现某种病症,这些都应该包括在消费过程之中。真实的消费行为并不像经济学说的那样简单,全部的消费过程也不是仅仅使用产品,获得功能和效用,而是还有大量的信息剩余。基于以上,我们可以把顾客的消费行为分为理解行为、检验行为、探索行为和改进行为四个层次。

理解行为。顾客面对厂商的价值主张,会有自己的不同理解,这种对承诺理解的差异导致了顾客使用的行为偏差。比如灯泡必然是用于照明的,但有个别人一定要把灯泡放在嘴里,而一旦放到嘴里会拿不出来,厂商为了避免出现纠纷,有责任告诉顾客灯泡不能放在嘴里,以此来免责。如果厂商承诺得不清晰、不醒目,或是根本没有提及,厂商都可能要承担责任。在厂商无法指导的情况下,家庭的消费行为变得复杂多样,厂商首先要考虑到自己的顾客是否能够理解自己的购买行为。顾客不能正确理解,不是顾客的原因,而是企业的原因,只有顾客正确理解,才能正确消费。只有先免责,才能真正负责,不然会出现无限责任,归属感是无法形成的。

检验行为。顾客远离厂商,正确理解企业的承诺和使用产品,即是对厂商的产品进行检验。在消费过程中会出现按家庭成员自己的理解使用产品的情况,这样的消费过程,也是检验商品的过程,如果出现他们的感受与理解不一致的情况,他们会认为商品没有达到他们的预期。如果出现了这样的问题,厂商不应该认为是顾客的责任,而要主动承担责任,原因是顾客在使用过程中的理解差异和信息传导失真是正常的,但顾客的抱怨造成的损失却是企业的,这种抱怨会产生与归属感相反的结果,让顾客远离企业。因此,企业主动承担责任是企业承诺与使用者之间的衔接。

多数情况下,使用或者说对消费产品的感受并非只是一个人的,而是全家人共同消费的感受,比如那些那些厨房用品,各种生活用品,都是家庭共同使用的。如何使用这些厨房用具,家庭成员每个人有自己的态度、知识积累、身体状况、使用经验以及使用环境,这些都可能会导致不同家庭成员在产品使用结果上的差异。检验行为还会发生在产品缺少用户使用的场合与环境发生变化时,当使用场合与环境未处于产品的典型状态时,厂商也要能够确保兑现产品在使用功能、质量等方面的承诺。

人们经常会在自己错误地使用了商品时,对商品使用功能有新的发现。在生活中也经常会出现强制性的代替,因为实在没有其他的东西可以替代,却发现了这种东

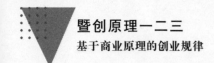

西的新用途。即使是厂商承诺的用途，也存在着因为配合使用和使用环境的差异，导致有新发现，发现产品可以有另外的用途，这对产品质量水平的提高，对产品新功能的开发，有着十分重要的意义。家庭在使用产品过程中的这种新发现虽然是不自觉的，但其发现行为本身具有探索性，它是企业在产品研发过程中经常无法发现的，但在产品的使用过程中却有可能探索到。从这个角度，家庭对企业来说是什么呢？如果企业忽视了这些信息，企业不是少了一个重要的帮手吗？企业把家庭看成是企业的产品功能与用途的试验场可能是在还原真实情况，可把消费在家庭中的活动看成是企业产品试验在家庭中的延伸，可以让分散的家庭在承担实验成本的情况下，获得新的信息。

顾客的消费行为是在检验厂商的承诺，按厂商的指导进行使用。也有时，顾客会发现没有达到厂商的承诺，他们会提出改进的构思。我有糖尿病，需要经常随身携带药品，但十几粒药一板，放在兜里实在太大，需要将其剪成三小板。在使用过程中我这样的自我改进是否有推广意义？如果有，厂商应该注意吸收到自己的包装设计上。但更为重要的是它们得有办法让我愿意把这样的经验提供给它们。因为，这必须假设我有归属感。

企业是投资人的，是企业家的，是员工的，也是顾客的。如果企业希望顾客有归属感，企业就应该把这些顾客的所有活动都变成企业活动的组成部分，让顾客体会到自己是企业的一部分。

企业重视顾客的归属感，其意义在于让企业获得更加可靠的信息。其原因在于，商品是为顾客服务的，他们的理解，他们的使用，他们的感受才是真实的。而分散条件下的对产品的检验，恰好可以让产品经受不同顾客，在不同使用环境中产生不同的结果，这些结果往往需要企业长期摸索才能够获得，何况有可能企业根本无法得到这样的信息。而将这样的信息搜集到企业，顾客会把自己的感受讲出来，是将自己的活动作为一种投入和发现，他们应该会有成就感。成就感被认为是更高级的归属感，因为创造具有风险性，一旦创造获得了认可，这种冒险性投入便有了意义，认可者与本人会在精神上合为一体，对自己认同的人便被视为同类。

当然，顾客的归属感，会成为忠诚度的来源，其行为过程的传播也让人们感受到企业的态度，这等于是让企业有了一些更重要的帮手。为什么顾客作为帮手更加重要呢？因为他们没有商业目的，人们很容易相信非利益性的、中立性的经验介绍。顾客这样的经验介绍并非是为了企业的生存与壮大，而是出于"己所欲，施于人"的善良，是让社会追求更加美好的产品，是把自己的经验奉献给人类的行为。如果这种行为分散，且真正的自由，而非利益所驱使，其真实性会更强。顾客的许多行为具有传播性，其影响力远远超过企业自身的传播。增加归属感，会强化这样的传播。后面我们还会继续讨论这个问题。

企业应该把员工也当成顾客,这不仅因为员工可能随时会走掉,还因为员工本身对产品的认识和他们的传播能力还没有得到充分重视。试想,一个从事产品研发或产品生产的员工都不购买企业的产品,等于是他们都没有说服自己。顾客的归属感先要从对员工的归属感培养开始,它是企业建立顾客归属感的重要源头。在所有的顾客之中,员工是第一位的,当然,企业动员所有可能的人员都成为产品的检验者,并且把检验过程所获得的发现作为企业改进的信息来源,更有意义,这需要进行归属感的文化建设。

【小资料】 提高忠诚度的十个方面

做好客户服务,提高顾客忠诚度有十个方面或十大原则,企业只有把握好了这些原则,才能真正地获得服务为产品带来的附加价值。

1. 控制产品质量和价格

产品质量是企业开展优质服务、提高顾客忠诚度的基础。世界众多品牌产品的发展历史告诉我们,消费者对品牌的忠诚在一定意义上也可以说是对其产品质量的忠诚。只有过硬的,与企业承诺相一致的产品质量,才能真正在人们的心目中树立起信任。为维护顾客的忠诚度,企业需要摈弃追求暴利的短期行为,要尽可能地做到按顾客的"预期价格"定价并维持足够高的产品质量。所谓"预期价格"是企业根据消费者对某一产品的估价而设定的价格。如果企业定价超出"预期价格",消费者会认为名不副实。如果企业定价低于"预期价格",消费者又会对产品的性能、质量产生怀疑,"预期价格"是一个区间,在这个区间内企业的定价都是合理的,也是证明产品质量的一个重要因素。

2. 让全体员工充分了解企业的产品

企业要让服务人员充分地了解企业的产品。企业必须将每位员工都看作企业的销售人员,必须认识到,他们在各种场合的表现都可能成为影响顾客态度的因素。他们能够掌握企业产品的知识和相关的服务,不仅能够让员工自己对企业有"自信",更容易让顾客接触到具体的人和事,让那些具有忠诚度的信息在社会上得到公开和普及,以此形成社会信赖。员工,特别是服务人员预见到客户可能会提出的问题,并有一些现成的答案,顺利给予回答,更容易建立客户对企业的信赖。

3. 了解顾客

企业要做顾客定位,对定位的顾客要做到尽可能地了解,特别是他们的需求、消费习惯、收入水平、家庭状态。通过各种渠道进行交流,倾听他们的声音,否则难以找到使他们不满的根源所在。当对顾客增进了解后,就可以做好服务预期,创新和改进

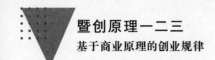

服务的方式,服务过程就会变得更加顺利、更有效率,服务过程会缩短,服务失误率也会下降。企业经常因为服务不及时,耽误顾客过多的时间而造成忠诚度下降。因为顾客购买以后的服务是被动的,一旦不得不使用企业的服务,顾客会有难以言状的后悔感。消除这种感觉,而不是再助长这种感觉,是聪明企业的做法。企业常陷在自己的世界里,也会自发推卸责任,察觉不到顾客的实际感受,他们经常搞不清楚顾客流失的真正原因是没有"最后一次服务"的诚恳态度,而这种态度是靠充分了解顾客才能产生的。

4. 提高服务质量

提高服务质量是中国许多企业需要大幅度提升,也是所有创业者必须认识并实践的。企业应该致力于为顾客创造愉快的购买经历,时刻努力做得更好。接受企业服务而且感到超值、满意的顾客会为企业作正面的宣传,而且会将企业推荐给朋友、邻居、生意伙伴或其他有相关需求的人,他们会成为企业的"业余"推销员。许多企业,特别是一些小型企业,就是靠顾客的不断宣传而发展起来的,它们注意顾客的感受,并将管理这种感受变成企业的重要资源,获得了成长。但是,如果企业不注意这些服务,给顾客留下不好的印象,顾客也会成为企业的反面教员,企业无论做多少好事,都与他无关,他还会对企业失望。

5. 提高忠诚顾客满意度

顾客满意度没有止境,顾客对满意度的感受也不均匀。企业应该以何种态度对待自己的满意度管理,是企业提高顾客忠诚度的重要课题。特别是在现代媒体背景下,企业往往处于"新闻"的弱势,不满意的顾客制造的新闻事件,很有可能让顾客对企业的忠诚度大幅缩水。企业可以通过客户满意度调查、面谈、座谈、意见反馈等方式,了解顾客的一般需要并对需要进行分类,企业也要做好准备,对那些由于心理特性和社会行为方式而背离曾经忠诚过的企业的顾客,要采取放弃的态度,但是,也要好合好散。一些企业认为,对待顾客满意度的提高,应该不惜一切代价,甚至对极端的顾客也要使其满意,这会对企业造成伤害,因为过度满意会造成顾客间的相互攀比,从而让企业蒙受由于巨额成本支出带来的亏损。企业需要使用预见、细化承诺、个性化解释与补偿、热情、追踪服务等方式,让忠诚顾客滚动起来,也可以吸收好顾客管理的思想,让忠诚度管理转化为归属感管理。

6. 超越顾客期待

不拘泥于基本和可预见的服务内容,向顾客提供其渴望的甚至是意外的惊喜的售前、售中、售后服务,可以让顾客基于好感而忠诚,他们将会向周围人群讲叙自己的故事。而对企业来说,那不过是全部营销计划中的一部分,比如邀请部分顾客参加企业庆典并成为重要嘉宾。大量的超越期待的价值应该具有临时性,以避免形成固化,成为行业内通行规则,造成新的竞争。出其不意,方可产生超越的效果,企业要持续改进,也要储备一定的新服务策略。

7. 满足顾客个性化需求

企业通常会按照自己的想象进行顾客市场行为的假设。同时,企业也时刻面临诸如由于产品价格变化、顾客产品使用不当致产品损坏,产品使用需求有变化等信息反馈与投诉。这是企业的问题,满足顾客的个性化需求是永恒的话题,它不仅是现代市场的需要,也是一直以来困扰企业的问题,只不过传统经济之中,企业只等那些预先设定的顾客到来,而对别的顾客的需求不予理睬。即使是预先设定的顾客,每一位顾客的需求也有很大的不同。有弹性的产品和细节的服务可以让顾客边界有所变化,即满足他们的个性化需求。利用各种可以利用的机会来掌握顾客的情况,分析顾客的语言和行为,及时对需求进行反馈,如同知道喜欢住什么样的房间、坐什么样的位置这样的信息,积累顾客的相关知识,产生引人注目的服务。

8. 正确处理顾客问题

要与顾客建立长期的相互信任关系,善于处理顾客的抱怨或异议。有研究显示,通常在 25 个不满意的顾客中只有一个人会去投诉,其他 24 个则悄悄地转移到了其他企业的产品或服务上。显然,企业应尽力鼓励顾客提意见,并承诺改进、报告改进的过程与结果。有研究显示:一个最好的顾客往往是受过最大挫折的顾客。得到满意解决的投诉者,与从没有不满意的顾客相比,往往更容易成为企业最忠诚的顾客。一般而言,在重大问题的投诉者中,有 4％的人在问题解决后会再次购买该企业的产品,而小问题投诉者的重购率则可达到 53％,若企业迅速解决投诉问题,重购率将在 52％和 95％之间。这些数据表明了如何维持忠诚顾客,其本质是让顾客产生归属感,有归属感的顾客可以大幅度提升忠诚度。

9. 让购买变得简单

时间就是金钱,对顾客也是一样,只要浪费了他们的时间,就会让他们感到不快。无论是在商店里、网站上,还是在商品目录上,顾客都希望购买程序越简单越好。简化一切不必要的书写、填表步骤,帮助企业的顾客找到他们需要的产品,提供了解产品的指引、结算以及服务的相关解释,最好是一目了然,清晰明确,这会让顾客的购买与消费过程没有别扭。一个有好感的消费过程,会让顾客积累好感,它是忠诚度的来源之一。

10. 服务内部顾客

企业的每位员工都是顾客,如果企业员工不忠诚自己的产品或服务,而到竞争对手那里去购买和消费,企业马上就会有危机感。"自信"与"他信"之间,应该是先有"自信"。如果员工都不能"自信",不努力证明自己的产品或服务是最好的,就不可能

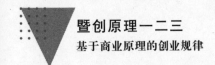

带来外部的忠诚度，一个广为传播的负面事例就可以让企业为忠诚度管理付出的心血白白浪费掉。

6. 好顾客的意义与激励

顾客是什么？从企业商业运转角度而言，顾客是购买者，如果他们不购买，企业便停止了商业运转。但顾客更是产品的使用者和检验者，也是企业的支持者和帮手。"顾客管理"的相差理论，从企业利润形成角度把顾客分为老顾客和新顾客，从数据中总结出，占全部顾客数量20%的老顾客带来了企业全部利润的80%。然而，如果从向企业提供有益信息的角度呢？这个概念可能没有太多的意义，而企业能够在市场上获得持续认可，获得新的信息非常重要。于是，一个新概念出现了——"好顾客"——他们才是企业运转和发展的重要动力源。

（1）好顾客

"来者都是客"，顾客是企业的衣食父母。既然是顾客，怎么还会有好有坏？好顾客的概念不容易建立的原因是企业要尊重每一位顾客，而不会区别对待，把顾客分为好与坏。好客之道不会拒绝客人的到来，但并不意味着不需要区分顾客的好坏。

有人会把给企业添麻烦的顾客区分为坏顾客，他们不断挑剔企业，指责企业的产品或服务，甚至把自己使用产品过程中的过失也算在企业头上。还有一些企业只把那些给企业写表扬信，或者带朋友来购买的顾客区分为好顾客。他们对那些大客户笑脸相迎，而对那些反复询问却没有形成购买的顾客不闻不问，内心并不认为他们会成为好顾客。大家表面上不承认顾客有好有坏，但内心却把顾客分成了三六九等。

人们之所以不愿意区别顾客的好与坏，是因为这样可以在表面上获得对顾客一视同仁的感觉，是"买卖公平"这一传统理念的体现。这是有意识地模糊内心的诉求，可能背后存在着机会主义心理——万一他们会是好顾客，他们可是为企业带来财富的来源啊！

公平交易是商业的基本原则，对顾客一律平等，可以营造公平的商业环境，这是企业需要坚持的。区分顾客是否等于将没有列为"好顾客"的顾客当成了坏顾客？或者说，找到好顾客是不是就把其他顾客作为"坏"顾客了呢？其实不然，企业完全有可能在保留了好顾客的前提下，不违背公平交易原则，管理好顾客。这是一个原则问题，不形成顾客歧视，这样企业才会被更多的顾客所接受。

公平交易原则，在商业上无可厚非，企业需要坚持这个底线。但同时，企业需要发展，而不是只要现金流。以顾客是否有助于企业发展来区别顾客的好坏，可以把顾客的善良之心调动出来。也就是说,顾客的好坏标准,应该与企业发展的目标有关。

我有时会把这个问题抛向周围的朋友,他们回答比较多的答案就是现金结算的顾客,他们认为,这是最好的顾客。我问他们是否还有比这更好的顾客,他们回答说,那些重复购买,反复前来消费的顾客是更好的顾客,如果说更好,那些带着朋友来,不谈条件,马上购买,还回去宣传的顾客更是好顾客。在我看来,这样的企业只有短期目标,缺少长期追求,他们定义的"好"没有社会意义,不可能调动出顾客的善良。与其如此,企业还不如先中性地认定顾客,不区分好坏。

那些有着长远目光、长远打算和长远战略的企业定义出来的好顾客,对社会会更有意义,企业也会因此经营得更加持久。也就是说,有"好顾客"概念的企业,不只是那些会管理现金的企业,而是那些能让好顾客成为企业追求长远目标的支持者的企业。好顾客管理与百年老店管理几乎成为同义语。

企业经常把所有人都当成顾客,以潜在顾客作为自己的管理目标,其实质是短期目标管理,会把马上掏钱购买的顾客、决定购买却还没有掏钱的顾客、前来询问的顾客作为自己的顾客,而忘记了企业需要做长远的追求。如果企业明确自己追求的目标是长远的,就应该体现在顾客管理之中,不能出现目标的迷失和目标与行动之间的错位。

（2）定义自己的好顾客

每个企业情况不同,好顾客的定义也应该有所不同。其差别不在于企业目标的长远与否,而在于企业所处的行业和环境的差异。面向分散客户终端的企业与面向中间商的生产企业,其顾客的分散程度不同,对产品购买以后的感受也不相同。耐用品与快消品肯定不同,日用品与食品更不相同。

更重要的是由于立场的差别,把某种目标作为顾客分类的依据可能会脱离企业实际。因此企业需要把长远目标与短期目标结合起来。有些企业现金流十分紧张,虽然它们也追求长远,但眼下,却不得不将顾客的好坏排序加以调整,让现金流贡献更大的顾客排到前面。从更一般的意义上来看,他们还是要把对企业长远发展有所贡献的顾客当作好顾客,这才是真正有意义的。

有时,我给企业做咨询,它们多会同意我的排序。对顾客进行排序,成为我的一个工作内容,以此来梳理体现企业价值的目标差异与态度值。我把顾客分为提出建议的、提出意见的、带朋友购买的、自己重复购买等四类,给出如表1-1所示的权重,这个权重代表了我的排序。如果把权重进行累加,超过70%的顾客群体是好顾客,也就是前两种。

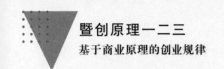

表 1-1　建议的好顾客：权重与排序

序号	内容	权重（%）	权重累计（%）	好顾客范围	
1	提出建议的	40	40	好顾客	顾客
2	提出意见的	30	70		
3	带朋友购买的	20	90	老顾客	
4	重复购买的	10	100	老顾客	

也可以调整一下权重分配，甚至也可以加入一些其他指标，或者将上述指标细化。但是需要把企业目标先明确出来，再将这张表与之对照，看是否体现了企业的目标。

那些追求长远目标，比如，追求百年老店的企业和有着为全球服务目标的企业，甚至还会提高 70% 指标的权重。

我们希望读这本书的人都在追求百年老店，我们所倡导的好顾客是那些让企业活得持久的顾客，企业如果具备控制自己目标并用行动保证这一目标完成的能力，需要按此来定义自己的好顾客，这个能力会转化为好企业的发展能力。不应该把"好顾客"随便冠以任何人，只追求企业的短期目标，不会走得长远。如果顾客的跟随并不是发自内心，而是基于利益，这不是这本书所希望的。

（3）好顾客的来源

别以为好顾客会自然形成，如果把提出建议和意见的顾客当作投诉或者当作"吃多了撑的"，不对这样的顾客进行激励，企业不容易发现好顾客，而且会失去好顾客，还可能会让自己与顾客形成对立。

我家曾经在国内一家知名电器企业购买了几台空调，即使按传统的对好顾客的定义，我家已经算是以利润为目标的"好顾客"了。有一天，家里几台空调同时出现了问题，他们售后体系不错，应答很快，答应中午来家里检查。中午是一个很大的概念，我们等到下午 1 点半，一个小伙子终于满脸大汗赶到了。我问他为何会迟到？他说前面一家维修超过了时间，耽误了，他还没有吃午饭。他要来遥控器，说是几个遥控器的电池都没有电了，我说不对，我更换过新电池了，他拿来新的电池，看了一下日期，说电池过期了。我听了后表现出了很大的不满，问他为何不电话告诉我？看他没有说话，我进一步说，你这样影响了我的午休，你也没有吃饭，这是双输，你们的售后服务流程应该改进。他不置可否，看我认真，他说是应该改进。我又说，你能不能把我的意见带回公司？他说能，我将信将疑，让他把维修单给我，我把新的流程写到了维修单上，"接到任务的第一步，主动打来电话问一下情况和表现，第二步分析最大可能的问题所在,是否是电池的问题(不能把自己的产品看得太坏),让顾客更换一下电池,在更换电池之前看一下电池生产日期,确保没有过期。如果家里没有电池,出去买一下电池,几分钟后,我会再打电话确认一下,是否还需要我前来。"最好把这一改进的流程写得更规范、更细致并严格执行。然后我又写了一句话,"请公司执行并奖励我 100 元人民币"。我对这家公司的贡献绝对不止 100 元人民币,试想,售后人员少跑路,可以节约他们的体力和时间,也会节约人手,当然可以减少公司的工资支出,而顾客也不用等待那么长的时间,也不会影响他们的生活,要知道等待的时间也是成本。这些虽然不会对公司利益产生直接影响,却可以让顾客有了好感,对社会,对企业都会有利。但是,至今我仍然没有收到 100 元,也没有接到领取 100 元奖励的电话。显然,这位售后人员没有把我的建议反馈到公司,或者没有人理会这个反馈。从此,我不敢再购买这家公司的商品,因为这家公司把我给伤害了。

在很大程度上,好顾客来源于企业对顾客"好"的行为的培养、激励,而不能指望顾客永远有"好"的行为,或者自然而然地就会有好顾客。

那么,好顾客是怎么来的?如果这家公司把我的行为当回事,认真地兑现 100 元的奖励,我会继续购买它们的产品,还会在不同场合来宣扬我自己的所获,至少我不会拒绝这家公司的产品。所以,保护好顾客的行为是企业转变的重要一步。如果这家企业从我这里受到启发,主动接受顾客建议变成了公司的基本工作内容,它就完成了企业转变,这家公司不仅可以挽留住我这个顾客,也可能会因为我的各种传播,让公司获得一种好形象。

企业是怎么伤害顾客的呢?如果企业把顾客当成了坏人,或者当成了只追求利益的人,对顾客处处设防,那就开始伤害顾客了。如果在企业内部中缺少"顾客没有坏人,他们都是好人"的顾客意识培养,那么企业员工就会忘记一点——"不能伤害顾客"。如果企业错误地激励员工行为,就像这家企业,把员工派出去的工作时间作为计酬的依据,员工不会把顾客的建议带回公司,这就等于是在伤害顾客。

7. 一家好企业的追求

我看过很多讲述企业如何创造财富的书,作者无不是想以此树立起好公司的形象,但是作者们无意之中却把公司形象树立成单纯追求利润。难道追求利润就不是好公司吗?我没有这么说,但是只追求利润,把利润作为唯一目标的公司,不惜代价攫取利润的公司肯定不是最好的公司,起码是不怎么值得尊敬的公司。一家好公司应该是与好顾客伴生的公司。

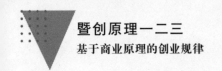

（1）好企业的目标与标志

"没有最好，只有更好"，如果企业将这一目标作为自己的追求，这家企业就是一家不停止进步的企业，这样的企业可以得到顾客的尊敬，增加顾客的忠诚度，也可以提高顾客对企业跟随的愿望。

许多人把企业的其他方面作为其是否优秀的衡量标志，比如财富、市场规模、品牌影响、社会责任等，但是不论企业追求财富还是品牌，甚至追求社会责任，都需要依靠企业的进取。企业的进取是一切成就的来源，一旦停止成长的脚步，企业就会失去已经得到的成就。我的 EMBA 学生所经营的企业中，出现了很大的分化，那些不想转型，停止了进取脚步的企业，尽管仍向工人发工资，消耗能源费用，交房租，交税金，管理者为了维护企业的生存绞尽脑汁，但是最终还是将企业出售掉，或者关闭了，重新回到当年打拼天下的起点。而另外一些学生及早转型，找到了自己新的方向，其经营的企业成为现金流顺畅的知名公司。这说明，进取是一切的源泉，只有进取才可能保住已经得到的所有。

进取的动力来自何处？或者说，谁最希望企业进取呢？一些人认为，企业是企业家的企业，把企业家作为进取的第一动力，我也同意这样的看法，毕竟企业是企业家实现个人成就的工具。但是还有一支力量，他们不应该被忽视，这就是顾客。

顾客不希望企业死去，顾客希望企业永远与他们的需求保持一致，这样他们可以获得许多利益。顾客没有意愿让企业死去，相反，顾客还希望企业能够永远存在，而企业能够永远存在的基础是它们的进取心。那些死去的企业是自己没有进步，而不是顾客的原因。这意味着什么呢？这意味着，一个企业不仅要把企业的生死当作自己的事情，还应该把顾客的利益放在重要的位置。因为企业倒闭，顾客也会面临损失，企业活得好，顾客的生活可以有所保障，企业应该为这些人而好好活着。这是企业社会责任的另一种表达。

如果说企业家是第一动力，那么，顾客就是第二动力，甚至超过了员工。员工可以走掉，顾客一般都走不掉，因为还有售后服务问题。企业家的重要责任是引进这个第二动力，来加强第一动力，让企业不断进取，以成就自己的事业。换言之，既然有这样的动力，企业家就应该把它利用起来，让这种动力推动企业发展，也推动自己保持着进取的追求，从而成就自己，这不只是他们的责任，也是一个管理技巧。

日本松下电器的创始人松下幸之助是一位很会利用外部动力引导企业进取的企业家。公司以过节的方式发布新产品，其意图在于公开自己的成就，但同时也在公开自己的追求。大量的好企业有进取的动力，其重要标志是它们愿意把希望进步的动力加以公开。希望进取，不只是企业内部的文化，让自己的员工知道，还要公开让顾客知道,让社会知道。这会吸引来检验企业承诺的围观者,其中包括顾客。公开的原因在于增加人们对企业的归属感,并检验企业是否具有真正的改进动力。

公开可以有助于实现对承诺的检验,因为参与检验的人的身份变得复杂,会让各种情况成为检验的环境,增大检验的严格程度,也给自己增加了难度。公开,让所有人都能够看到自己的决心。敢于公开,这种胆量表达了自己的态度。

(2) 好顾客精神

如果企业只靠自己的努力,没有调动顾客,那么企业会失去一个巨大的推动力。问题不止于此,"更好"的智慧从何而来?

好企业追求是一种态度,这种态度需要通过一定方式和内容表达出来。前述的公开表达虽然比较有效却可能会给企业带来担忧。没有不犯错误的企业,特别是如果让顾客参与检验,企业将面对着数量巨大的检验者,以及各种不同的检验结果,会担心因承诺过多,增加自己面临纠纷的压力。其实,这种担忧是不必要的,原因在于,这只是企业的态度,这种态度在于企业倾尽全力改进,而不是改进的结果。企业改进的过程也是顾客所需要的,顾客关注态度重于关注结果的原因是他们希望企业能够改进,而不是自己是否得到改进的结果。企业应该把这样的态度在市场上进行强化,使之成为企业"在不断进取"的代名词。

企业的不断进取需要顾客的帮助,企业离不开顾客的滋养。顾客对企业进取的希望可能超过企业,有时甚至比企业还要急切。在看到企业竞争对手已经做得更好的时候,顾客会犹豫到底买哪个。这个犹豫的态度表达顾客对企业曾经获得进步的留恋、惋惜和不舍。反之,他们可能会很快忘记曾经有好感,但又给顾客带来很大损失的企业。企业真心地为顾客的留恋投入心力并付诸行动,这种留住"好顾客精神"的重要行动,可以让企业征服更多的顾客,使他们在放弃与留下之间进行权衡后,最终成为企业的忠实粉丝。

但这还不够,企业应该主动把取得的成就归功于顾客,这是在利用和激励顾客的归属感。顾客的归属感是通过企业的态度来形成的,当企业承认这一归属感时,归属感才会建立和巩固。否则任何可能有归属感的人都会感觉受到了拒绝,而不是感受到了亲近,归属感就会变成过眼云烟,随风飘过。企业的这种态度本身就可以强化归属感,那些略有一些归属感的顾客受到鼓励,带动那些没有归属感的顾客,让更多的人都有归属感。企业为何要把自己封闭起来,而不去以一种态度迎接那些有可能归属的顾客,让他们成为企业和企业家的支持者呢?打开企业大门,欢迎更多的人成为"我的人",这种态度可以争取到更多的同盟者,那么企业进取就不可能没有动力。

归属感是对发现和创造结果的肯定,而这些又是企业进取的具体内容。这样,就

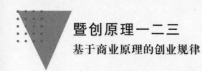

有一个重要问题必须回答,即企业改进的思想源泉来自何处?有人说,企业改进的思想源头来自于企业家,是他们发现了问题,明确并提出问题,给出解决问题的方法,组织员工完成了全部的设计与生产工作,并最终将结果传递给顾客。但是,这一回答并没有说明企业家的信息从何处获得,其实,企业家的信息的唯一来源是顾客。虽然有乔布斯这样的企业家扬言,苹果公司不会考虑顾客的态度,它们要引领市场。但是,如果人们不那么贪玩,苹果手机是无法定位成一个新的玩具,成为 3G 时代的新式终端的。乔布斯是一位智者,他洞察了顾客的潜在需求,延伸了 3G 时代人们对终端的要求。苹果手机具有"革命"的意义,因为这一产品的理念主要还是来自企业家的想象,是综合了现有技术的应用前景,为人类提供了一个全新的生活平台。然而,这毕竟是商业实践中的特例,或者它是蓝海现象,而在大量的红海中,企业家的作用在于采纳顾客的建议。这是一种比较传统的观点,因为如果顾客能够明确地提出需求,他们有可能就不是顾客,而成为企业家了。顾客作为上帝,他们只有抱怨,聪明的顾客借助自己的经验,急中生智解决了自己在使用产品或接受服务的过程中碰到的问题。但企业不能指望顾客自己解决,如果都是他们自己解决了问题,企业可能就没有饭碗了。企业的重要责任是把这些顾客发现的问题进一步明确和集中起来,把他们发现的解决方案用企业的方法进行推广。企业家需要有这样的本领,即接触需求并发现问题,明确问题,对可能的改进方案作出判断并用企业的方式组织生产,而不是他个人完成对需求的调查和产品的研发。企业家是创新的组织者,他要借助组织和制度动员可能的智慧来成就企业和自己。

顾客中隐藏了深厚的智慧,原因在于家庭才是生活的基本单元,企业的实验室是一种假设的生活场景,企业的员工和研发人员是虚拟的和少量的生活接触者,他们可能通过训练变成了典型的生活者,但是,他们代表不了那些普通的顾客,他们已经被自己的知识给"污染"了,他们通常觉得不是问题的问题恰好是顾客需要解决的问题。家庭中会发生各种情况,什么都可能成为问题,企业不应该拒绝这个被广义化了的实验室,它是发现问题的地方,应该主动将这些实验室的结果拿过来,用起来,改进自己,使之成为企业的智慧来源。

顾客不仅是问题的体验者、感受者,也应该是问题的发现者,如何教会顾客发现自己的问题,这是企业的一个新的责任和管理技巧。但同时,顾客也是问题的解决者,虽然他们对自己开展的创造性活动可能并没有主动意识到,但是企业要善于挖掘这些创造和发明。这些东西大部分不会如企业的产品或服务设计一样流畅和正规,但它们已经能够解决问题,或者可能只是一个思路,但已经跳出了企业的思想束缚,是一些有意思的创意,企业为何不接纳?企业至少也应该表达一下接受这些建议的愿望吧?

这就是好顾客精神,它包括:

- 接纳,它主要表现为一种态度,愿意接纳所有愿意帮助自己进取的力量,但不只是用语言表达的意愿,还有表达这种态度的行动。
- 汲取,表现出对顾客的建议和意见欢迎的姿态,有一套可以降低顾客表达成本的措施和制度保证。
- 整理、明确和归纳,将顾客的问题加以整理,形成明确的问题,归纳问题的性质和解决之后的意义。也可以明确是否由企业解决以及解决到什么程度的责任。
- 回馈,对顾客的明确表达有针对性地进行回馈,也可以公开回馈,不仅激励那些提出想法的顾客,也为潜在的好顾客树立榜样,引导他们如何为企业提出意见和建议。这是提高顾客归属感最重要的方法。
- 激励,对已经提出建议和意见的顾客进行适当激励,鼓励他们最重要的方式是告之企业采取行动与否的决定和结果,或者针对顾客的态度和所取得的结果分别进行激励。

(3)激励好顾客的方法

好顾客是激励出来的。除了不能拒绝顾客的归属行为以外,企业还需要强化对那些有着强烈归属感行为的激励。这变成了一种态度,这种态度可以产生更大的激励,从而让企业可以获得外部更强的进取动力和智慧来源。

企业激励好顾客的目的主要是让他们的成就感更强。什么是人们的成就感?除了创造以外,没有其他的可以作为成就的东西。但要知道,这只是在创造的路上,而不是创造本身。最需要鼓励的是创造,就是能够超越别人,为世界提供新的东西,不论是发现,还是发明都可以成为人类前进的内容,这需要鼓励。

对企业来说,能够让企业进取的多是创造性的结果,创造性多会为企业带来利益。企业作为一个有利益追求的组织,这些创造性成果会增加企业的利益,企业需要使用一定的利益分配对顾客的这些创造成果加以鼓励。激励的主要方法包括:

- 结果公开。为什么结果公开会产生激励呢?成就不是自娱自乐,它是更大归属感的表现,成就是为了人类,因为思想可以复制,以思想来表现的成就,能让人类受益。所以让更多人知道,是人们自己对人类作出贡献的重要追求。当然,结果公开还可能产生成果检验,甚至是考验。这对顾客提出意见是一种约束,造成了顾客的顾虑,如果企业"偷取"顾客意见,顾客会自我强化这种顾虑。如果企业把顾客的智慧加以整理,并通过公开的方式向社会公布,代

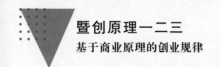
表了企业承认顾客的贡献,从而增加顾客的成就感与归属感。

- 过程公开。改进的过程并非是顾客努力的直接结果,需要企业的高度配合。当然,解决顾客所发现的问题就是企业的责任,但是在解决的过程中,顾客如何发挥作用,企业如何给予支持,相互之间如何进行协调,都应该成为一种公开的"私密",至少企业应该立足这样的态度。让顾客知道为什么没有接受,或者为什么能够接受,什么样的意见和建议会转化为企业的行动,对自己有什么好处,等等。过程公开既是激励,也是教育,它可以让顾客在动员自己的智慧时有明确的方向。

- 精神奖励。企业需要将成就归属于顾客,虽然不应该是全部,但企业需要有这样的态度。这种态度需要用行动来证明,但是要知道顾客的追求,他们重点在于精神上的收益,企业应该设计出一系列精神奖励,名誉、资格、特殊的奖励等,需要花一点点钱作为精神奖励的物质载体。企业把这个作为重点,是因为顾客是用钱交换产品,而不是来挣钱的,他们消费过程中的那些思考都是消费结果的额外产物,不应该让这些知识被浪费,他们向企业提出建议只是对可能浪费的一种挽救,而不是为了追求利益。企业不要做过多物质激励,主要是在于引导顾客重在思想的创造,成为企业进取动力的组成部分、外部的帮手和商业"情报"的提供者。这里的情报主要是通过对消费者在家庭中的感受加以提炼的各种体验的总结。

- 物质奖励。企业可以使用一些有意义的物质奖励,包括赠品、折扣或者赠券。即使是精神奖励,也需要有一定的物质奖励的配合。物质奖励要有,但不能过度,物质奖励只能是附属手段。如果物质奖励变成了主要手段,得到的可能不是企业的进步,物质奖励只能起辅助的作用。

一个好企业追求的应该是让顾客成为好顾客,在顾客的体验中发现问题,明确问题,归纳总结问题,形成一些解决问题的思路。企业因为推崇好顾客,所以企业成为好企业,它的追求是让好顾客多一些,踊跃一些,这种追求可以让世界变得更加美好,企业用这样的追求来获得社会的尊重。

顾客满意度并不等于顾客忠诚度,也不等于归属感,但顾客忠诚度的获得必须有一个最低的顾客满意度作为基础。不满意的消费者并不一定抱怨,但很可能会转向其他企业。因此,顾客的抱怨可以成为企业建立和改善业务最好的路标。顾客能指出你的系统在何处出了问题,哪里是薄弱环节。顾客能告诉企业,它们的产品在哪些方面不能满足他们的期望,或者指出企业的哪些工作没有起色。顾客也可能会发现企业竞争对手的优势,或企业员工在哪些地方落后于人,这些都是需要人们给咨询师付费才能获得的内容和结论,也是让顾客成为好顾客的主要渠道。企业应该善于利用这些免费信息,调动出顾客对企业改进的热情,从建立归属感中获得对企业的忠诚度。

8. CRMQ

工商企业管理的 MBA 都要学习 CRM,这个内容在不断变化,从 4C 到 4R,已经跳出了 4P 或 4Ps 的框架,即更加重视客户关系。正如前面所分析的,这些理论关注的重点是企业利润,主要的任务是发现与稳定老顾客。长尾理论则与其相对立,把重点放在那些利润贡献虽小,数量却庞大的人群上,因为这个人群对利润的总贡献并不一定小,拼多多就是一个典型的例子。

然而,从企业获得进取动力与智慧的角度来看,这些理论都忽略了消费会产生智慧,应该把这些智慧动员出来,变成企业"没有最好,只有更好"的动力源。此时需要扩展 CRM 理论,我们称包括了这些内容的客户管理理论为 CRMQ。其含义是,将顾客消费活动所获取的智慧及其希望能够得到利用的愿望化为企业改进的动力与智慧来源,从而扩大企业资源并提升企业的发展水平。

我们归纳一下该理论。

假设顾客存在着验证产品和服务的本能,他们会发现现实与企业承诺的产品或服务的差异,会把对这些差异的观察、理解变成问题。他们希望企业永远为他们服务,企业的长期存在是他们生活的组成部分。

如果企业愿意将顾客这样的追求与收获作为企业的资源,将其吸收到企业之中,这些顾客就成为企业长期存在的伙伴,他们是企业的好顾客。企业把这种态度公之于众,使企业更加公众化,让顾客监督其行动,以此作为企业长期存在与成长的环境,这样的环境是企业自己主动创造的,需要企业投入精力进行管理。

根据这一理论建立的顾客管理体系,称为好顾客体系,即 CRMQ。这一体系包括如下内容。

(1)顾客意见簿系统

许多企业都挂着一个意见簿,簿满是灰尘,看样子许久没有人动过。企业最初是希望有顾客参与企业的改进,但它没有变成企业的真正追求,相反,却只成为企业的一种姿态和招牌,是企业做出的想吸收顾客意见的样子。但是,它的确十分重要,企业应该重视这个意见簿,因为它可以将产品或服务过程中被顾客发现的问题分析出来,如果企业懂得发现资源,这将扩展出一个重要资源。

我们所说的意见簿系统并不仅仅是指这种纸质表现的意见工具,还有更广泛的

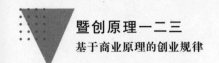

方法和工具。一方面,应降低顾客提出看法的成本,让顾客非常方便地表达他们的发现;另一方面,越来越多的技术方法可以成为顾客表达意见的渠道,特别是利用互联网。顾客表达有许多成本,他们书写需要时间和注意力,写好一份表达清晰的意见或建议并不容易。如果意见簿旁边没有笔,或者纸上没有了空间,上面布满了灰尘,都会使顾客不仅怀疑,甚至反感,从而会阻止顾客表达。意见簿管理系统首先要做到的是为顾客提供方便表达的工具,以及容易打开的网站或电子界面,不能一方面让顾客留言,另一方面为顾客制造障碍。

在好的 CRMQ 中,每一位企业员工都应该是顾客意见和建议的发现者,他们接受入职训练时应该学会"察言观色",重要的是让顾客留下意见和建议,而不只是关心他们的购买意愿。如果顾客不能"书写",不能表达,员工应该代替他们"书写"和表达。

企业的领导应该定时参与顾客代表质询会,专门吸取一些顾客的意见和建议。领导不需要现场表态,但需要不断点头肯定,因为并不是所有意见都会实现改进,也不是所有建议都要吸取,但企业需要有一个吸取意见和建议的态度。

有一些采用这一体系的企业采取集中征纳意见的办法,在规定的时段让顾客提出意见和建议,这种办法动员性强,集中处理,可以节约管理成本。但,意见和建议是随时发生的,这样做的前提是顾客能够记得消费过程中的感受、企业存在的问题以及改进问题的办法,但这对顾客来说要求太高了。

我们归纳一下,建立意见簿系统的目的在于搜寻建议和意见,察觉顾客的不满。

- 方便的意见簿(纸、笔,细分建议和意见,联系方式)。
- 雇员察觉:"请留下意见或建议""请留下联系方式,可能有礼物赠送",雇员应该有一个便签本随时记录发生的情况。
- 网上意见搜索系统:不是评估,也不是调查,而是发现新的改进方向。
- 领导参与的顾客座谈会:需要现场拍摄,全面记录,领导只需要点头,做记录。
- 内部:所有员工将自己所发现、所听到和所看到的改进建议写成提案。

（2）企业意见评估系统

从一般意义上,尽管所有顾客的意见和建议都是对企业归属感的体现,但对企业来说,并不是所有的意见和建议对企业发展都是有意义的,这是因为企业有自己的价值主张和追求。企业不能完全跟着顾客的思路前进,而要有所选择,这需要一个意见评估系统。

企业对顾客的意见有时会反应得很敏感,也很抗拒,把顾客的意见当作投诉,以法律的视角看待顾客的意见,在面对顾客的意见时,将其推到对立面,走法律途径解决。这样的结果对企业和顾客都是一种伤害。企业需要甄别这样的情况，引导这一情况不要变成反对企业的法律行为。即使企业有可能败诉，企业也应积极从其中汲取教训，自我改进。此时需要一个评估系统，它的主要作用是为了更好地评估意见和建议，筛选有意义的改进方案。为此，企业要先成立一个意见和建议处理委员会，它的职能是听取意见。企业的这个意见和建议处理委员会的工作原则应该是：及时评估、分类处理、预算保障、职能到位、监督实施、反馈推广。

及时评估，是不让意见积压。因为积压不处理，就可能会伤害顾客的归属感，那是一种十分珍贵的感情，对企业发展十分重要。

分类处理，就是先分类。企业可以按紧急的程度，也可以按发展贡献程度，抑或是按容易实现的程度，以及其他原则分类。在不同分类下，进一步划分等级，以此进行评估，分成马上落实、确保落实、延期落实、解释、不需要落实等。

企业的任何新的管理职能都需要成本，同时，进行意见的处理和对好顾客进行回馈与激励也需要一些支出，没有预算保障，企业对顾客的归属感态度无法兑现，企业就会蒙受损失。

职能到位，是指 CRMQ 需要有一批专门的人员，负责组织评估、监督改进进程，向顾客回馈结果等工作。没有职能的管理，还不是成熟的管理，企业需要为此付费，投入一些精力。

监督实施，是指让企业决定改进的进程能够有效和顺利执行。因为许多部门对来自顾客的提议并不在意，甚至也不想改进，这需要外部的管理职能强制推进，监督职能是不可缺少的。

反馈推广，也是评估系统的重要环节。及时、明确的反馈可以让顾客增强归属感，因为企业已经关注，即使拒绝了顾客的意见或建议，企业给出的理由很充分，也表达了肯定和谢意，这都是一种对顾客发现与创造的接纳。当然，如果顾客同意，企业可以将接纳与不接纳的结果公开，以便让其他顾客不再重复提出，或者让更多的人学会如何提出意见和建议。

总之，企业的真诚需要真正的改进行动，这比接受建议和意见还要重要，它是产生后续好的意见和建议的基础。

（3）好顾客回馈系统

以什么方式对待顾客的意见和建议呢？及时的表态与信息反馈未必能让好顾客感到满意，好顾客也要有一定的报偿，报偿是在激励那些具有归属感的顾客的行为。前面我们讨论了激励的方法，但不够具体，企业需要建立自己独特的回馈工具库。

精神奖励要以一定物质为基础，但不能全部物质化，这要求礼品和奖励内容有创

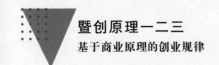

意,以达到出乎意料并放大物质奖励的效果,让顾客有归属感。此外,回馈还要多一些精神奖励,以能够彰显精神为主,旅游、参观、听音乐、参观博物馆等都可以表现出精神奖励,或者出席一些会议,担任一些角色,上一些节目,参与一些活动,也能够产生精神奖励的作用,也可以是参与会见一些人物,分享一些知识,进入某些地方,出席某些会议,获得某些称号,这些都可以成为精神奖励。在设计奖励时,企业既要创新,也要保持传统,要有助于形成公司风格,能够让企业借助前人的工作积累实现有效管理。

企业需要把员工也当作顾客,对员工的提案进行激励,其原因是员工才是吸收顾客意见和建议的最佳人选。企业应将直接回馈顾客与回馈员工的激励有机结合,只回馈员工,不回馈顾客,不能体现企业对外部资源吸纳与扩大归属范围的态度和决心。但是如果只考虑顾客,不考虑员工,有可能会让员工丢掉好的建议,也不利于员工转化顾客的意见和建议。

优衣库是世界上最伟大的公司之一,其产品非常红海化,却取得了非常惊人的商业成就,其重要原因是优衣库每年处理 50 项员工的提案。这家公司把员工作为顾客,从员工身上挖掘进取的动力和智慧。但每年只限于 50 项,并用预算加以保障。为什么只做 50 项改进?原因在于改进本身必须是渐进的,不然公司就可能会失去秩序,处于混乱之中。以稳定为主、改进为辅是公司获得发展的根本。

9. 好顾客管理下的社会化营销

企业运行好顾客管理体系,有了改进的结果后,还需要完成另一项重要的工作,即要进行好顾客管理的社会化营销。

(1) 企业为什么需要社会化营销

所谓社会化营销,是一种运用商业营销手段达到社会公益目的或者运用社会公益方法推广商业服务的解决方案。它不是使用商业手段直接达到商业目的的活动,而是借助社会化营销来提升企业声誉,树立企业社会形象。比如对奥运会的赞助,赞助目的在于提升企业的知名度,进而获得品牌价值的提升和销售量的扩大,它的另一个目标可能更有意义,是指企业根本的目标是树立社会形象,实现企业的社会价值。

企业是社会发展的引领者,也是社会行为的提供者。企业中的员工在不断向家庭向社会释放企业的文化,因此,企业每时每刻都是在为社会树立榜样。如果榜样是正面的,社会则会在企业引导下呈现进步,相反,社会变得逐利行为盛行,变得到处是机会主义,不负责任。这里必然会存在一个问题,那些能够经营得比较持久和长远的企业,是一个什么样的榜样呢?我认为,一定是正面的榜样,因为树立了正面的榜样,可以让社会产生好感,这种好感会变成企业的收益,而且是长久的收益,这让企业能够实现可持续发展。

净化社会,为社会树立好的榜样,是企业社会责任的一个重要方面。企业的社会责任有多重表现,比如减少排放、提高员工待遇、支持正义的事业。但推动社会进步、让企业持续改进、丰富以及改善人们的生活方式更是企业的责任。企业每次出售产品都是在向社会树立自己的形象,把好的形象呈现给社会,让社会更相信企业,顾客也因此会更相信企业的产品和服务。

这个重要原理证明,好企业才可能生产好产品、提供好服务,这是消费者对企业与产品如母子关系一样的出身论看法。基于这种看法,每当企业受到责难时,产品和服务将不容易售出。相反,那些受到赞扬的企业,产品和服务会受到欢迎,这个原理让企业有热情去做一个好企业。但从社会角度来看,好企业的作用不仅在于此,更重要的是让企业成为社会行为的引导者,企业需要自觉树立这样的追求。

进行社会化营销需要企业投入。如果不是为了直接的商业目的,而只是为了社会责任,企业为何要做这样的投入呢?其实,每家企业内心都有树立好企业、为社会提供道德准则的需求,企业借助这样的投入放大企业商业行为之外的影响,也是一种成功,企业会觉得这种投入是值得的。

社会化营销的一种重要理解是,使用社会化手段实现商业目的,越来越多的人不是把社会责任,而是把社会手段作为社会化营销的内涵,特别是在互联网时代,把社交作为商业的手段,出现了对社会化营销的误导,这就离开了社会化营销的本质。

(2)唯商业目的社会化营销

在网络时代,一些没有社会责任,只用社交或媒体来赚取眼球的行为越来越明显,商业动机也越来越利益化。此外,以互联网为工具,借助互联网思维采取的商业措施更是越来越普遍。

有一家企业用"对不起"作为营销口号,这是中国悲情营销的开山之作,他们用道歉赚取同情,一时间,他们销售量增长很快,但当顾客意识到这只是为了博取同情,并非是真正的道歉时,逐渐选择绕开这家企业。

可口可乐公司把当代流行的昵称用于可口可乐的营销口号,在"与你的_____。"填上"白富美,天然呆,高富帅"来感染顾客,其原理是,多表扬几句,让人听着高兴,企业不会有损失。

近年的国产电影营销,在电影开拍前加入自我营销,特别是用自媒体方式加入了电影拍摄过程来加大传播力度,从而增大票房数量。

也有的企业用朋友圈营销,使用"服务即营销"。还有的借势营销,比如汶川地震中的王老吉,捐款1亿元,随后它们几乎瞬间就赚回更多。

社会化营销不可能没有商业目的,但过度使用社会化营销,脱离了社会化营销的本质,透支了人们对社会化营销的信任,最终,企业也会受到伤害。

(3) 好顾客管理的社会化营销

一个实施了好顾客管理体系的企业要使用社会化营销方法,把自己和好顾客一起营销出去,使社会化营销成为CRMQ的重要组成部分。企业通过社会化营销让人们知道好顾客,并通过这种方式让人们知道企业的追求。

首先,企业需要一个"节日"。企业没有自己的节日不算是真正的好企业。其原因是企业通过节日可以塑造文化、营造氛围,推广自己的主张。企业应该过什么节呢?过节的原则应该是少花钱、多宣传,能够吸收和改进,对改进全过程进行介绍,对改进的主角进行宣传,起到弘扬、教育和宣示的作用。可以说,不会传播弘扬自己的企业不算是好企业。如果企业接受了好顾客管理体系,这个节日应该叫"好顾客回馈节"。当然,每个企业可以有自己的风格,根据当地文化与市场环境进行创新,不能雷同。其目的是达到更加明确集中地体现对好顾客管理体系一丝不苟的追求,对归属感的认同,体现企业与顾客同乐的精神,同时也是在塑造好顾客精神、营造好顾客文化。在节日上,需要好顾客讲自己提出意见和建议的故事,要有企业如何改进的故事,有给好顾客颁发的奖励,还可以有其他更有创意的活动内容,但最重要的是要将这一节日通过媒体和自媒体传播出去,实现公开化。节日需要程式化,盛装出席,要有渲染,要达到企业与顾客共同庆祝节日的效果。

其次,企业需要持续地推广自己。企业如何证明自己是好企业,根本的证明方法是行动。但是行动过于漫长,不容易监督,所以更有效率地表达自己是好企业的方法是制度建设。企业持续推广自己并非是推广做法和结果,而是推广愿意吸纳顾客建议和意见的态度,并把这种态度以组织制度的形式加以固定和公开,使之成为企业承诺的重要组成部分。可以说,企业的改进承诺、价值主张的承诺、意见簿系统等的完整承诺,才可以使企业愿意接受外部改进的动力与智慧更加有说服力,不然那些零散的标语和口号,只有一点宣传的作用,对企业改进来说,真实的意义并不大。

有一些企业经常把领导视察和获奖作为宣传自己的内容,其实,他们并不想真正遵从市场规律。市场经济是尊重顾客的经济,把领导视察作为宣传的内容不能证明企业接近市场,反而成为服务内容空虚的表现。企业的根本是要做好企业,把产品和服务做好,把自己获得真正好评的内容推广给社会,让社会懂得企业的追求是要做一个好企业。

企业可以建立自己的专用网页和应用程序,将历史上的好顾客对企业的改进加以归纳整理,用一些光荣墙和光荣册来宣传好顾客的贡献。企业需要有专门的档案管理,以便满足未来相关的需要。

10. 基于好顾客管理的创业原理

好顾客管理体系大致包括四个方面的内容:一是意见搜寻系统,负责将建议和意见集中、归纳、整理;二是意见评估系统,负责将建议和意见分类,确认是否改进,变成工作任务,监督任务的完成;三是好顾客回馈系统,负责对好顾客奖励的策划与管理;四是好顾客管理社会化营销系统,负责组织企业的好顾客回馈节以及其他推广活动。这些活动并不复杂,但对创业企业来说,却有重要的意义,我们将运用到创业原理之中,让那些创业者在创业之初就可以有好顾客管理,或者说,用好顾客管理理论指导创业。

(1) 基于红海的创业

许多创业者寻找蓝海,因为投资人希望在蓝海中创业,这的确很需要。但同时也要清楚,蓝海很快会变成红海,如果没有在红海生存与发展的本领,即使发现蓝海也难以成功。就今天的世界而言,大量的创业机会来自人们已经习惯的生活中,只要你坚持改进,就会有顾客与你同行。

既然在红海可以创业,就不需要对产业做刻意的选择,在什么产业创业都可以。这应该成为在好顾客管理下的创业原理最重要的内容之一,没有什么产业只能容纳你,却不容纳其他企业的。不要把功夫花在寻找好的产业上,不去做这种找了很久,花费了许多心思做技术,最后还得冒险的事。白手起家的创业企业,冒险创新,不如先在红海中生存,积累了资金,找到了真正的市场需求,或者对本领域的技术前景十分熟悉以后再去创新。

一些企业先在蓝海之中,后来蓝海变成了红海,企业也需要使用这一理论指导企业管理,让企业处于再创业状态。实际上这些企业如果没有转行,他们会继续在红海之中,如果他们把握了好顾客管理的思想,也许不觉得在这里是在挣扎,而是在看热闹。那些没有持续改进的企业,或者盲目改进的企业,一个个是如何结束生命的,而另外一些企业则是如何以年复一年的节日来庆贺越来越多的顾客参与企业生命延续的,更为重要的是这样的企业可以借助已有的顾客建设好顾客管理体系,

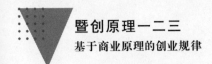

这也比那些刚刚入门的新企业做好顾客管理要容易得多,哪怕是从领导开始,召开一个顾客座谈会,听听顾客的意见也好。

(2)基于持续改进的创业过程

持续改进是好企业的基本目标,企业能够持续改进,可以让顾客感受到企业与顾客的共生关系,企业会成为顾客生活的一部分。正如有些人每个假期都要出国旅游,通常不再是货比三家,而是要去找经常服务他们的那家一样,消费的实践让人感到放心,也比较熟悉其套路。

创业不是一个边界明显的活动,它是一个过程,其原因在于企业做大一定基于一个过程,而不会是一蹴而就的。这个过程不会是短时间的,而是长期的,创业者在其中做什么呢?主要是在做持续改进的工作。也就是创业者需要把自己的事业定义为一个假设,创业就是一个"弄假成真"的活动。没有作出假设,就不可能迈开第一步,以假设为基础,开始了创业的进程,这才是创业的本质。

创业没有完成时,创业一定是一个持续改进的过程。其持续改进的动力并非只来自创业者,还来自创业管理。当创业者把创业看成是一个过程的时候,好顾客管理理论会起到重要作用。顾客有顾客的视角,企业为扩大视野,以便让自己的产品或服务做得更加有效,应该多去听取顾客的建议,应该清楚顾客是产品或服务的真正体验者,他们的智慧除了用于企业改进,没有其他的用途,这需要企业去主动挖掘。

初创企业的顾客不会太多,但是,创业者应该意识到顾客才是他们改进的动力与智慧之源,哪怕只有一个顾客,也要仔细听取顾客的意见,使之能够充分参与企业的改进。在顾客达到一定规模的时候,企业应该着手建立完整的好顾客管理体系。此前应该把所有相关的工作看成是为此做的准备,让好顾客管理的工作不至于中断,并得到观念和印象上以及资料上的积累。

创业企业通常没有多少资金用于促销。但是,如果举办好顾客回馈节,用这种社会化营销的方法,可以很容易让市场知道企业在追求什么,也可以顺便完成企业的促销。当然,企业一定要将自己吸收改进意见的诚恳态度公之于众,这才是根本,对此企业不可以打任何折扣、不可以有任何懈怠。

好顾客管理体系的持续运行,可以推动创业企业走向规范管理,它是以好顾客管理为核心建立的一套管理体系,它需要与其他管理职能相配合,围绕它来建设。创业者如果一开始就建立好顾客管理的意识,获得改进的动力会更强。

在持续改进中,意见评估委员会地位非常显赫,它决定着什么样的建议和意见应该被采纳和吸收,并负有组织改进活动的责任,其权力很大,如果企业的管理体系围绕它来建设,它应该是决定企业命运的核心部门。此时,企业的高管到底应该起什么作用都需要通过创业者来探索。创业者如果把权力下放给这个委员会以后,创业者要做好思想准备,在改进的过程中你的权力也就不大了。考虑到企业治理,把改进作为企业的常态,每次改进都是一次新的尝试和探索,是渐进的变革,不需要太多的董事会决议,企业只是在改进创新中运行,这也是治理方式的变化。

总之,基于好顾客管理理论进行创业是一个长期的过程,也是一个弱化创业者核心作用的创业活动。取而代之的是创业者要先建立一个有利于持续改进的管理体系,而不是在业务层面开展创业,再上升到管理层面。

(3) 基于归属感的顾客管理

"企业的生命源于出售真诚,创新的真谛在于持续改进。"

提高创业成功率,应该以提升顾客的归属感为目标,即使企业被迫处于红海,这一目标仍然有重要意义。创业者重视顾客的归属感,通过自己的行为确保顾客归属感的提升,是将创业变成了管理活动。

创业者需要建立好顾客档案,对好顾客不只是宣传,还要关怀和照顾。因为消费中出现的问题并不是一次暴露的,发现这个问题以后,还会有其他问题,这样,对好顾客反复地关照,可让顾客感受到企业视顾客为家人的追求。这种对顾客进行管理的习惯,创业者并不在意,但是,正如人们再次见面,你能够叫上他的名字,讲一些上次见面的事情一样,那种感受就会拉近人与人的距离。企业与顾客之间的关系也应该如此。如果只是在好顾客回馈节上见面,顾客会怀疑企业的真诚。

创业者应该就顾客的归属感做一些研究,看一下顾客归属的程度到底如何?不要把归属感过于与忠诚度联系起来,能够延伸到忠诚度最好,企业可以直接获益。但是如果没有延伸,顾客给企业提了许多意见,企业也要有接受意见的态度。它是产生真正的归属感的前提。

我们再次强调,态度非常重要,而创业者千方百计地证明自己是追求归属感的企业更重要,不论是公开,还是制度建设,还是各种行动,都是为了实现这个目标。

(4) 提升服务力的创业

把企业所做的一切都看成是服务,用细节的优势获得顾客的青睐,增加对企业的归属和信任,是重要的创业原理。好顾客管理应用最为广泛的应该是那些顾客直接感受到问题并提出如何改进的方式,这样的需求多处于服务领域,所以,以服务定位企业的业务,或者让自己进入服务产业,你会发现好顾客管理更加有效。

我们家养了不少花,我们请花圃企业做的设计,该企业也提供产品。这家企业的

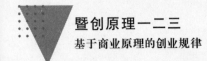

老板没有好顾客管理的思想,当我们家不断向他提出问题的时候,他只是一味地解释,根本不想改进。虽然我们周围的邻居还在购买他的产品,但是他只能做一个小店,不可能做一个大的事业,因为他缺少持续改进的追求。

服务力是根据顾客的需要从细节入手改善与顾客关系的能力。服务力的强弱与否不由企业自己评价,而是看企业是否能随需应变。需求者提出问题,企业不是思考如何改进,而是不断地辩解和坚持,这不会提升服务力。

如果企业已经采纳顾客的建议和意见改进了自己,那就要把它变成制度,后续要严格执行,变成企业的惯例、基本管理内容和文化,在企业扩张时坚持下来,成为企业的传统。这可以让企业的服务力转化为企业内部人人都得以主张的价值观和行为方式。从这个意义上说,创业是在造就一个可以持久坚持下来的文化和体制,当它能够自我复制的时候,创业才算完成。

一 个 案 例

这是一家区一级的职业病防治所(以下简称职防所),该所已经有四十年的历史,几经变迁,现在是半额事业编制,既要面向政府,承担职业病防治任务,也要面向市场承担相关医疗工作,而实际上,职防所也开展一般的疾病治疗。中国已经进入到人人要看病,人人重视健康的时代,而且国家的医疗保障体系也认可人们这样做。医疗的需求在不断增加,而医疗资源不足,无法吸引职防所参与医疗产业活动。

职防所认为自己没有任何大病、疑难杂症的治疗能力,职防所唯一的优势是加强服务力,但是如何加强服务力,职防所一直处于模棱两可之中。此时,我有一个机会给职防所上了一节辅导课,职防所的所长听完以后,追到我家中,一定要请我去做顾问。我知道,这是一个考验,因为医疗部门历来是专家掌权,经济管理学者做顾问,指导企业在国内并不多见,尽管一些医院的院长也参加管理知识的学习,但是他们从骨子里还是认为医疗主要是技术活,而不是管理,特别是那些中层领导。这样的挑战,我也不得不接受,原因是职防所太过执着。

我知道,职防所的意图是建立一套好顾客体系,如何着手呢? 商量的结果是从请当地的顾客参与改进开始。职防所确定的是做一场持续两个月的活动,名称定为"用心沟通",用职防所的健康体检作为奖励,把当地电视台也吸收进来,一起策划,一起组织。当地电视台没有多少观众,职防所为了吸引观众,需要增加有当地参与性的内容,这两家单位合作的谈判非常顺利。

职防所有两个科室参与这项工作,一是宣传科,这意味着他们把这项活动作为公关;二是质检科,以前的责任是处理顾客的意见和投诉。

活动包括宣传,创立了一个公众号,通过一些媒体进行宣传发动,职防所为即将提出建议和意见的人给予免费体检,一等奖一名——价值 3 000 元的体检,二等奖三名——价值 1 000 元的体检,三等奖十名——价值 800 元的体检;二是组织意见评估,我也作为评估委员会的成员,和一位副所长主持这项工作;三是组织改进,了解改进的组织进程;四是做一次意见和建议的颁奖活动。

经过两个月的建议和意见征集,11 月中旬,在电视台举办了这场活动,那时,所长已经更换,后续如何持续建立完整的好顾客管理体系已经变得遥遥无期,但活动还是做完了。

职防所主要是针对体检科和皮肤科两个市场化程度比较高的科室开展的好顾客管理,他们开展的是活动,而不是管理体系的建设。尽管如此,这两个科室在下半年的业绩增长率超过了上半年,也超过了前一年的同期,增长率基本是在 30% 以上。

暨创二 商业模型及其创业原理

1. 人们在竞争什么

（1）竞争的历史沿革

达尔文发现了物竞天择的自然规律,后人把其竞争概念引入到对社会活动的解释中来,认为竞争是人类社会进步的动力,也是社会生存的方式。但是,也有许多对此持不同意见者认为,中华文化并不强调竞争,却有着悠久且源远流长的文化,在近代西方快速进步的压力之下,中华文明仍是人类社会的一种生存方式。在人类社会竞争中,也存在着竞争的重心不断转移的现象,形成了一个竞争的发展史。

人类最初的竞争基于个人技能和技巧,即使在当代,也仍然有许多个人凭借技能和技巧为社会服务。传统意义上的竞争并不是指市场竞争,服务皇帝的人可能会因为皇帝不满意而被杀头,它只是生存竞争。传统市场对技能和技巧的需要处于被分割状态,不存在过强的竞争,甚至根本没有竞争。

进入工业化时代,动力革命让传统产品的生产方式变成了大工业生产,竞争的焦点在于使用先进的方式,以更高的效率服务市场。为满足人们的产品数量需求,逐渐出现跨地域的市场,被替代的传统工艺,传统技能和技巧逐渐变成了非物质文化遗产,被大工业淘汰出局,这是人类社会的第一个真正意义上的竞争。它发生在相同产品和不同的生产方式之间,最初没有发生在行业内部,但是随着社会生产规模的不断扩大,内部竞争也逐渐开始了。

社会生产效率的提高带来人们收入的增长,人们对产品数量的追求基本上达到饱和,出现了产品消费的疲态,需要更新的产品来满足新的消费需求。这些需求有的是明确的,比如人们看到鸟在飞,就希望自己能够像鸟一样自由飞翔,不要受到地势的影响。但更多的是,社会需要一些机构专门开展科学研究,借助实验室完成科学思想的创建和科技原理的发现,进而为技术提供思想源泉,促进新产品的形成,创造新的消费需求。这些新的产品主要来自实验室里的科学实验,再通过人们的理解和想象,将其运用到某种功能上去,创造出人类社会在手工艺阶段无法想象也无法完成的新产品。人们看到这些产品会恍然大悟,立即受到启发而成为企业顾客。另一方面,科技转向解决旧产品存在的各种问题,一个新的竞争出现了,这就是新的产品与旧的产品之间的竞争。全新的产品,会形成巨额利润,人们在新产品带来的利益刺激之下,逐渐参与其中,竞争变成了全社会的基本活动。

传统产品主要完成的是功能,发达国家在后工业时代,逐渐向服务转移,服务成为竞争的重心,服务的个性化积累出体验,这些基于个人感受的新产品(服务),在服务领域产生了一批经久不衰的企业,特别是世界知名品牌企业。在新的时代,那些传统的以产品为中心的企业在不断推出新产品的同时,也在向新的商业模式靠拢。典型的是打印机这个行业,出现了便宜的打印机、高价格的耗材,以持续的产品收入代替了一次性产品收入。这一模式在互联网时代更加走向极端,并深刻地影响了整个商业模式,使行业不仅包含产品功能以及传统的包装、运输、安装、商标、服务,还加入了商业模式,使一家企业描述自己业务的时候,必须要把商业模式加入其中,商业模式成为一个行业的特点,如表 2-1 所示。

表 2-1 产品(行业)概念演变

功能(包装、运输、安装、商标)		服务	体验	商业模式
传统产品				
后工业化时代的产品				
新产品				
更新产品新模式				

表 2-1 是一个企业满足消费者需求的系统,也是一个市场竞争逐渐变化的过程,其中的一个重要趋势是竞争的内容越来越多,竞争的范围也越来越宽。

(2)为什么会走向商业模式的竞争

2006 年,有人就创新问题对 IBM 全球 765 个公司和部门经理进行了调查,结果表明,他们中已有近 1/3 把商业模式创新放在最优先的地位,而且相对而言,更看重传统的创新,如图 2-1 中右图所示,相对于产品或工艺创新者来说,他们在过去 5 年中经营利润增长率比竞争对手更为出色。调查报告的一个重要结论是,相对竞争对手而言,96%的利润是由新的商业模式创造的,流程(工艺)创新带来的利润竟然是 −2%,其余产品创新和服务创新则是 6%。但是,美国以及许多国家都非常重视新产品和服务创新,企业却没有得到与投入相一致的利润。

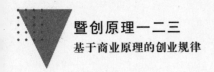

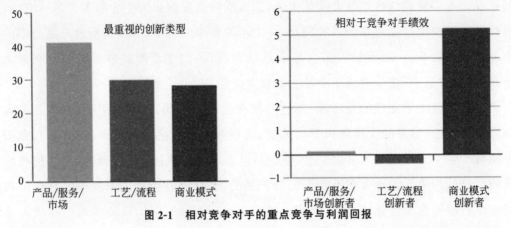

图 2-1 相对竞争对手的重点竞争与利润回报

不仅企业的利润来自商业模式,企业的成长与社会生活也深受商业模式的影响。一些传统概念下的需求无法得到满足,却在商业模式的影响下变成了商业竞争的对象,比如人们的社交需求,以前根本无法通过商业化得到满足,现在抢夺眼球的大战却随时随地在爆发。

商业模式越来越被重视的原因是,企业通过商业模式创新获得了持续盈利的能力,特别是那些新创企业,率先理解并应用了商业模式理念,成为新时代的创富领导者,也促进了商业理论的形成,进一步又指导了市场主体使用商业模式理论参与竞争。

商业模式以其驱动能力让那些基本上没有进行研发的企业成为市场上的佼佼者,并创造出全新的市场需求,让商业创意更加引人瞩目。商业模式创新渗透在企业经营、经济建设和社会发展等各个方面。包括科技创新、产品创新、管理创新等,相当一批企业还侧重于产品、技术、营销等各个环节的竞争,但业绩平平,也有的企业努力投入产品创新,却在不经意之中被运行新商业模式的企业给淘汰出局。不是它们不努力,而是随着时间的推移,企业竞争的焦点也在转移。德鲁克曾经说,现代企业的竞争是商业模式的竞争,而不再是传统意义上的竞争,这一论断,现在已经成为现实。

一个企业的发展究竟由什么决定呢?从波特竞争理论的观点看,企业有核心竞争力就可以得到发展,核心竞争力是隐藏在企业内部不可模仿的能力。因此,有核心竞争力的企业处于垄断地位,利润保持着相对最大化。蓝海理论认为,企业的发展关键在于找到蓝海,在非竞争的空间中发展,其前提是创新与战略可以让竞争得到避免。不刻意参与竞争,使企业处于相对超然的状态,从而获得更大的利润。但是,这些都是基于产品和服务市场而言,在互联网的背景下,可能不再是发现功能,而是发现如何打动需求并构造出商业逻辑。

如果说竞争不可避免,那么摆脱竞争的结果就是创造了新的竞争,那些创造并成功运行了商业模式的企业成为今天世界的示范和榜样,同时也吸引了大量的模仿者。首先创立商业模式的企业与模仿者之间有无差别呢?这是暨南大学创业学院最关注的问题,并引发了我们对商业模式与商业模型的探索。

2. 对商业模式的理解

从字面上理解,商业模式就是商业的模式。然而,这个词如同战略一词一样,在理解时存在着歧义。通常,我们将模式一词理解为一种行业通行的做法。暨南大学创业学院商业模式研究所,将商业模式理解成为没有流行之前的商业设计,即商业模型,一旦流行才称为商业模式。

(1)商业模式

互联网的出现改变了传统的商业竞争环境和经济规则,互联网使大量新的商业实践成为可能,一批新型企业应运而生。新涌现的一些企业,如 Yahoo、Amazon 及 eBay 等,经过短短几年时间,就取得巨大发展,并成功上市。许多创业团队成员随即成为千万甚至亿万富翁,产生了强烈的示范效应。这些企业明显有别于传统企业,一个根本的区别在于它们并不是产品创新,而是在人们以前并没有怎么在意的商业方式上进行了变革。后来被学者们强化成概念,商业模式一词开始流行。基本逻辑的"刻画、描述"成为企业的核心内涵,而不是以前所说的战略,或者核心竞争能力,一个企业用一句话来表达,变成了一种工具。这些基于互联网的新型企业的出现,对许多传统企业也产生深远冲击与影响,Amazon 仅用短短几年时间就发展为世界上最大的图书零售商,给传统书店带来严峻挑战。1998 年后,美国政府对一些商业模式创新授予专利,并给予积极的鼓励与保护。

2000 年前后,商业模式作为人们最初用来描述互联网领域商业变革的核心变量,已经被社会广泛认可,也传播到了其他产业领域。人们回忆起惠普新型打印机所采用的先予后取的方式,想起创造了干式复印机的施乐,用以租代售的方式,还有一些企业如 IBM 等。各行各业都开始重视商业模式的概念,也把商业模式说过了头。随着 2001 年互联网泡沫的破裂,许多基于互联网的企业虽然可能有很好的服务或技术,但由于缺乏良好的商业模式而破产倒闭。而另一些企业,尽管它们的技术最初可能不是最好的,但由于有好的商业模式,依然保持很好的发展态势。于是,商业模式的重要性得到了更充分的认知。人们认识到,在全球化浪潮冲击、技术变革加快及商业环境变得更加不确定的时代,决定企业成败最重要的因素,不是技术,而是它的商

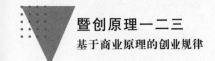

业模式。2003 年前后,创新并设计出好的商业模式,成了商业界关注的新焦点。商业模式创新开始引起人们的普遍重视,商业模式创新被认为能带来战略性的发展优势,设计并运行商业模式是企业家的核心能力和关键任务。

就商业模式而言,一些学者已经形成了比较一致的看法,最典型的如迈克尔·拉帕,认为商业模式就其最基本的意义而言,是指做生意的方法,是一个公司赖以生存的模式,一种能够为企业带来收益的模式。商业模式确定了公司在价值链中的作用,并指导其如何赚钱。他进一步指出,商业模式明确了一个公司开展什么样的活动来创造价值、在价值链中如何选取上游和下游伙伴以及产生收益的安排类型。这个看法表达了企业活动的商业性质。这是一个非常有意义的描述,它用了一个很简单的描述,却引出了一个结构模型,概括为四因素模型,即客户价值主张(目标客户、要完成的工作、提供的东西)、盈利模式(收益模式、成本结构、利用资源的速度)、关键资源(人员、技术、产品、设备、渠道、合作伙伴、联盟、品牌)以及关键流程(价值传递和管理流程,包括设计、产品研发、寻找供应商、招聘等流程、IT 系统、业务规则与绩效指标)。这一以要素分解的模型开辟了商业模式的结构化应用,此后许多研究都在完善这一模型。

有一些人认为商业模式就是盈利模式,这是对这个定义的误解。因为这并不是企业完整的商业活动,仅是在商业活动背景下获取盈利的活动,其假设是企业有利润就可以有未来,并且也无法解释一些企业为什么可以免费提供服务。

以前,中国人经常讲经营模式和管理模式,把它们与商业模式混为一谈,然而,我们认为它们之间是有很大差别的。经营模式包括了企业发展战略,比如多业务之间什么关系,有人使用基于技术的多元化,或者基于市场的多元化,可以将其理解为是关于业务之间的联系。管理模式多是指在既定战略背景下,企业用什么管理方式、风格来实现运营。

暨南大学创业学院对商业模式有以下三种理解。

1) 商业模式被视为一种行业流行的盈利方法

所谓的盈利方法是强调一个行业能够存在,不仅依赖于产品或服务,也依赖于商业模式。换言之,定义一个行业,不能只从产品或服务进行定义,还需要从商业模式角度进行定义。一个最挣钱的企业往往会将其他企业挤出市场,其原因是这种模式会因为挣钱多,吸引了更多企业加入而流行起来,其他模式会被淘汰,而这种挣钱的方法也会变成一个竞争的因素,成为人们理解行业的内容之一。因此不可能存在只有产品却没有商业模式的行业。不论如何简单的行业,都存在着一些典型的商业模式,它是将一个商业模式从创造者传递给模仿者的开始与结束。

在中国,除了与软件结合的商业模式可以受到知识产权保护,其他商业模式在市场上是公开的、无产权的,不受法律保护的。因此,某一个商业模式成功了,就会被传播,引来各种模仿者。作为公开的商业模式,承载于商业活动之中,竞争者可以看到,但需求者感受更为直接,他们可以更加深刻地感受到商业模式带来的好处。即使不是一位需求者,也可以通过观察感受到商业模式,能够看到一些企业挣钱,另外一些企业不挣钱的原因是商业模式之中包含的对需求者感受的关注。也就是,商业模式是行业流行的方式,模仿者可以关注,消费者更可以关注。暨南大学创业学院学者与其他学者的差别在于,其他学者关注的是竞争者,而暨南大学创业学院关注的是需求者。我们在后面重新定义的时候,会把"挣钱"两个字去掉,只保留行业流行方法,而且将服务顾客的方法,挣钱的方法,为投资人服务的方法都包含在其中。

2)商业模式是一个可以描述的商业活动框架

为什么商业模式一定要可以描述呢?老子在《道德经》开篇就讲"道可道,非常道;名可名,非常名"。"道",已经讨论许多,它也不是本书的重点,但"名",人们不怎么重视,其实"名"非常重要。"名"即形,是符号,是标识,它需要描述和表达。一个企业不能用简明扼要的话来概括它的产品或服务,它等于是没有"名",至少是不重视"名",不要"名"。把企业做的事情讲复杂容易,讲得简单却不那么容易。对内部管理来说,企业要从事商业活动,要通过内部组织将商业活动运作起来,没有一套明确、稳定的描述,是无法指导进行活动组织的,更不要说把自己进行复制,吸引外部资源进入,比如引进创业投资。这个描述既是给自己看的,也是给员工等内部人看的,更是给现在还是外部人,将来会成为内部人的人看的。

为了能够描述好商业模式,需要对商业模式的结构进行拆分,形成商业模式的分析工具,以四要素为基础,扩展成为六要素模式,即产业定位,是指在产业链中的定位;业务系统,是指服务流程,明确如何与顾客打交道;关键资源能力,是指如何控制资源与获取发展资源的能力;盈利模式,是指通过何种方式获得盈利;自由现金流结构,是指能够控制的现金情况;企业价值需求,是指企业追求的目标是社会价值、商业利润、投资价值的统一。后来人们又将商业模式扩展为9个要素,形成了商业画布(也叫商业模式画布),以9个方格组成一张简图,每个方格里面是影响商业模式的要素,这些要素包括,客户细分,即找出你的目标客户;价值定位,即你所提供的产品或服务;客户获取渠道,即分销路径及商铺;客户关系,即你想同目标客户建立怎样的关系;收益流,即收入与收入形态结构(比如现金占比);核心资源,即资金、人才等;催生价值的核心活动,即市场推广、网络营销等;重要合伙人,即有影响力的团队成员;成本结构,即发生的成本类型及其性质。暨南大学创业学院新商业模型研究也提出了一个结构模型,称三要素模型,需求搜集,即将分散、隐蔽的需求明确并汇集起来;盈利构造,即将搜集的需求所形成的资源转化为盈利,通过盈利设计获得持续的企业利

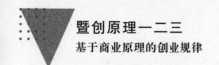

润；成长资源，即通过利润分配建立有助于成长的资源，以期获得更大的需求搜集。

3）商业模式也是一个可以影响交易活动的逻辑方法

商业之所以存在困难，并不是因为产品或服务没有产生功能，而是因为存在着商业障碍，商业无法循环下去。换言之，商业应该是一个自动发生的逻辑，无须外力作用，甚至也不需要企业家推动，企业家只在商业模式建立起来以前发挥作用。

商业逻辑不畅的原因可能是产品或服务的功能不足，价格不足以覆盖成本。这需要通过外部反馈分析将一些功能深化，增加收入来源，也可以引进外部的经济主体，使其分担成本，或提供新的功能。从长远看，商业逻辑不畅的原因还可能是难以看到企业的未来，不能充分体现业务成长，这需要企业把资源分配到成长基因的建设上，用基因与外部资源整合，使企业在复制自己基因的过程中获得成长。

商业是一个有逻辑的活动，这个逻辑需要设计，将所有影响因素有序地联系起来，以形成能够驱动业务的自动循环系统。只有理论上没有逻辑困难的框架，才有可能在实践中有效运转。所有商业逻辑都基于人性，挖掘人性，满足人性，把人性带来的需要转化为企业可以控制的资源，这是商业逻辑的基本内容。碧桂园最初的地产业务是 1994 年番禺的住宅项目，它们把人们买房子就是为了买学区作为自己的假设，在几乎所有地产都无法出售的情况下，它们在番禺的住宅小区里吸引国内最好的中学来创办分校，用学校强化需求，最终使房子成为盈利工具。

（2）重构业务驱动力

商业模式的一个重要性质可以理解为它是业务。如果说，产品和服务决定了业务性质，那么商业模式则是对这个业务的驱动。当一个企业使用了商业模式，还存在商业困难，企业应该反思是否是商业模式的驱动力不足。这时的一个重要思考方向是构建新的商业模式，或者改进现有的商业模式，以此形成更强的业务驱动力，而不是一味地进行产品研发或强力推销。

驱动力是推动力，是基于逻辑的自我驱动。为什么需要驱动呢？因为产品和服务产生的价值还不足以覆盖全部成本，无法形成市场。这时需要一个外部力量，对产品或服务加以促进，使客户能够接受这一产品或服务。这个外力原来主要以营销为主，但在商业模式概念出现以后，商业模式取代了营销，成为另一个更有影响力的商业驱动力。如果说营销的产品或服务的推动力经常带有诱诱性，有可能造成过度消费和盲目消费，为此，经常受到商业评论人士的诟病，那么，对商业模式则很少有这样的批评，因为它起始于商业逻辑，而非带有强制性的购买推动。

能够发现商业逻辑中的问题，改进商业逻辑，会形成创新的驱动力，而不是更强的业务驱动力，这是商业模式创新的重要意义。新的驱动力不同于旧的驱动力，在于它是更多要素的重组,而不是在旧有驱动力上投入和加强。比如电动汽车商业模式的一个重要方向是将车身与电池拆分,车是出售的,而电池则是租用的。司机租来的电池都是在充电站完成充电的电池组,向车下某个部位一推,交钱后开车走人,比汽油车加油的时间还短。

这个思考方向来自于,到底是什么原因让人们不愿意购买电动汽车,是充电时间过长?充电站过少?还是续航里程太短?为什么充电站过少,因为开电动车的人太少。因此,它成了一个内生变量,只要其他两个问题解决了一个,充电站就会很赚钱,就一定会像加油站一样,人们为了获得资格而拼命争夺和投资。续航里程总体上说是技术问题,而充电时间过长可以是技术问题,也可以说是商业模式问题。后者相对容易解决,只要有标准化电动车,就可以使用这一模式。这里没有营销,也不需要营销投入,甚至也没有其他的投入,却可以让使用者、充电站经营者和电动车生产企业都受益。新的商业模式有助于商业的发展可见一斑。

(3) 促进新型服务产业发展

在生活中,存在着某些需求无法用商业方式实现的问题,比如社会交往、知识和经验共享、各种情绪分享等,因为存在着经济学上的障碍而无法产品化,因此,也缺少效率,不能有效地满足人们的需求。然而,互联网出现以后,借助互联网的若干属性,将这些内容变成了服务,又通过这种服务获得了一些资源,比如眼球资源,或者通过差异化的服务,对一些服务进行收费,从而实现了服务的升级。现代经济运行中,新的业态层出不穷,其主要原因是借助互联网这一新型基础设施,形成了全新的商业模型,把一些具有公共性质的服务变成了私人消费,而服务的公共性质没有改变,却可以通过深度挖掘资源获得盈利,大大拓展了今天的服务概念,也优化了产业结构,改变了人们的生活方式。

(4) 引导科技投入,推动产品和工艺创新

科技创新研发需要投入,但是科技创新并非是盲目的,特别是应用研究,更需要商业背景的引导。大量的研究与需求有关,而对需求的确认,在很大程度上是由商业模式设计决定的。芭比娃娃曾经是一个全新的商业模式,它跳出了卖给孩子一个玩偶的传统市场定位,转而将陪伴孩子的娃娃作为她们的榜样,这种定位要求娃娃要做得美丽、知性、成熟、大方,更为重要的是它要做得逼真。这样的需求要求企业必须做长期研发。企业用了三年,与芭比的妈妈一起,终于达到了她们的满意度,该产品上市以后经久不衰,60年来走遍世界各国,深受孩子们喜爱。企业研发所依据的是商业模式对产品的重要定位,如果没有商业模式,是否需要研发,需要花多少钱研究,研

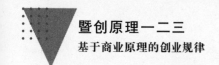

发是否有意义,都可能没有答案。福特为了把他的 T 型车卖给农民作运输工具,而不再作为跑车和赛车,不得不研发流水作业制,以降低成本和价格,从而成就了他的企业,也成就了他伟大的一生。

在很大程度上,商业模式是为研发提供意义和依据的,在企业思考如何创新时,应该是商业模式在前,研发在后,研发是为了保证商业模式的运行并能让目标得以实现。没有商业模式的引导,研发就缺少了目标和方向,也缺少了实现的动力。

（5）整合商业生态

商业模式也是整合创业资源,构建相关利益主体契约关系的一种安排。资源散存于创业团队、利益相关者、战略合作伙伴以及其他机构中,它们由近及远、依次向外推进。

这些资源拥有者,有可能处于资源分散、闲置和低效率利用的状态,如果运用一些契约将这些资源整合到互相关联、相互利用的商业活动之中,更有效地完成顾客价值的创造,并使这样的商业活动良性运转,一个新的商业模式就建立起来了。通常这种商业模式因为签约方较多,会形成难以模仿的商业壁垒,从而阻碍竞争者的进入,形成一企独大,如分众传媒。

（6）对商业模式的再认识

虽然对于什么是商业模式的认识还存在不一致,但大多数人接受下列表述:商业模式是描述企业如何创造价值、传递价值和获取价值的基本原理。在商业活动中,直接参与者是创业企业(卖方)与客户(买方),间接参与者还包括政府、机构、社会等其他利益相关者,我们一并将其列入广义的客户中。从创造价值来看,当创业企业通过产品或服务为客户需求提供服务时,即为客户创造了价值。与此同时,客户为其服务支付给创业企业一定报酬,这也为创业企业创造了经济价值,同时还为创业者提供服务社会实现人生价值的机会。从传递价值来看,一方面,创业企业将镶嵌于产品或服务中的价值直接传递到了客户,同时也间接传递给社会(如社会创业在社会上产生的正的外部性);另一方面,客户也通过支付创业企业服务费传递了经济价值,同时也间接向社会传递了感恩、平等、公正等社会价值。从获取价值来看,不仅买卖双方相互获取价值,而且买卖双方与其他利益相关者之间也获取以营造良好外部环境为主要内容的社会价值与支持条件。这些外部环境由以制度、规范、监督为主要内容的硬约束,和以友爱、和善、向上等为主要内容的软约束构成。

3. 商业模型原理

（1）商业模型的含义

商业模式在理解上存在着几个问题。

第一个问题，既然是行业流行的赚钱模式，也就是这个商业模式已经在行业内普遍存在，那么第一个提出新的商业模式的企业当初是如何思考这个模式的？如果没有其他模式可借鉴，第一位商业模式提出者的逻辑根由何在？这一问题也类似于，如果有现成的模仿对象作为榜样，因其实践是最终检验的标准，那么它的存在就意味着其商业逻辑可信。但是对于第一个商业模式，用什么来判断商业逻辑的合理性会变成一个无法评估的问题。

第二个问题，商业模式是为盈利服务，还是为企业价值服务，还是为企业生命服务？应该说，这些目标都有意义，但是根本的意义仍然在于企业所有的努力都要为企业的生命服务。延长企业生命，打造百年老店，是商业模式设计最根本的目标。如果目标时间过短，企业会急功近利，创业者追求事业感不足，会削弱创业精神，助长投机心理和投机行为。

第三个问题，商业模式是一个理念，还是一个结构？这个问题已经有了不少答案，但是这些答案并不能从整体上指导商业模式设计，往往会引起人们从某个细节上思考商业模式的改进。商业模式应该有结构，但是这个结构应该服从整体目标，而不是独立存在。结构要代表思想，而不是一种技术，如果观念和思想没有改变，结构中的某个要素变化很难起到重构商业逻辑的作用。

我们讲的商业模型的基本含义是，商业模型是一个影响企业成长的逻辑，它是一个没有商业障碍的商业行动逻辑。从大的方面有三个逻辑，即顾客需求得到满足，企业也能够赚到钱；企业既有当下的收益，也有未来的收益，只注重当前收益，可能就无法获得长远收益，企业需要建立这种商业逻辑，让当前利益与长远利益协同起来；企业的成长不仅是盈利的扩张，更是对顾客吸引力的增强。当企业能够将这三个逻辑构建起来并有机运行的时候，企业就存在着成长的逻辑，商业模型通过了理论检验，就可以实践了。

商业模型更强调，商业是有自己的逻辑的，逻辑产生合理性，形成运行的动力，这也决定了企业家的工作内容。商业模式并没有这样的理解，它更具有实践性，而非思想性，人们可看到别人是怎么做的，至于为什么这样做，可能模仿者没有什么兴趣。商业模型的理念是，商业活动各环节之间的逻辑通顺了，企业可自动按这个逻辑运

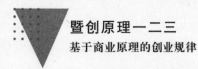

行,无需外力推动。

当然,企业的逻辑存在着观念性差别,暨南大学创业学院主张企业应该追求百年老店,以企业的单一业务成长为目标。因此,企业追求成长的商业逻辑是商业模型的思考梗概,商业逻辑决定了企业成长的快慢。商业逻辑追求的目标是企业价值,企业价值增长越快、越持久,表明商业模型越好。为什么是企业价值而不是商业利润呢?因为广义的商业不仅出售产品和服务,还包括出售企业的股权。所以,当企业价值更大或者价值增长更快时,所有者就可以获得利益满足。

商业模型的逻辑是什么呢?主要是商业环节间的逻辑关系,或者是内部结构逻辑。其实,很多技术存在着内容结构逻辑,例如,"火车跑得快全靠车头带",这是在传统运输中,将火车分为车头与车厢的运输工具系统,车头产生动力,车厢承载货物,各司其职。但是,如果只有承载货物的车厢没有车头,火车就变成了仓库。火车必须要运输和行走,这样,跑得快便成了目标,这需要动力的带动,车头提供的动力要足,拉动车厢前进,形成一个以跑得快为目标的逻辑。商业模型就是将商业活动分解为不同功能的模块,然后再建立相互之间的联系——逻辑,这个逻辑关系的运作就是企业运转的基本方式。

任何企业成长都必须借助自己的商业逻辑。固安捷这家世界知名的工业服务企业,其老板发现许多工厂需要的配件、工具价值不高,只是偶尔使用,却要配备库房和管理人员,因而使企业资金被占用。如果同时为相关企业提供库房,就可以利用企业、工厂之间需求的冗余,降低总库存,节约管理开支并减少资金占用。它的商业逻辑可以简单概括为:将分散和隐藏的工业企业低值易耗品的购买需求作为其服务对象,以其集中的采购、库存、服务以及与供应商之间的协调,来保证企业低值易耗品的低库存、低采购成本、高质量和连续的生产保证,并通过客户不断提供新的需求,增加自己的经营范围。该企业在 80 年成长历程中,积累了 19 万种常规目录产品和 30 多万种非常规目录产品。固安捷的商业逻辑是通过一个自己认为可以让客户企业接受的产品目录,挖掘客户自身的需求,请他们懂得需要固安捷的服务,再通过集中和规模化降低供应成本,以此获得差价和利润,再将利润投入到开设分店中来以便搜集更多的产品目录,再将目录投放给更多的客户。

人类最初的商业活动比较简单,那些走街串巷的货郎,用双脚走到客户身边,再用吆喝把人们汇集。当需求来到他身边时,由客人自己在所提供的商品中选择,这些商品是货郎用较低的价格集中采购来的,现在用较高的价格出售给这些客户,其中的价格差低于每个客户找到这些供货商的时间成本、路费以及从供应商拿货的价格差。有时,看客们总觉得这些商品价格卖高了,货郎们当然会微笑着解释,但说来说去离不开一句话,顾客们未必能以这个价格拿到货,没有人愿意尝试,除非他也是货郎。

货郎将积攒下来的钱投入到货郎担商业模式中,像韩国电视剧《商道》里的游商一样,也可以投入到开设分店,把商品运送到分店,再由顾客自己前来购买。

生产这些商品的家庭或是企业,它们如果只是生产,再等待那些商家前来订货、取货,而且是用自己的专长生产产品,使产品比其他人生产效率更高、成本更低、质量更好,那么,就可以有充分的可能控制产品价格。即便有人压价竞争,它们也可以随行就市降低价格,但仍然因为低成本而有利润存在;如果没有人压价,它们还可以适当提高价格,直到达到利润最大化,但前提是不会影响顾客的购买欲望。如果企业有扩大规模的可能,则利润就成为扩大规模的资源基础。

商业模型是根本的商业创新工具,也是一个思想、理论工具,是没有经过实践以前,描述商业活动的工作框架。它需要反复模拟,直到把全部商业逻辑都模拟顺利、流畅,才可以投入实践。那些失败的创业项目多是在理论上存在着问题,贸然投入商业实践,又在商业运行中没有及时修正和完善,导致出现了逻辑障碍。

商业活动需要基于逻辑,成功的商业活动是商业逻辑的体现,顺利运行的商业是商业逻辑通顺的结果。商业逻辑的起点是对顾客价值的揭示、启发、重构、集中,是需求的价值创造,商业逻辑的终点应该是企业的成长。商业模型需要实现商业障碍消除、商业动力构建和商业伦理树立三重目标。

一个成功的商业模型可能会被其他企业模仿,这时会导致一个新行业的形成。也就是说,一个新行业的形成不是由于发现新的技术,而是由于新技术的市场引入。其本质是商业模型在流行过程中,演变成为商业模式。换言之,商业模型是从企业角度看问题的工具,而商业模式是从行业角度看问题的工具。暨南大学创业学院新商业模型研究所给出了商业模型概念,并通过这一概念阐述商业模型的作用及与创新的关系,并讨论商业模型设计的原则。

（2）创业的本质是自我复制

20世纪10年代熊彼特提出创新概念及创新理论,20世纪50年代其理论逐渐成为经济学的核心,到70年代,创新理论成为经济学的热点。宏观上,创新对经济运行的影响、技术创新与经济增长的关系以及创新能力等问题成为研究的重点,创新成为许多国家政策的重要导向,也成为一个重要的公众词汇;微观上,作为企业家基本职能。创新被定义为"技术的首次商业化应用",它被人们广泛接受,也被深化为创业理论。人们分别从什么人能够成为企业家、企业家职能内涵和企业职能形成过程与机制等方面做了深入的研究。随着创新的作用被认识,越来越多的企业需要新的技术,有关研发的研究成为创新研究的另一个重要分支。这些研究都将商业活动简化为一个质点,忽略了商业的结构细节,对商业的本质、商业作用游离于人们的视野之外,使

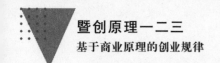

创新成功与否只是与技术的成熟度以及企业家能力相联系,而与商业本身没有建立联系。这样就自然推出商业成功是企业家个人能力作用的结果,技术创新的成功是技术成熟的结果等结论。在互联网时代,企业在相同的技术环境下,使用不同的商业方法产生了不同的经营结果,特别是经营表面上无法赚钱的商业项目的企业,比如当年的腾讯,最后形成了商业帝国。人们开始反思,那些忽视商业作用的技术创新理论是否真正有效,或者说时代在改变,技术研发下的创新也许只是传统的方式,这引起了近年人们对商业模式的重视。

创业理论基于熊彼特的创新理论而产生,熊彼特的继承人注意到首次商业化运用的人是在利用机会。他假设机会经常有,但因人而异,一些人有创业行动,另一些人却无动于衷,他归纳出他们的差异在于对机会的敏感程度。能率先发现并抓住机会,是成为创业者的先决条件。但是越来越多的证据表明,并非仅仅只有敏感性差异对创业成功起重要作用,商业逻辑的构思能力与组织能力也尤为重要。

人们发现,定义一个行业不仅要定义业务,还要定义这个行业的商业模式。能够流行的商业模式应该是有吸引力的模式,也是存在利益的商业模式。一个行业有了一个成功的范例可以作为榜样,行业可能就会流行起这种模式,如同在瞬间出现的"最后一公里"的物流解决方案在行业内得到了全面普及,约车与叫车业务,成为新的出租业务。这样的分析框架包含了如下要点:但是,第一,率先设计商业模式的企业,作为市场的开拓者,最初是如何思考的,这一直是个悬而未决的问题。第二,商业活动是连续性活动,由一系列的结构逻辑链接形成循环,一个商业循环的结果是下次商业循环的开始。如果仅仅将商业要素进行拆分,便无法将连续的商业本质显露出来。第三,商业的逻辑起点应该是需求分析,几乎所有的商业模式分析工具都没有重视这一点,以商业定位作为需求分析的全部内容,不能深入到需求结构内部,也不能动员需求。第四,不着眼于企业成长,只着眼于企业业务活动分析,变成了商业业务分析工具,这背离了企业作为事业载体的本质。国内一些约车业务因为缺少成长的追求,在完成企业初创阶段以后,将企业出售转让,创业者转变成为获利者。一个企业持续成长的逻辑与企业战略规划的内核,将对创建百年老店产生特别的意义,但是如果忘记这样的目标,有可能陷入短期目标。第五,商业模式多强调了关键资源,其背后基于的是竞争理论,这将导致价格竞争,让创业企业很快陷入红海,诱发企业你死我活的竞争结果。第六,如果商业模式分析不注重培育良好的社会环境,并以此为前提推动企业成长,使商业模式不接受商业伦理的检验,让企业赚钱成为一切,则创业的社会价值就无法判断。这些问题决定了需要从新的视角认识商业机制,形成新的商业分析工具,以适应新的商业活动的需要。

商业模型的本质是设计一套企业的核心流程,由它规定企业如何与外部资源结合并将外部资源转化为可以承载这套流程的载体,使企业在扩张自己的同时,进一步复制自己的基因。从这个意义上说,企业的创业是一个企业复制自己基因的过程,它既代表企业的成长,也代表企业进入了一种新的竞争境界。

企业应对竞争有两种态度,一种是阻碍竞争,对拥有发明权益的企业商业化过程用法律加以保护,如专利权保护了技术,商标权保护了商业标识。企业对这些制度加以利用,是传统的应对竞争的方法,此方法对延缓竞争者的出现起到了制约作用。竞争理论以不可以模仿为要素,通过培育企业的核心竞争力来对抗竞争。另一种是允许竞争,但主要是指自己同自己竞争,用自己的产品覆盖全部市场,让竞争对手无法进入这一市场,始终处于羡慕、嫉妒、无奈的状态,这种状态在网络时代尤其容易。因为网络经济有两个均衡点,一个是没有跨过用户阈值数的零用户数;另一个是用户数量无穷大。通常,成功的网络企业都已经越过用户阈值数,开始进入自我加速的轨道,其他企业在它们定义的产业内无法超越。在传统经济中,大量的加盟店,只输出自己的商标和经营秘诀,它们到处推广自己的连锁店,将可以覆盖的市场全部铺满,虽然不像网络企业那样由于网络市场的无边界性而自然覆盖,却因为它们主动复制,让创业有了新的含义。

如果创业是复制自己基因的活动,就会存在着企业的成长基因从何处而来的问题。我们把从商业模型设计到企业成长基因修正、完善直至有效化的过程称为创业准备,如果再进一步细分,商业模型设计是狭义的创业准备,而从企业创办到基因修正,通过市场运行发现商业模型设计的不合理之处并加以改进是初创阶段,创业企业顺利度过了初创阶段,进入自我复制,才开始真正的创业,如图 2-2 所示。

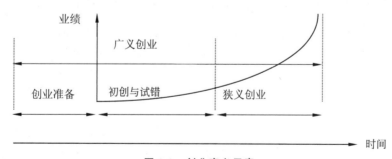

图 2-2　创业定义示意

这包括了下列三个意思。

第一,狭义的创业是商业模型的自我复制活动,此前都是为了实现这一目标做的准备,一个重要原因是,此时创业者的股权开始值钱,吸收外部资源的能力增强,外部资源地位下降;商业计划书是一个用于吸收外部资源的规划,也是一部招股说明书。

第二,广义的创业则从创业准备开始。通常企业成长的基因在最初的商业设计

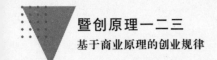

时就应该有所规划,它依据的是商业模型。没有商业模型,创业计划书是不完整的。商业模型需要单独研讨、模拟,否则在创业以后通过试运行再做调整,有可能会因为存在重大障碍而无法运行。在创业实验里,商业模型的合理性是指通过人们对商业逻辑的判断,完成对商业模型的理论检验。

第三,商业模型的确定需要通过市场检验和企业的自我校正。创业初期活动也称为创业成长的准备,不经过市场的检验终究不是真正的检验,也无法吸收真实的需求信息,无法优化企业成长基因。企业成长基因,也就是企业的成长资源需要经过市场的检验与修正,才能形成正果。

(3) 商业逻辑

1) 商业活动发生的条件

商业活动能够完成,离不开一个基本条件,这就是商业上的供求双方共赢,或买卖双方的利益协调。假设厂商为顾客提供了一种技术,其成本为 C,顾客能够接受这种技术并获得的效用或者对应的意愿价格(净效用)为 U,如果能够满足 $U>C$,就可以构建基本的商业化条件。如果充分考虑了产品送达的成本 C_1,该条件也可以写成 $U>C+C_1$ 或 $U-C_1>C$。前者意味着送达成本由企业承担,后者意味着成本由顾客承担,其本质是顾客获得的净效用 U 大于企业的全部成本,就具备了商业活动条件。

由于顾客存在认知差异,对技术存在着效用判断,从大到小排列,U_1,U_2,U_3,…,U_M,…,U_n,形成对相同技术的价值认知序列。当厂商能够找到 $U_M>C$ 的一群顾客时,商业就可以顺利实现。也就是说,当企业将生产规模建立在边际产品成本等于边际顾客价值的位置,不仅可以实现商业,也可以实现利润最大化,或者说,企业是在利润最大化基础上实现商业活动的。企业销售的重要任务是找到这些技术价值认知高的顾客,请他们接受这些产品。这时需要再进一步支付广告、渠道推销等成本 C_2,会使商业条件变得更严格,商业更不容易实现。如果所增加的销售费用不及获得的顾客效用或不能为企业带来的新的预期收益,则在利润最大化目标下,企业将不会扩大这笔支出,也就是不会采取销售手段。从全社会角度看,能够实现商业的条件是社会净大于零,即 $U-C-C_1-C_2>0$。它表示,不论谁来支付 C_1 和 C_2,只要满足社会大于零的条件,就具备了商业的社会责任条件,法律一般情况下多会支持。

上述并不是一个严格意义上的商业条件,因为其中还隐藏着利益分配的合理性。现在引入分配利益的参数——价格 P。价格只是一个分配厂商与顾客利益的工具。对顾客而言,效用价值高于价格是永远的购买逻辑,两者之差被称为消费者剩余,只有在消费者剩余大于零的情况下,消费者才会采取购买行动。这是以消费者理性作为假设前提的结果。为了让消费者能够购买,需要厂商为顾客创造和寻找价值,也可以使用降低价格的让利方式赢得顾客。如果厂商将价格以高于顾客认知的价值出售,尽管可以获得短期的超额利润,但这又使顾客受到一时的蒙骗,待其理性恢复后,会以自己利益受损为由对厂商的商誉产生威胁,因此商业逻辑会遭到破坏。

对厂商而言,价格高于成本是永远的商业条件。价格与厂商承担的成本之差是厂商的利润。厂商是价格的制定者,厂商可以通过价格调整获得利润最大化,但是,厂商确定的价格必须为顾客所接受,这就形成了厂商利润约束。如果存在着企业内在成本约束机制,比如规模经济,厂商可能会在短期内让自己的成本高于价格,再通过顾客规模增长获得成本节约,达到满足厂商利润大于零,甚至利润最大化的条件。如果不存在类似的商业机制,厂商就无法长期让价格高于成本。

简单地说,商业的基础条件要求厂商与顾客必须双赢,实现激励相容。如果买卖只有一方存在剩余,另一方长期没有剩余甚至亏损,则无法实现商业;当双方都能够存在剩余,社会也会有净福利存在,对社会也有好处。反之,如果一方存在剩余,另一方不存在剩余,社会福利可能会存在,但有可能不能够实现商业。所以,商业条件是高于社会福利要求的标准,是更严格的经济运行准则。当然,如果考虑外部性,买卖双方可能会排斥负的外部性,也存在双方均有剩余,社会福利却存在负值的可能。商业条件成立,社会福利却不能满足,这时也不能称其为存在合理的商业条件。

2)商业障碍及其化解

当商业中存在持续 $C>U$ 的情况,就不满足商业条件,无法实现商业目的,卖者不能出售,或者买者不能消费,其本质是存在着商业障碍。破除商业障碍是商业模型存在的价值所在。商业模型在很大程度上是解决商业障碍的工具,因此,构建商业模型,需要从商业障碍分析入手。

广义的商业障碍包括技术障碍和商业条件障碍。由技术不成熟导致的商业失败是技术障碍,它包括:科技思想无法表达成为合意的技术功能,或者技术原理只能在实验室条件下实现。这种障碍多集中于产品制造业,而多不会出现在服务业。商业条件障碍则是指技术原理和产品功能已经实现,却无法实现商业化。它包括了以下几类情况:

第一类:来自顾客端的商业障碍,包括:认知障碍、信任障碍、购买力障碍、功能环境障碍。

第二类:来自厂商端的商业障碍,包括:成本障碍、产品表达障碍、送达障碍、功能发现障碍。

第三类:来自双方连接的商业障碍,包括:理解障碍、产权边界障碍、责任分配障碍、成本分配障碍。

从一般意义上理解,三种类型的障碍都是独立存在的障碍,单独发挥作用。尽管

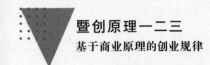

如此,商业条件障碍也多需要同时考虑其他方面的障碍。来自顾客端的障碍是顾客自身因素决定的,当厂商无法让顾客对产品或服务加以认知、建立足够的信任时,就不能满足顾客的需要。对此,厂商消除障碍的方法是改变顾客认知体系,厂商开展的所有宣传推广活动,都在于改变顾客知识体系,建立对产品和服务意义的认识。为了提升顾客对产品或服务的信任,企业需要建立保障体系,消除顾客的购买顾虑,为顾客提供充足的检验机会和厂商纠正自己产品或服务中存在问题的机会,但这会增加企业的成本,而过度增加企业成本又会造成企业亏损,形成企业端的障碍。顾客购买不足和功能实现环境配套不充分产生的商业条件障碍既与社会发展有关,也与厂商消除障碍的方法有关。借助未来购买力提前支付或者以租赁方式降低一次性支付能力不足,需要厂商提供解决方案,改变使用条件,或者将产品重新设计,以适应产品使用环境。从企业角度,利用集中生产的规模经济机制降低成本来弥补购买力不足,以顾客可以接受为前提改进产品或服务的概念表达,降低顾客认知要求,借助物流体系,分摊送达成本;借助诸如展示、体验、试用等营销手段,对提升顾客进一步认知与信赖产品或服务,从厂商角度消除商业条件障碍有明显的作用,同时也会相应增加企业的成本。理解障碍往往产生于厂商所从事的产品或服务不能具体体现产品价值的商业概念,厂商借助外部流行的概念让顾客理解它们的产品或服务,企业应该意识到这是一种免费服务,可以演变为企业资源,需要有效地利用。理解障碍是因为商业活动复杂和隐蔽而造成竞争对手的不能理解,所以它也是一种排除竞争的手段。当顾客能够理解,而竞争对手不能理解时,这种障碍便形成最高级的商业壁垒。一方面,在现代社会设置壁垒存在着许多困难,因为信息流动速度加快,几乎没有什么技术不能破解,也无法实现保密,特别是在技术信息已经被社会反复强调的背景下更是如此;另一方面,传统上对企业的理解惯性很大,若创业者有所突破,使潜在竞争对手无法理解创业者所经营的事业,那么创业者在未来将会有大的作为空间,取得巨大成功。

商业障碍是一个普遍的现象,它既存在于创业者寄希望的未来事业,也存在于创新活动。这是因为商业障碍的本质是供求链接的障碍,是厂商在揣摩顾客价值、影响顾客购买行为过程中的传递障碍,是从一方主观判断变成另一方主观判断过程中的障碍。主观认识上的差异是普遍存在的,厂商对顾客主观认识的判断能力总是不足的。不论在任何时候,都存在着这种理解上的背离,商业活动和认识差异更加显明。

传统意义上的商业障碍产生于明显的需要,受阻于来自成本、价格与顾客购买力之间的差异。人类发明了分工的生产方式以后,商业障碍通常归结为成本不能足够低。正如斯密所指出的,如果能够通过分工实现生产,成本能够下降,那么商业上的鸿沟就不再存在。因此,传统意义上的商业障碍消除都是利用规模经济建立某种商业结构,通过降低成本的生产方式来提升顾客的购买欲望。这种商业逻辑的起点并不是来自于顾客价值认知,而是来自于厂商如何找到可以降低成本的生产组织形式,以满足顾客的需要。近年大量出现的集群化生产方式,可以看成是以外部规模经济的商业逻辑克服商业障碍的方法。就本质而言,仍然是追求规模化生产后的成本下降,为顾客创造购买条件。传统意义的另一商业障碍是商品的分配渠道障碍。如果企业没有建立商品分配系统,或者缺少商品传递渠道,商业无法实现。为此,传统意义下的商业模型利用销售系统的规模经济来降低成本,成熟的渠道可以节约销售费用,并促进经销商制度的形成。除规模经济外,企业可以用多元化方法构造内部协同效应。范围经济是其中最重要的原理,它是利用本产品生产所形成的剩余资源生产其他产品,并将其转化为新的价值来降低成本。传统意义下的商业还应利用市场渗透,通过缓慢的市场影响转变顾客的认知,增进顾客的信任感,以此来节约企业的成本。市场中的老顾客重复购买、客户间的口碑传播,都可以节约企业的宣传费用。

传统的商业逻辑可以概括为,围绕一种产品的研发、生产和销售,建立使顾客价值高于自己产品成本的逻辑,通过扩大规模降低单位产品成本或者提高顾客价值实现商业目标。那些只能维持着小规模生产的企业不明白,为什么它们的创新会失败,而大企业的创新为什么会成功。原因是创新之后的生产规模扩大为后续生产提供了低成本的基础,实现了顾客价值高于成本的商业要求,而小企业则因为资源约束无法实现这样的商业逻辑。显然,商业逻辑的实现,还必须借助某种影响规模的因素,如果这种因素不存在,或者受到资源限制,则商业障碍无法克服。

在传统商业模型下,创新夭折可能正是因为上述条件的限制。许多研发投入巨大的技术没有达到价值高于成本,通常解释为技术没有达到产业化水平。解决的思路是进一步完善技术。但是,现代意义下的商业理念则从顾客端寻找价值,近年出现的新的克服商业障碍的方法多是从挖掘顾客价值着手。比较典型的,如利用网络效应中的数量积累和资源转换,完成传统意义下无法开展的创新。在网络效应作用下,顾客之间相互沟通可以产生新的消费者,可以为原有消费提供效用。消费者数量决定了新加入消费的效用和意愿价格,因此,当顾客数量积累到足够多时,就可以让顾客意愿价格大于企业成本。有了这样的前景,企业可以忍受相当长时间的亏损,为培育和控制基础顾客队伍而不断投入,直至顾客边际价值高于企业成本,达到有盈余为止。这种顾客数量的积累还会因为企业对网络的熟悉而锁定顾客,也会因为顾客自身的一些因素而产生新的资源,比如眼球资源、结算过程中的闲置资金等。

商业模型是现代商业理念下的克服商业障碍的工具。它更多地关注顾客价值存在的方式和隐藏在顾客身上的资源,厂商利用这些价值和资源,通过建立商业逻辑,减少、压缩商业障碍,让企业商业流程能够顺畅运行。

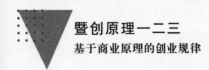

3）企业成长与环境

企业成长是指企业能够发展壮大的过程与结果，它不是基本商业逻辑，而是企业存在的逻辑。企业为何存在？总体上，是为自己成长而存在。企业成长的过程就是企业商业循环运行的过程，企业能够顺利成长的原因在于企业有一个合理的商业逻辑，并通过这一逻辑不断创造出有利于成长的资源和环境。

企业追求的目标是企业成长，因为股东的根本利益是企业持续盈利，而非短期利益。同时，当企业为满足社会需求而存在时，它的意义就在于不断被顾客所承认，不断扩大顾客群体，为更多的顾客服务。一个企业能够持续成长，意味着它作为一个事业的载体，有可能获得传承。百年老店应该成为一个优秀企业的追求，因为它可以承载事业，也是一个经济体赖以发展的基石。商业模型的意义在于保证企业成长，商业模型设计的目标是企业成长。

企业成长需要两个重要条件，一是成长资源；二是成长环境。成长资源是企业盈利转换和积累起来的资源，它是一种企业资源结构，是企业可以主动控制的要素。正因为如此，企业成长资源的选择与成长环境的配合关系变得十分重要，当成长资源不适应成长环境时，企业成长会受到限制。

成长环境是指企业成长的外部条件，由市场、社会伦理约束、法律、政策等因素构成，企业成长资源应随环境变化做出调整。稳定而持久的市场需求可以为企业成长提供足够的客户资源，它与商业模型切入的产业链环节有关，但也与人们的收入增长、收入均等化、市场交易成本以及消费配套环境有关。成长环境会因人们收入提高所产生的对需求层次和结构的影响而出现变化，需要企业对成长资源做出调整；社会伦理是企业业务活动的重要约束，当企业行为伤害社会时，必然会受到社会舆论围攻，最后会失去企业赖以生存的需求。社会伦理越严格，约束越强，企业声望价值会越高。随着社会发展，社会伦理约束会变强，企业成长资源也需要做出调整，加强自我约束，否则会在外部约束下失去发展空间；法律通常也是企业的成长环境，法律规范越强，企业自由活动范围越小，企业约束越大；政策是企业可以利用的环境，通常政策具有诱导性，企业可以借此推进成长。譬如，在民族工业振兴中，格力反复强调自己的理念，为"中国制造"添彩，使格力在公众中的形象很高大，也很正面，这有利于公司的成长。

在成长目标下，企业需要将环境作为一个重要变量，通过环境优选，使自己的资源与环境相匹配，最大限度地减少环境的约束。同时，也需要将资源引导到能够适应成长环境的方向上，利用环境提供的机会，避免过强的环境约束和过软的环境约束，通过资源结构调整，使资源指向于适应与利用环境。也就是说，企业主动调整资源结构，使之成为有利于发挥环境正向作用的有利因素，这样的资源称为成长资源。

（4）商业模型原理框架

商业模型是一个商业函数，表达了商业的因果关系或逻辑，它的特征：一是利益相关者都可以获得相应的利益，因此，其函数是多主体、多元的。二是商业模型是由企业构建的，其目标是实现企业成长，它的实现方法是商业模型的自我运转。三是厂商必须向参与方让渡利益，建立参与方利益分配机制，其中最重要的参与方是顾客。

商业模型以需求搜集为起点，通过盈利构造，形成成长资源，再通过成长资源完成更大规模的需求搜集，形成商业模型的自动运转。也就是说，商业模型是由需求搜集、盈利构造、成长资源组成并形成次序链接的循环，如图 2-3 所示。

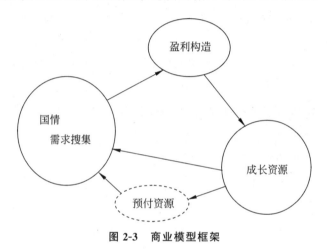

图 2-3　商业模型框架

在图 2-3 中，企业先要有一个预付的资源，这个资源帮助企业完成第一轮的需求搜集活动。预付资源是企业的创业资本，这个资本在企业开始复制自己时，需要成长资源对其进行补充。预付资源帮助企业完成对需求的搜集，然后与企业其他资源融合在一起。图 2-3 还表达了下列含义。

第一，预付资源帮助企业完成利用国情实现需求搜集的活动。史玉柱在珠海创业失败以后，去了江苏农村，手里还有一个生物工程方面的配方。开始时想利用中国许多年轻人都希望考上大学的现状，为考生提供一种能够睡得好，提升成绩的保健品，但没有成功。后来看到许多年轻人孔雀东南飞，远离老人，一些人将其定义为"空巢老人"。但他将这一现象重新定义，形成新的国情定义，叫"游子社会"，认为游子是市场经济中追求事业的必然现象。在中国社会普遍对"空巢老人"持批评意见的国情下，给出了一个礼品，定义为"脑白金"，让它以礼品代替青年人表达"追求事业已经有所成功"的心迹，送给老人，完成了需求的构建。他采取动漫形象来做代言，省去了请名人做代言的费用，并在电视台高频播放。广告中，老人快乐起舞，既反映了老人活

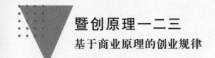

泼、放松的一面(这也是代言人做不到的),又刺激了老人和孩子对这款商品的认定,还使用了"只收脑白金"的排他性商业语言,强化了老人对这一商品的认可与需要。在广告的暗示下,青年人成为必然购买这款礼品之人,将老人的需要与年轻人的"有钱"联系在一起。如果没有预付资源做广告,这个商业模型便没有成功的可能,广告完成了价值主张,也破解了其中的商业障碍。

第二,成长过程不仅是成长资源的积累过程,更是成长资源释放能量的过程。这个过程表现为实现更大范围的需求搜集并产生了新的国情。脑白金通过商业方式在社会上推广普及,不仅使巨人集团获得了商业成功,也让社会购买脑白金成为一种流行的行为,社会对老人的关注变成了家庭行为,大幅度减少了由于人口流动造成的社会矛盾。为社会进步和个人过好日子而流动,对老人尽孝而购买脑白金变成了一种风尚,形成了新的国情,这种国情有助于企业商业的成功。不利用国情,需求搜集缺少根据,但商业的成功一定会创造新的国情,如果这一国情有助成长,则商业就可以形成良性循环。

第三,图 2-3 还表达了企业盈利产生于需求搜集,但是完成需求搜集并不一定真的获得利润,需要企业将搜集到的需求转化为企业能够控制的资源,需求者为了获得需求而不得不购买这一资源。企业能够盈利的重要原因是形成了由需求一方为了实现需求而必须付费的一种企业可控的资源。这一资源通常隐藏在商业模型之中。

第四,成长资源需要企业投入并进行建设。当企业获得盈利以后,将盈利分成若干部分,其中一部分盈利投向了成长资源。成长资源形成过程是资源化的过程,它需要企业积累,并且在固定方向上,有意识地将盈利转化为资源。成长资源的形成是企业成长的前提。巨人集团商业上取得了不小的成功,巨人集团也非常知名,但它们主要的业绩来自于游戏。它们投入很大精力、社会关注度也很高的脑白金,并没有在成长的道路上走得很远。脑白金的知名度虽然很高,但是当原来购买脑白金的年轻人成为老人,当年不怎么相信脑白金的效用,现在仍然不信。他们不信,他们的子女就没动力去购买一个父母不信、自己也不信的礼品。尽管中国市场上尽孝的商品很多,但发展空间并不大,有着强烈的需求,却没有商品可以提供,一个重要原因是这家企业没有将从销售脑白金中获得的利润投入到成长资源的建设中,使脑白金这种面向老年人市场的产品后续乏力。

我们把上述过程简化为商业活动,由三个基本要素相互链接,即由顾客需求、企业盈利和企业成长相应的活动链接起来,形成商业模型的三个核心变量,即需求搜集、盈利构造和成长资源建设,由三个活动变量分别对应三个商业结果,依次链接,用函数方式表达。

1）盈利构造函数

该函数表达了企业如何把搜集到的需求变成企业盈利，其结果用利润指标表达，写成：

$$L = f_1(S)$$

式中，S 代表搜集到的需求，L 代表将需求转化为利润的大小。

2）成长资源建设函数

该函数表达了企业利润转化为企业成长资源，其结果用成长资源大小来表达，写成：

$$E = f_2(L)$$

式中，E 代表企业成长资源，它主要表达了企业成长基因的成熟程度。

3）需求搜集函数

该函数表达了企业如何把预付资源和成长资源变成了新的需求搜集，影响到了企业的需求规模，写成：

$$S_t + 1 = f_3(E)$$

式中，S_t+1 表达了未来需求大小。

实际上，每一个变量内部都十分复杂，其结果表现为数量，而构建过程却远不止公式那样简单。每家企业的商业模型中的具体函数也不尽相同，这需要创业者去想象和创造。既然商业模型是全新的，多数情况下无法从其他人那里模仿到，最多只是借鉴他人的商业模型，从中受到启发和用作设计时的参考。

多数创业者都处于探索商业模型阶段，有的存在着重大的理论瑕疵，需要在理论上进行重新设计，有的则在实践中遇到了困难和问题，需要修正、调整和完善。直到企业能够稳定利用商业模型复制自己，商业模型才算真正稳定下来。我们可以把三个函数理解成是企业进行这些探索性活动最后的结果。

4．需求搜集

（1）需求的特征

我经常思考一个问题，人们的需求是自主的吗？人类已经进化出了一些本能，但十分初级。狼孩的故事说明，人类的本能其实很少，多数是后天教育的结果。吃饭并意识到粮食对其生长的重要性是通过家庭教育，家长们的示范与培育形成了孩子们的偏好。假设一个没有学习能力的人，在年龄达到 18 岁时，他可能仍然随意吃东西，一些失去智商的残疾人，过的就是这样的生活。其他需求，穿与用的需求对他们来

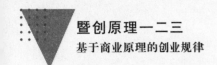

说,是一个完全未知的世界。许多美味,相互之间并不能代替,在很大程度上是由偏好不同的人群保持着他们的生活习惯决定的,而改变他们的习惯非常困难。人类在学习中不断地改变着自己的习惯,一旦习惯稳定,便形成了自主的需求。

我们可以这样认识需求的性质,需求是习而得之,稳定的需求可以成为影响自己和教育别人的因素。

需求是隐秘的,这不是由于它属于私人信息这种法律意义上的信息保密,而是因为存在着习惯和习惯性思维,严重时,本人都无法言状,他们对自己的需求已经司空见惯。中国人喝开水,中国人讲上火,如果不对比外国人,中国人自己都不太重视还有这种与其他国家不太一样的需求,而且是刚需的。每当出国旅游时,许多中国游客到处找开水,这时才留意到,这是中国人的需求。这十四亿人的需求,是一个足够重要的需求,但大家可能都忽略了。后来,有人从日本带回来保温杯,人们才开始注意,原来自己还有这种需求。还有更为重要的需求只在人们的梦境之中,人们曾经想像鸟一样飞翔,但无数的经历告诉人们这是不可能的,然而怀特兄弟的发明让这个梦想实现了,当人们乘坐飞机的时候,快速与身下的流云擦肩而过,感觉自己是一只鸟。现在,人们已经习惯乘坐飞机出行,非常明确自己有这个需求,但是,在 100 年前,它还只是一个梦,有时连梦也没有。当看到某种商品的时候,你会爱不释手,不论微波炉,还是笔记本电脑。没有它们的时候,你活得很好,但看到了它们,你却无力购买的时候,你会产生强烈的不满足感。如果不是企业发明了这种东西,你的这些渴望从哪里来的呢?藏在你的什么地方?我可以肯定地说,你根本就没有这种需求,只有看到以后,才会联想到自己也有这样的需求。也有时,人们明明知道存在着生活的难处,却不知道如何解决,商业提供什么便利的方案,你可能就接受什么,你就变成那种需求者。别墅好,这是我们许多人想要购买别墅的原因,但别墅也有坏处,就是夏天很热,冬天又很冷。夏天热不是因为别墅多在城郊,那里开阔,周围有许多绿地可以吸收太阳光,而是因为别墅本身的水泥墙壁与屋顶直接接触太阳,缺少将热量吸收分散掉的因素,而冷则是因为冬天它到处都在散热,缺少保温。如果使用一种技术在屋顶铺设太阳能电池,夏天可能会得到降温并能够发电,但冬天是否因为太阳照射不足而变得更冷?在没有同时解决两个问题的前提下,人们经常使用太阳能方案,这便成为人们普遍的需求。其实,人们经常会面对着自己的问题,只看到好处,看不到坏处,即使看到坏处,也不会将坏处作为问题。这种情况非常普遍。人们已经被自己的"日子"给束缚了,人们觉得日子就是这样。只有看到产品,特别是看到周围有人已经使用了它,才会提醒自己也需要改变。

顾客自己的需求信息经常处于潜在状态,但如果连自己都不知道,那还有什么人能够知道呢?其实,所有商业都带有假设的成分,也许有人会受到启发,万一真的有这样的需求呢？这意味着，商业有一定的冒险性。顾客需求是需要通过顾客的自我感知、基于信任的体验交流和商业机构的宣传与吸引来认知并建立的。顾客需求的认知是一个递进的过程，当需求被社会普遍认知的时候，新的需求搜集就只是解决硬性需求限制问题了。此外，顾客也可能并不清楚自己有这种需要，比如移动通信，它是在固定通信出现以后被激发的需要，厂商通过技术创新将无线技术运用于移动通信，人们才恍然大悟，认为自己有这种需要。需要并不等于需求，厂商创造了顾客需要，克服了需要认知障碍以后，还要帮助顾客克服购买力障碍。

需求又是分散的。在人群之中，经常面临着需求相同或相近，但需求并不集中，它们可能均匀地分布在不同地区，也可能不太均匀地分布，即使在非常落后的地区，也有与发达地区某些人一样的需求。分散的需求给信息流和物流都带来了巨大的麻烦，信息流会因为空间阻隔而形成信息闭塞，让市场处于分割状态，企业根本不知道需求者的情况。但更为重要的是需求者没有通过商业环境受到启发，没有收到能够满足需求的信息，因而让需求处于受到抑制的状态。网络技术的普及，大幅度地消除了这种信息阻隔，但空间的分散仍然受到物流成本的限制。当需求集中的时候，物流成本会因为顾客对物流成本的分摊而降低，这会为顾客和企业带来利益，每个顾客都在利用集约性为自己创造增加利益的可能。分散的需求需要有一个解决方案来支持，不然会因为分散带来的成本上升，使需求处于潜在的状态。在网络时代，互联网思维中有一个概念叫小众思维，其含义是无论多么小的需求也可以在互联网上汇集成一个大的需求，这是在几乎没有成本的信息流、物流高度发达的前提下给出的结论，如果缺少这些条件，这种汇集就不能形成。

需求的隐秘与分散往往是结伴在一起的。当需求被企业定义过窄的时候，可能会专一、明确，但需求可能就会分散在不同空间之中，造成了不太集中。而需求定义得比较宽泛的时候，虽然每个地区都有一定的需求规模，但所揭示的需求可能不那么准确，人们理解这个会比较困难，造成启动需求的困难。

（2）需求搜集的原理

需求搜集是指企业能够为顾客创造价值并通过一套商业体系传递这一价值的市场信号，实现对顾客的启发、启动、吸引，直至重构顾客认知的活动。它包括对顾客价值识别、创造、互动、沟通、教育、传播、渗透等一系列环节，其目的是让顾客感知产品或服务的意义，破解顾客的需求障碍，将隐蔽的、潜在的、分散的需要显性化、明确化。

需求搜集的假设前提是顾客具有认知上的非主观意识，需要企业对顾客的需求加以引导，而顾客对需求的认知是一个进化（学习）过程。当需求被一部分人认可后，

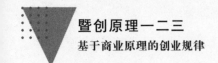
就可通过这部分人的需求影响周边人群的认知，以周边人群的消费行为和个人体验感受需求的意义，而一旦参与消费并通过消费获得好感时，顾客的消费行为可能会被自己所强化。

企业能够把顾客需求先进行暴露，使顾客能够明确自己的需求并提升这种需求强度，进而让顾客感受到获得需求满足的意义。顾客对自己的需求经常处于朦胧状态，当看到产品或服务时才会恍然大悟，有时甚至看到产品或服务仍然无动于衷，需要体验，感受到好处，或者寻找间接的证明，那些已经消费的人群和行为可能成为他们消费决策的依据。也有时，会因为某一些原因拒绝购买，需要企业帮助他们消除这些原因。企业是需求的设计者、召唤者、启发者，也是顾客需求障碍的消除者。顾客可能会有一些抱怨、不安、不满，都是分散和不经意的，而企业必须承担起暴露和明确需求的责任。同时，企业为降低成本，需要将顾客加以集中，在满足不同需求的前提下，让不同类别的需求尽量达到规模经济，如果具有网络经济特征，要越过客户数量阈值，放大顾客的价值。

完成需求搜集必须满足下列要求：第一，存在着数量巨大的隐藏需求；第二，企业能够主动理解这些隐藏的和分散的需求含义，并能够用一套自己的方法将其揭露并汇集起来。企业也能够借助各种公共性的、社会的、文化的、传播领域的手段和知识实现需求搜集；第三，企业能够对完成需求搜集以后形成的资源加以控制，将其引导到商业模型的逻辑之中，让企业获得利润。

企业是需求搜集者，企业具备所有需求搜集的条件。第一，它能够通过市场研究对隐藏的需求加以假设，一旦这些假设被企业的创业行动验证成立，企业就会在新的需求上取得突破；第二，面对所有需求搜集的障碍，只有企业才有条件加以破除，其他机构进行破除既缺少动力，也缺少手段，企业的一项重要任务就是主动完成需求搜集；第三，企业的需求搜集活动不只是信息搜集，更是需求的实现，它是企业为顾客服务的体现，没有这个前提，企业的盈利就不会有根据。

厂商通过需求搜集系统，用集约的方式将这些分散零星的需求集中起来，并用企业的各种专业化规模化方式形成高效率的生产经营，以更高的专业水平、更高的效率、更低的成本满足需求。传统意义上的商业需求搜集过程是一个简单的需求搜集活动，其本质仍然是将隐蔽、分散的需求汇集起来，利用企业的经济学特征加以满足，其原理在现代仍然适用。企业需要通过规模化获得节约，以降低成本并惠及更多顾客。假设顾客有需要，却缺少购买能力，前期购买的顾客数量便有可能成为企业规模化生产的依据。企业经济规模增大以后，成本会降低到其他顾客足可以购买的价格水平，需求就有可能被低价格吸引出来。需求规模也会扩大。"集"是企业能够帮助顾客形成需求（主要是提高他们的购买力）的重要方法，也是需求搜集的基础职能。

需要强调的是,"集"所节约的不仅包括生产成本,还包括大量的营销成本。

"搜"主要面对隐蔽的需求,人们并不知道自己存在着这样的需求,是企业怀疑并发现了一些顾客可能会有这样的需求,这要将私人需求信息表露出来。教育是一种让人们自觉成为顾客的手段,让顾客尝试和体验,更是揭露自身需求的方法。但更为重要的"搜"是在产品的其他方面,用企业的力量化解需求障碍,提供明确而有吸引力的价值主张,并借助各种可能的手段,让已经对产品或服务有所认知的顾客产生外部性,影响市场,带动和教育其他顾客。

总的来说,需求搜集是通过价值主张、需求障碍消除和需求集中三个活动提升顾客的购买性价比,从而达到让顾客能够形成需求和维持需求的目标。概括地说,需求搜集完成下列基本任务。

第一,明确价值主张。企业要明确自己的任务,通过价值主张来表达自己所倡导和承诺的内容,让企业与顾客建立价值观上的联系,形成对顾客需求的呼唤和动员。

第二,清除需求障碍。也就是假设顾客即使不需要动员和号召,只要把需求障碍消除掉,顾客的需求也会自动形成。所以企业需求搜集的重要任务是清除需求障碍,这也是企业形成商业逻辑重要的一步。

第三,建立"三流"(信息流、物流和资金流)渠道,完成供求沟通和汇集,形成可控资源。商业在本质上是完成"三流"的活动,不是分别完成,而是统一完成的。通常是以信息流为主导,信息流指导着物流和资金流。需求搜集是构建信息流,是以企业为主体将顾客搜索集中到自己身边的活动,并通过自己的集约化方法为进一步搜集需求提供低成本获得的条件。

(3) 价值主张

1) 什么是价值主张

"今年过节不收礼,收礼只收脑白金。"再没有比这一广告更能体现价值主张内涵的广告了,也不能再举出一个可以有如此大业绩的商业模型的广告了。这家企业不是因为产品好,而是因为商业模型设计得恰到好处。其重要的特点之一是它们站在老人的角度,要求孩子或者孩子的代表送礼时,不要忘记送脑白金,并且只送脑白金。脑白金是商品名,不是产品名。广告中,老人需要的不是保健品,而是保健品中的脑白金。广告替顾客做的定位是收礼的老人,只收脑白金,其他不收。

价值主张是指企业以顾客立场来看待产品或服务,为顾客获得价值而拥有的态度和立场。它包括了以下几个意思。

第一,价值是顾客的,顾客感受不到,价值主张帮助顾客感受,它确定了企业服务的对象(Whom)。

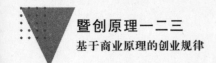

第二，主张是唤醒顾客对自己价值的渴望，因此，主张是有内容的，而不是只讲意义却没有解决方案。它要确定企业服务的内容（What），这个内容要与服务对象追求的价值保持一致。

第三，企业可以参与这个服务，如果不能参与全产业链，那么还有谁能够参与产业链，自己（Who）如何定位？因为谁都无法成为全部，可是产业链是产业的主导和核心。企业是替顾客主张，也是替自己主张。替顾客主张是实现他们的价值追求，替自己主张是可以满足他们的价值追求。它代表了谁能参与服务的愿望，是企业自己，还是企业与其他机构一起共同完成这个价值主张。价值主张体现了暨南大学创业学院倡导的"3W"（Whom——为谁服务，What——服务什么，Who——谁来服务）的思维，其次序表达了从顾客到自己，以顾客为中心的商业理念，它是一个比较简单的商业思维，却有着深刻的商业含义，也有着广泛的用途。

作为主张，主要是企业开展倡导、揭示、明确、说明、号召、阐述意义的活动。正如前所述，所有消费者都有借助消费来获得价值的要求，但是消费者未必讲得清楚自己的消费意愿，即使那些有理性思维的人能够讲清自己消费的意义，也需要企业把这个意义与其他发现的意义汇集起来提供给顾客，以启发顾客获得这些价值。企业是站在顾客立场上看待自己的产品或服务的，它们需要首先把自己当成顾客，对某些情景下的应用以及所解决的问题加以想象，然后再向有可能的"顾客"介绍和表达自己假想的感受，以产生启发需求的影响。也就是，价值主张是企业以假想的方法为顾客价值进行的说明。

企业必须有假想的精神，但同时，企业也要有自己需要这种价值的验证。企业是"己所欲，施于人"者，企业先要有对自己的产品或服务价值进行验证，有了足够的认同，甚至是深刻的认识，达到形成"欲望"以后，才能够将这种假想的产品或服务推向市场。如果连自己都不能称赞，缺少感受，甚至无法接受，怎么可能有具体的内容和深刻的体会去说服别人来尝试接受你的这个产品或服务呢？企业的"欲"是全体员工的"欲"，是企业把自己当作第一个顾客看待自己产品的行为。顾客的价值需要懂得企业价值的人去主张，企业需要充当这一角色，一是因为它们模拟过顾客的感受，不然它们没有资格经营这些产品或服务；二是它们在主张实现后可以获得利益。

总体上，价值主张就是企业以假想的精神，向在市场中可能存在的自己定义的顾客宣告，你们有这样的需求，我可以满足你们的需求。

2）如何进行价值主张

正确的价值主张应该是面向"对的顾客"，借助"对的渠道和媒介"，讲"对的话"。所谓对的顾客，是指企业通过对市场的观察和分析，假设"最需要"这种产品或服务的人。他们是痛感人群，他们正因为没有企业的产品或服务而陷入痛苦之中，所以，他们容易接受企业的价值主张。最需要快递服务的人,当年只是商务人士,一旦延误会失去商机和信誉,所以快递业务最早期的顾客只是这些商务企业。早期购买者对企业的贡献不亚于企业员工,特别是那些产品开发者的贡献,如果商业设计没有对"最需要"的人群作出假设,只想愿者上钩,第一批购买者迟迟不能出现,商业可能将面临失败。

企业的员工可以成为"第一批"购买者,但他们多不是企业假设有最迫切需求的人,他们只能去模拟这种角色。不过,如果企业产品具有大众化,比如新型电器,员工作为第一批购买者是非常可能的。

第一批购买不只是给企业带来了现金流和信心,也让企业有了带动周边群体认识产品或服务的渗透力。任何一个人都存在着向周围人群施加影响的能力和愿望,新奇的消费更会促使其对周边的人群产生影响,他们的消费感受与体验也成为别人能够消费以及消费会带来好处的证明。

这是两条基本原则,即"有欲原则"和寻找"第一批顾客原则"。

所谓"对的渠道",是指有效果的信息渠道。不同顾客接触信息的渠道并不相同,为了让他们容易接触到,提高对价值主张内容的接受度和信任度,需要选择发布价值主张的媒体工具。

所谓"讲对的话",就是用生动和形象的方式让顾客感受到自己的痛点与对产品和服务的期待。"今年过节不收礼,收礼只收脑白金",让人们感受到如果过节不向老人送礼就不对,而送脑白金可以为老人解除期待,反复播放的广告让老人的期待被强化。

所以说,价值主张,首先是企业为顾客考虑,而主张则是体现企业责任,因为消费有着重要的社会意义。倡导什么样的消费,表达了企业对未来社会的追求,也会形成企业在顾客和社会中的形象。有一家做艺术旅游的公司,开始主要是做欧洲市场,借助旅游实现民间的深度文化交流,这是其中的一个环节。让中国游客懂得艺术,这肯定不够,因为这不是交流,而是学习,需要进一步扩大外国人来中国的文化学习,也需要中国人通过旅游的方式对自己的艺术进行解读和学习,其公司在获得顾客青睐的同时,也会受到社会的赞扬。如果脑白金把挣来的钱,进一步开发尽孝产品,这是一个巨大的市场,也会得到社会的更高认可。如果企业不能为顾客带来顾客可以感知的利益,就无法调动消费者的购买动机。但如果企业不能从正面开展业务内容,就会失去社会责任,也会在未来失去市场。

企业要替顾客主张,但企业并不是真正的顾客,在主张中有可能会出现过度的"己所欲",高估顾客的效用,把价格制定得过高;也有可能低估了顾客端的价值,虽然实现了销售,却没有形成较好的企业收益。企业真正从顾客一端挖掘价值,将一些顾

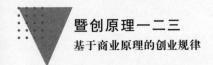
客在消费中可能形成的价值揭露出来,才是价值主张的根本意义。

价值主张是企业做出的,所以有一些人认为价值是指企业的价值,这不符合商业逻辑。企业追求的不是自身的价值,而是为市场中的假想顾客服务。商业逻辑的第一个环节是企业的产品或服务能够让顾客接受,如果只讲企业的价值——企业就没有实际意义了。比如有人说"企业总要赚钱",这种价值的含义顾客不能接受,因为企业的生死与顾客无关,企业赚不到钱是企业的事情,是企业自己造成的,不是顾客造成的。

3) 价值主张的方式

广义地说,企业每一个行动都在进行着价值主张。因为企业的行动代表企业在影响着社会,表达着企业的追求,这些行动可能是研发、产品生产、服务及其他流程,以及相应的各种表达。

- 产品及企业的研发、生产活动。企业把自己利润的多大比例用于研发表现了企业要做哪一类企业的态度,它们投入广告,可能是希望自己去做品牌企业,如果还投入到售后与高保障,表明它们真正追求企业品牌;它们投入研发,说明它们希望自己做创新企业;它们投入服务,以精细服务征服顾客,表达它们以服务取胜的追求。一家企业的投入结构代表了这家企业的价值取向——以什么方式来获得市场认可。它们的手段是它们的产品或服务,如果产品常年不变,或者更新频率低于行业平均水平,它们就不是创新企业。如果产品依靠设计,不断形成一些贴近顾客需求的新款式,它们不是以研发为主的企业,而是以设计取胜的企业。产品或服务是企业价值主张的根本表达,不论企业怎么说,根本的还是要通过产品或服务体验来验证,即使企业没有表达,产品或服务也可以代表企业表达。

- 产品包装。产品包装是产品功能的外延,也是产品概念的组成部分,有着与产品功能相似的价值主张作用,特别是那些可以通过包装给消费者带来附加值的商品,如饮料、速食品、水果;通过包装给顾客带来方便使用的调料、纸巾;通过包装给顾客带来安全可靠使用的药品、洗涤剂等。

- 商品名。它是产品或服务的语言表达,是基本的也是最重要的表达。许多企业不重视这一表达的作用,商品名取得很随意,浪费了企业商业资源,甚至损害着企业形象,降低了企业水准,污染了社会文化。首先,商品名表明了企业为顾客着想的愿望,是从顾客角度表达的一种向往。当年的"学习机"是段永平起的产品名,"小霸王"是商品名,都非常有意义。学习机软化了家长和孩子之间的矛盾。因为孩子想玩游戏,家长不同意,家长希望孩子能够掌握未来社会需要的技能——打汉字;孩子只要能玩,就可以接受,所以"学习"+

"游戏机"＝"学习机",这就变成了家庭的和谐产品,孩子既能够成长,也能够娱乐,用一款产品为家庭排忧解难是一个很不错的营销策略。他设计的商品名"小霸王"更加强化了适应未来社会所需要的基本能力,也意味着在20世纪90年代初期,企业对未来社会的判断,企业的倡导是在引领顾客的未来行为。商品名还承担着凝结企业无形资产的责任。一个好的商品名往往是企业最后的经营资产,当企业倒闭或者面临经营危机时,商品名会给企业带来起死回生的机会。但是一个形象很差的商品名,可能只有知名度,却没有美誉度,其价值不会太高。这意味着,企业的商品名不能只考虑商业利益,还要考虑社会感受,包括追求与表露自己的价值追求、文化内涵和感染力。

- 产品说明书。它是一种价值主张方式,它的详尽程度和阅读方便程度能够让消费者感受到企业的态度,能够让顾客接受企业替自己做出的价值主张。产品说明不只是一个对顾客而言的产品使用说明,同时也是一个企业从顾客角度出发解释产品,进而使顾客更好地认识产品的工具。简单明了的说明,可以让顾客对产品理解得更容易,不会出现误读,甚至可能会读起来生动、有趣,顾客愿意阅读,并因此容易安装、拆卸,经常使用、反复使用,乐于向周围的人展示,不容易出现失误操作。一旦出现产品的使用说明不详细、难懂、外文过多、琐碎等问题,不但安装、拆卸存在着困难,人们也不愿意多用,这种产品大概离人们的抱怨就不远了,顾客向周围的人施以负面的情绪信号也就不太远了。这不是正面的价值主张传递,而是负面的价值主张传递。

- 广告、推销词。广告与推销词都是企业主动的自觉宣传,和前面隐含的价值主张相比,这种价值主张更加直接,更有动员性。尽管西方一些国家对广告的劝诱性给予立法加以阻止,但有时,广告所形成的暗示和对商业主体关系的重组,仍然十分有意义,这不是劝诱,而是对产品的商业定位。以脑白金为例,它们的广告直接将脑白金定位成礼品,而且暗中加入了排他性,因此,重新构建了家庭关系——孩子奔走闯事业,父母在家候佳音。相比广告,推销词是更加灵活的说服和劝诱,可以根据顾客当时、当地的环境进行说明和动员,其中最重要的说明是,顾客相信什么手段,就借助什么手段。比如,多数顾客相信科学实验,一些企业就采取科学演示的方法,以工业旅游的方式吸引顾客进入企业,再通过各种科学展示和现场体验来表达自己替顾客所进行的价值主张。董明珠也经常在她的产品展示大厅接待一些由朋友带来的访问团。她对格力开发的新产品"如数家珍",这种境界可以让人们知道她对企业的热爱。在对一种洗衣机的静音效果进行介绍时,她借用一位员工的话讲她们的这款静音洗衣机"洗完衣服,上面立着的铅笔都不会倒",以此来说明

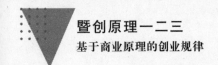
洗衣机有多么的低噪声。你会想象,这是一款不会扰民的洗衣机,在人们越来越忙,越来越需要晚上洗衣时,静音有多么的重要。

- 嵌入式广告、短视频和软文。它们也都是价值主张方式,是借助公共媒介的价值主张方法。嵌入式广告往往是借助影视作品,在具体的剧情和镜头中使用特定的、有商标标识的产品,甚至还用特写镜头,刻意地表现这款产品。围绕这一产品展开专门的情节,其价值主张不仅是产品名称的传播,也可能会强化其功能、附加效用和与新的生活方式相关的社会影响,其中具体的环境会让人们懂得这种产品使用的过程、好处,防止可能出现的坏处,以及配合的使用条件。有类似作用的短视频是专门的产品说明,针对难以用文字表达的使用说明和预计的使用难点,用短视频方式加以解释,它的渲染作用更加直接。那些由企业,特别是企业老板和高层管理者亲自做的讲解可能会更加打动顾客,因为这是一个以人格进行担保的传播途径。那些以用户使用者的身份拍摄的短视频更加具有旁证性,也会产生亲切感。企业退居第三者,由顾客自主评价,对产品的评价更加公正。与上述价值主张方式不同,软文是一种企业价值观的表达,产品或服务只是这种价值观的证明,软文的直接目标是传达企业价值追求,弘扬企业的主张,并由此产生社会价值,特别是潜在顾客对企业的好感。软文以及公益广告都能起到间接传递价值主张的作用。它也是在替顾客传达,是顾客想说,但没有机会去说的话。

这些方式相互之间并不矛盾,只不过有时企业会受到财务限制,而只选择了其中的一些方式。企业如何选择是一个策略问题,但企业必须明白自己的任何商业行动都代表了自己与顾客的共同追求,而不是随意的安排。

（4）需求障碍及其消除

需求会自动形成吗？如果企业已经开展了价值主张,顾客也接受了这种价值主张,顾客就会形成购买行为吗？我们经常看到一些顾客犹豫、望而却步,并非是他们没有需要,而是因为存在着需求障碍。也就是,在明确了价值以后,企业还有一个重要责任,就是帮助顾客消除需求障碍。

艾柯卡大学毕业时是本校唯一被选入福特公司的毕业生,他向同学吹牛,说自己要在 15 年内成为福特公司的总裁。一年以后,他在自己的工作岗位上没有任何起色,而福特公司的业绩也在直线下滑,于是他主动要求去销售部门。报告递交到公司副总裁手里,问他去业绩好的地方还是差的地方,他要求去业绩最差的地方,于是他去了费城。时间马上就要到 1956 年了,他提出了一个促销方案,广告词是"用 56 美元,买五十六型福特"。这是第一次汽车按揭销售,首付 30%,其余每月付款 56 美元,

18 个月还清贷款。通过这种按揭销售方式,他们赚得了商业利润,还顺便赚取了一点点贷款利息差(或中介服务费),费城地区的业绩从全美的最后一名跃升到第一,这位名不见经传的小字辈也令人瞩目地开始受到重视。

面对需求障碍,企业家要有所作为,艾柯卡就是这样的人。他知道,太多年轻人买不起汽车,存在着需求障碍,但他们有未来,可以用他们未来的收入购买。这种创新思维让他在进入福特公司第 14 年的时候,提前一年真的成了世界知名公司的总裁。

看不到需求障碍,甚至在企业字典里都找不到这个词汇是企业家过于天真的表现,他们总以为企业开发的产品很重要,却不知,还有更重要的一些因素,比产品性能更加重要,这就是需求障碍。如果需求障碍没有消除,顾客的需求就无法顺利形成,企业为了研发产品而付出的努力全部没有意义。消除需求障碍不是推销,而是从顾客角度发现构成需求的障碍,这不能由顾客自身去消除,也不能等待政府使用公共品的方法消除,而一定要由企业主动去消除。一方面,企业消除顾客需求障碍可以率先打开市场;另一方面,先声夺人,可避免因公共政策带来的竞争。

消除需求障碍先要识别需求障碍,再根据不同种类加以限制和破解。主要的需求障碍有下列几个方面。

第一,认知障碍。这是人们不能理解产品或服务,看不到这种新产品或新服务的价值,而造成的不能理解,甚至可能出现排斥情绪。人们往往以个人经验认识周围的事物,当一个新的事物出现的时候,人们因为不敏感、各种担忧,害怕改变带来的麻烦,因消费的惯性造成了拒绝接受新的事物。许多投资人都惧怕这种障碍,如果一个创业项目过于陌生,需要企业支付很大的培训成本时,他们认为,这不是机会窗口,从而选择回避。消除这一障碍唯一的办法是培训,但是,如何让人们能够有接受培训的机会呢?这是非常困难的。广东有一个地方是家电生产重镇,有一家企业的老总特别喜欢用紫砂电器做饭;他想能否用紫砂做电器厨具。开始时,他只是一厢情愿,市场没有任何反响。为了克服市场的认知障碍,他开了一家饭店,全部用紫砂电器做厨具,并且还有一个柜台,大家觉得好吃就购买紫砂电器,此举终于打开了市场。这些现场演示、工业旅游都在增加顾客的感受和体验,也有的企业会采取现场科学演示使顾客信服,还有的使用了权威背书,这也是一种比较有效的做法。

第二,方便使用的障碍。顾客的成本并非只是购买价格那么简单,还包括在安装、操作中可能存在的障碍,使用过程中的耗电、耗材以及人工成本,维修和保养的直接成本与时间成本。我们可以把这些大致分为显性成本和隐性成本,显性成本是顾客能够意识到的,而容易忽略的是大量的隐性成本,特别是在使用过程中形成的别扭、不方便,甚至是无法使用、使用条件要求过于苛刻都是顾客不能形成需求的原因。

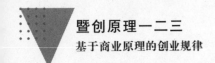

如果一个页面打开时间过长，人们会觉得等待时间太长，存在着时间浪费而放弃；如果进入一个网页或 APP 需要填写的信息过多，过于复杂，也会造成人们的不便，人们也会放弃这些产品。这些顾客购买时没有意识到的需求障碍，会在使用中体验到，他们会向企业抱怨，让后来的顾客懂得了不能购买这种产品的理由。因此，企业应从顾客的使用情景出发，根据顾客的情景设计产品，最大限度地减少顾客使用障碍。比如过去罐头的设计存在着难以打开的不足，需要用钳子才能打开，现在改进成其他方法；饮水机的滤芯不方便更换，现在有了新的设计，方便更换；过去的设计特别重，不容易手持，现在设计得更加轻便，等等。

第三，顾客需求结构障碍。需求是需要与购买力相结合，两个条件缺一不可，有需要没有购买力不行，有购买力没有需要也不行。因此有一些企业只关注这两者之间的关系，并设法将其组合起来，但实际上即便是需要，也存在着需要是否成立的障碍。家长通常是支付者，如果他们不同意，即便孩子有强烈希望也不能形成需要。游戏机多是家长反感给孩子的产品，而孩子却都不自觉地需要这款产品。为了让购买者也有需要，段永平把游戏机改造成了有汉字输入练习功能的游戏机，用"学习机"代替了游戏机，消除了家长的购买顾虑，让家长和孩子都乐于接受。这样的产品还有很多，如嘉宝莉儿童漆也与其类似，只不过儿童并不知道自己的房间是完全没有甲醛的水质木漆。通常的情况下，需求者不是一个人，因而在需求结构中，需要深入分析需求结构障碍，用可能的方法，引入一些中间变量，比如脑白金中的"礼"，让一家人通过送礼和收礼，使本来存在着的老人没钱（没有购买力条件），孩子不认可产品功效（没有需要）这种需求结构障碍，通过家庭需求的整合，最终形成统一的需求。

第四，伦理障碍。伦理是当时社会文化、传统习惯的表现，受到伦理影响，人们的需求会变得隐秘、不想暴露、感受不到问题和需求，甚至对有一些行为有较大的排斥。夏天，厨房很热，但没有人想办法解决，其重要原因是人们认为厨房就应该这么热，特别是那些家庭主妇对厨房的热有着高度的忍耐。有人只把它总结为是惯性思维，其实，这里存在着伦理障碍。一些全新的产品或服务有违传统观念，中国习俗讲玩物丧志，形成了人们对玩的排斥。当年 QQ 出现时，人们都不能理解它是做什么的，不知道它能够为人们提供什么。经过几年的市场渗透，许多人都悄悄地使用了这一工具，后来才发现，原来它是为了帮助人们打发无聊的，不论是玩，还是聊天，还是其他开发得比较"正面"的功能，都让它逐渐成为人们生活的一部分。还有一些，涉及到社会伤害，人们不愿意讨论，比如离婚率高企和家庭稳定性不够好，人们只想通过社会手段解决，就没有想过使用商业手段来解决。梦芭莎经营女性内衣，以大幅度提高内衣价格激励需求，其中一个重要的原因是它们看到了家庭稳定与内衣的关系，用适当的高价，化解了需求障碍。

第五,购买力障碍。在影响需求的因素中,购买力的影响甚至超过了需要的影响。如果考虑了人们的贪欲,会发现,只要价格低,人们即使没有需要,也会有购买的行为。在正常的情况下,人们没有钱不能购买某些大宗必需品,这是现时购买力不足障碍。由购买力形成的障碍,是假设未来可能没有购买力障碍,至少是主观上存在着比较乐观的判断,认为他们未来有支付能力,这样可以引入第三者,将金融企业或者租赁企业等引入进来,以按揭、租赁的方式获得这些商品的使用权。当然,购买力障碍也经常需要企业帮助解决,这就要设法降低成本和价格,主要是通过企业利用规模经济,扩大规模以降低成本。福特公司创立时,他们的主要客户定位为农民,但农民只有 800 美元的购买能力,而 T 型车的成本是 10 000 美元。福特经历了三次创业两次失败,最后一次创业成功靠的是它们发明的"福特制",即流水作业、部件标准化、汽车分销制和五美元工作制,从而使 T 型车的价格降低到了 800 美元以下,还把车送达到农民的手中。

第六,使用的规模障碍。用户规模会给用户带来许多方便,某种产品还没有得到普及,人们会因为互换性、网络性不足望而却步,这就是使用端的规模障碍。任何消费都会有网络效应,至于那些互联网消费就更不用说了。这是因为任何消费都可能通过产品之间的互换性为自己提供安全保障,另外的商品成为自己消费的后补;极端的互联网,其效用由网络内的用户数量决定,进入网络者的预期效用与内部用户数量成正相关关系,当内部用户数很少的时候,进入者动力不足,当内部用户数很多的时候,进入者动力会变得无穷大。因此,达到用户阈值变成了网络企业的关键。用户达不到规模,企业就可能会夭折,企业的重要任务就是全力以赴,使用户数超过用户阈值。这是由网络规律决定的。虽然普通消费没有明显的网络规律,但规模会形成网络效应,用户间的经验交流、消费知识的普及、使用中的错误纠正都可能与用户数多少有关,因此,企业都会对早期使用者给予足够的利益引诱,以破解"别人不去消费,我也不去"的僵局。

第七,使用配合的障碍。许多产品的消费需要相互之间的配合,如果没有这些产品的配合,或者在配合不好的情况下,产品效能会大打折扣。例如,电动汽车早期不能快速进入市场,主要是因为充电时间长,人们对充电时间过长,有着较大的反感。表面上,是电动汽车的问题,而实质是人们把加油时间作为一个标准,按这个标准来衡量充电时间。类似的,如果话筒、遥控器的电池使用时间太短,或者更换电池过于频繁,也会限制人们的使用需求。电视机越来越为老人所使用,但是电视虽然比较简单,而操作系统的页面却越来越复杂。一些产品包装过大,也不能拆分,如冰箱,就属于这种配合的障碍。顾客的能力非常有限,他们只有选择能力,没有创造能力和掌握的能力,降低对其他产品的依赖,可以让顾客获得节约,带来使用上的方便,这就是在

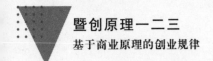

消除使用配合的障碍。这种配合的障碍往往开发者想不到,因为他们不是消费者。企业需要转换角色,真正站在消费者角度设计产品,清除消费障碍。比如,把无线话筒设计成充电话筒,话筒架就是一个充电器,话筒只要闲置就处于充电状态,这是将电池与产品一体化;在大包装内设小包装,拆分后可以随意放置。有一些企业的商业模式利用了配合障碍,通过非标准产品建立自己的壁垒,打印耗材就是一个比较典型的例子,打印机企业以低价格获得市场需求,再通过高价格的耗材赚取利润。一些企业设计产品时往往只关注产品的功能,却不怎么关注产品使用的配合问题,造成了需求障碍,自己却浑然不知。

第八,需求实现的环境障碍。许多产品需要外部环境的支持,这些环境并不能由产品生产企业决定,而是由基础设施或国家制度决定。比如,当低压输电系统容量过小时,电器就没有使用的环境;缺少足够的法定假日,人们没有时间休假,旅游需求也会受到限制;城市中的各种标准也会造成许多产品无法自由使用。也有一些产品表面上可以自由使用,其实是存在着道德风险的,比如共享单车,严重挤占公共空间,在一些国家受到限制,中国也有许多人对此进行批评。1998 年,中国借助宏观调控,大规模建设输配电系统,让家电使用环境不再受到容量限制,大大地释放了中国家电需求,也促进了中国家电产业的崛起。企业多只是这样的环境的利用者,当发现基础设施环境出现了变化时,企业应该留意和警觉,因为一场重大的需求变革可能即将出现。

第九,诚信障碍。人们不愿购买的重要原因还有可能是不相信企业,如果企业缺少足够充分的市场检验,或者缺少外部的诚信环境保障,需求就会面临障碍。在企业经营时间不长、积累市场信誉的意识不强、没有足够的市场信誉的情况下,顾客购买信心不足,其本身就存在需求障碍。如果企业存在着诚信瑕疵,商业上的失误可能带来持续的诚信障碍。对于企业,特别是刚刚推出新产品的创业企业,无法证明自己的信誉,需求的诚信障碍会更加明显。这时,企业需要以自己的行动(不是语言)证明自己的产品是值得信赖的,这样才会逐渐建立起信誉。如果认为自己这样做会失去市场机会,可以与其他有信誉的企业合作,共同克服诚信障碍。

(5)渠道构建

需求能否形成还受产品渠道的影响。传统意义上的渠道是通过顾客规模为顾客节约渠道成本,这些渠道可以使用相同的物流运输、仓储以及相应的管理,可以帮助共同使用这些渠道的企业节约人力、物力成本。但现代意义的渠道,不仅帮助顾客节约,还在帮助顾客与企业进行信息沟通。

对于顾客不能明确意识到的需要,或者这些需要无法转变为需求,企业要了解,通过自己的努力,为顾客创造能够了解受到哪些需求障碍因素限制的机会,这样的渠道对发现顾客需求来说十分重要。一个好的渠道,应该是有效汇集顾客与企业信息联系的通道,应该是在让顾客增加成本负担最小的前提下,获得最多的产品和服务信息,或者让企业获得真实有效的顾客信息。企业可以作出渠道选择,也可以根据整合营销思想对信息渠道进行协调,让顾客通过不同渠道强化对产品或服务的印象,连续以不同方式得到相互印证的印象,从而达到强化企业对顾客进行信息施压的效果。但是本书更加强调"暨创一"的思想,就是要把顾客当作在不同情境下进行消费的探索者,并建立好与顾客沟通的信息渠道,接受顾客意见和建议反馈,从而为企业改进提供动力和智慧来源。

现代社会的一个重要特点是,企业的信息渠道正在转向互联网,特别是那些自媒体。它们不仅有着较强真实性和感染力,更为重要的是它们容易形成互动,并且也容易让信息得到传播。比如自媒体,已经是一个企业无法绕开的重要的信息渠道。

既然价值主张、需求障碍消除和渠道建立都需要以业务为前提,那么产品和服务是否就可以僵死地等待着商业方法的驱动? 其实读者可能从前面的分析中已经看到,产品和服务的基本功能与质量仍然是价值主张、需求障碍消除,甚至是渠道建立的重要因素。以商业原理讨论,理论建设不存在功能与质量障碍,但并不意味着产品功能、质量与服务不会对商业产生影响。传统经济中,企业完全靠产品和过硬的服务,是没有多少商业模式驱动的;今天则更加强调产品与服务的设计要接受商业模式的引导,把它们也作为商业工具,而不是把两者分隔开。

5. 盈利构造

(1) 为什么要盈利构造

企业获得盈利并非是一个简单的活动,它具有策略性,由企业战略决定,是企业刻意构造的结果。盈利构造是企业将顾客接受的产品或服务所产生的直接或间接收益转化为企业利润的活动,它包括产品或服务的内部利益和外部利益的识别、收费分布与构造、外部利益者引入、衍生利益构造等,是将产品或服务出售后所带来的所有效应内部化的过程,也是企业对利润重心进行安排与利益内部转移的过程。

盈利是构造出来的。这句话代表了商业模型的重要思维。最初,打印机行业就是将打印机直接出售,没有进行盈利的设计。喷墨打印机技术出现以后,它的打印速度比针式打印机快了许多,对耗材的需求也一下增大了许多,这样好的功能一定具有比针式打印机更强的需求。如果允许耗材企业随意生产耗材,打印机企业只能得到

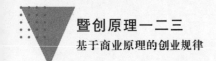
一点点打印机出售的利润;如果把打印机价格抬高,可以获得垄断利润,却有可能阻碍顾客并诱发竞争者进入。作为喷墨打印机的生产企业,惠普公司决定将高技术、高成本的打印机以低价格出售,以此来排挤竞争对手,把针式打印机企业挤出市场。同时,使用了排他性的自立标准,将专利的使用权转让给打印耗材企业,通过高价格的打印耗材形成利润,再参与耗材企业的利润分配。构造盈利是把各种资源、权利和关系都用在盈利构造之中,发现自己创造的潜在资源,并将资源引导到盈利之中的活动。

许多企业不能盈利是因为它们的盈利构造能力弱,看不到自己已经创建的资源。而现代企业的一个重要特点就是能够发现潜在的可以变现的资源,这成为区分现代企业与传统企业的一个重要指标。

传统企业不是没有盈利,比如,为了排挤竞争对手,将价格和利润有意识地变低,或者为了打击竞争对手,以亏损为代价进行降价倾销,然后再借助自己的垄断地位抬高价格。这样做的结果往往又会引来新的竞争对手,企业不得不再次进行价格血拼,最后处于利润的波动状态。也有的企业认为盈利完全是由出售产品或服务形成的,它们期待好的知识产权环境,并用知识产权来形成垄断,保护自己的利润,使用深化服务的方法吸引顾客,维持着高额利润;也有的企业采取渠道控制,尽量让渠道成为维护自己市场垄断地位的影响因素。当然,也有的企业设法谋求政府的行政保护,用行政垄断的方法保护自己的利益。这些都不是盈利构造,或者说不是基于商业模型的盈利构造,而是通过增加企业的垄断因素来维护自己的盈利。与现代企业相比,获得盈利的传统方法很容易诱发竞争,或者造成反垄断指控,而现代企业理念下的盈利构造多不会造成这样的问题。

(2) 盈利观念

所谓的盈利构造下的盈利观念是指以企业目标为中心,完成对实现利润的时间、空间及不同事业的布局,从而实现企业的利润战略,而不是经济学意义上的利润最大化。盈利观念的核心,是企业必须要盈利,盈利是企业的责任。企业通过盈利追求为社会提供福利。但是,企业要实现长期盈利,需要在予与取之间进行权衡,通过予与取的结构变化,实现自己的企业目标。

对待予与取的关系,企业有三种典型的情况。

第一种,连续盈利。尽管事业有所不同,但每一个业务阶段都有巨额的利润,最典型的成功范例是创意产业中的迪士尼,它通过出售动画版权创造了收益和好感,并将好感转换成漫画和收益,再强化这个好感,并向衍生品收费获利,形成形象和故事情节,再将其转换为主题公园获利。它也在不断跨界,但它始终围绕一个资源,并且不断强化这个资源。有一些企业虽然实现了业务多元化,但是业务之间的联系不大,有的还是资源消耗型,即把一个事业赚取的利润转移到另外的事业,消耗了利润,人们对这家企业却只有扩张的印象,而没有强化自己的好感。迪士尼是企业资源经营的高手,这也是由创意产业的特殊性质所决定的。

第二种,先取后予。这是一种先以高价格获得收入,再用高服务进行保证的策略。它以持续的高价,为高保障创造收入条件,并通过降低交易成本,增加顾客信任,积累信任资源,形成企业品牌,通过企业品牌获得更大的市场扩张机会。需要指出的是,人们总是在现实利益与长远不确定支出之间进行摇摆。如果价格低,未来保障又强,人们当然愿意,但是企业却做不到。这就要求人们对现实利益与长远利益进行权衡。当人们关注长远利益,愿意接受高价格,实际上是在购买"放心",也就是未来可以有较低的交易成本。比如,冰箱是一个大件,并且通常是家庭的日用品,一旦坏了,冰箱里面的东西都会损坏。冰箱不容易搬运,需要上门维修;如果过了保修期,维修费用可能会远高于预期费用,如果多次上门,顾客的时间成本也变得很高。这样,就会有相当一部分顾客愿意购买服务承诺高、服务质量已得到市场认可的产品,即便他们的产品价格略高于市场,但这样的产品,让顾客感到"放心"。许多用品都具有这种需要未来服务的特征,即便是一些可竞争的服务产品,比如,饮水机滤芯都可以通过后续市场购买到,但如果顾客自己更换,有可能会遗忘更换的方法,甚至可能会因为不专业而弄坏产品。总之,人们因担心这种未来的不确定性和可能的高成本而愿意现在付出,企业利用这种需求,构造盈利时,采取先盈利后保障的这种策略称为"先取后予"。

第三种,先予后取。这是现代企业比较流行的做法,是以价格或者其他优惠作为吸引顾客的条件,以利益来克服顾客需求障碍、培养早期顾客和顾客习惯,再通过规模效益获得成本优势,在成本下降和价格下降时扩大市场和利润,或者再通过现代经济的可控资源化,利用顾客的各种附加资源来获得盈利。福特公司是传统企业的代表,持续扩大客户规模,再用自己的专业化与规模化优势为客户提供质优价廉的汽车。腾讯是现代企业的代表,它先用五年时间培养人们的消费习惯,再通过为其中一部分顾客开展有偿服务获得利润,同时保持着对普通客户基础功能的维护。本书讨论的主要是先低价后盈利的策略,即培育了顾客以后再从中发现顾客资源,并通过这种资源获得利润。

先予后取的盈利构造策略,其本质是调动不同商业对象,将部分利润以补贴的形式回馈给那些关键的对象,进而再获取更多利润。其具体方式可以有如下组合:一是此物予、彼物取,即不同事业之间相互补贴;二是此处予、彼处取,即不同市场的相互补贴;三是此时予、彼时取,即不同时期客户之间的相互补贴。

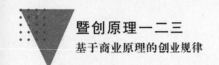
有了盈利构造概念以后,商业活动变得复杂了,盈利活动更具有策略性、结构性和隐蔽性,不同企业会根据自己的目标决定策略的选取,但也会受到自身商业道德的影响。比较典型的两种商业策略是先予后取和先取后予,它们在本质上是两种盈利观的体现。先予后取就是使用掠夺定价思维,通过低价让顾客感觉物美价廉,重点是价廉,挤出竞争对手和锁定顾客后,开始实施垄断定价策略。由于这种定价策略是反垄断法所不允许的,企业会将其变形,比如,惠普用便宜的打印机和价格昂贵的墨盒这种策略,这是最早,也是最典型的商业模式,带动了许多创业者都采取这种方式。在传统商业中,这种先予后取的方法曾经一度流行,表面上低价格渗透,似乎有助于市场竞争,但在顾客被锁定以后,便采取近乎垄断的价格,这种商业现象现在仍然存在。中国的共享单车、代驾以及新式出租几乎都采用了这种方式。这种低价格招引来的顾客,他们只是产品或服务的勉强接受者,他们对价格很敏感,也存在着"短视"行为,在接受低价以后,不得不用高价购买"必需品"。但是人们会明白自己的处境,企业形象最终会因为顾客后悔而受到损害。先取后予是一种先高定价,再高保证的定价思维,中国海尔的成功应该归功于这种思维。其高定价可以获得高收益,而高承诺和有行动的高保障措施,可以让顾客在购买产品的同时,也购买了"放心"。"放心"对那些价格不敏感的顾客来说,具有更高的心理成本,他们愿意购买,是品牌思维的驱动。从顾客角度来看,有可能后者更有"道德",因为一旦价格被接受,意味着顾客认为这一价格是合理的,而后续不断提供的服务都是额外的,他们会有惊喜。先取后予也会体现在社会责任意识上,这样的企业可以通过增加员工福利、增加企业在环境保护等方面的投入,刻意地减少利润,或将利润捐赠给教育基金会等组织。这都是先取后予的表现,体现了企业的道德观念。从这个角度来看,盈利构造不仅与企业商业策略有关,还与履行社会责任的原则有关。

(3) 顾客的资源价值

现在有一句话,叫自带资源,似乎是一个新的现象。顾客会带来资源吗?应该认识到,任何商业活动都会有外部性,多数可以转化为企业资源,但企业往往在商业活动中过度专注于专业化,而忽略了这些可能存在的资源。

外部性是一个经济主体的经济活动对另一些经济主体所产生的有害或有益的影响,外部性又可称为溢出效应、外部影响或外差效应。从假设出发,外部性是指由于市场活动而给无辜的第三方造成的成本,或者说是指社会成员(包括组织和个人)从事经济活动时,其成本与后果不完全由该行为人承担,也即行为举动与行为后果不一致的现象。通常,外部性并不指正的外部性。因为经济人拥有丰富的信息,同时有着强烈的利益追求,它会控制所有利益内部化,而不会让经济利益留在企业之外。这样只把负的外部性称为外部性,其实这是以严格经济人假设作为前提的。真实的情况是仍然会有大量的正的外部性无法被企业全部获得。原因比较复杂,一个重要原因是正的外部性的利用多会形成跨界,这需要企业破除观念上的障碍,还要进行专业化投资以收回这些外部性,这会限制企业跨行业的扩张行为,而专注于企业固有的领域和业务并进行资产运营。

商业模型思维突破了这一观念,从盈利角度看,商业模型的重要作用在于发现顾客带来的资源,并把这一资源转化为企业盈利,在满足顾客需求的同时,也能够找到可以让企业盈利的资源和方法。

以地铁为例,除香港地铁和广州地铁外,全国其他地铁多数在赔钱。香港地铁,特别是广州地铁十分赚钱,原因不仅是广州地铁一开始就把票价定得比较合理,同时,它们大力开发地下空间资源,把地铁当作获取顾客流量的工具,以相对其他交通工具较低的价格和较高的准点率吸引乘客,再把乘客身上的需求转换为跨界的需求,把乘客当作资源,为其服务的同时,也赚取了由他们满足需求时带来的收入并创造了新的利润。

我们可以建立一个模型对此进行分析。为了分析跨界,假设市场上有两个企业,A 企业和 B 企业,A 企业生产 a 产品并有利润 L,同时产生了生产 a 无法使用的外部性 w,B 企业可以借助 w 实现利润 W。由于 w 没有作为商品,所以对于 B 来说,它亦不是成本,或者说,如果利润 $W > 0$,则两个企业的联合利润为 $L + W$,如果 A 企业注意到 B 企业存在 W 利润,则会以资源提供者(控制者)的身份参与利益分配,分配率为 k,则 A 企业的全部利润为 $L + k * W$,而 B 企业利润为 $(1 - k)W$。

当 A 企业创新只有 L 的利润时,它可能面临亏损,其原因是如果把全部成本(TC)加入其中,则会出现 $L < 0$,这样企业的创新将无法进行。但是,如果企业能够利用它所产生的外部性,它的创新活动就可能形成利润,从而能够实现创新。

外部性不仅表现在生产过程中,也表现在消费甚至是产品使用过程中,它可以统称为顾客端外部性。顾客端外部性是与顾客消费同步产生的,顾客消费是顾客的主观追求,但客观上却留下了外部性。主要表现为以下几种。

第一种,用户数量的外部性。由网络外部性、承诺积累、普遍信任等因素决定。网络外部性产生于外部顾客的进入可以为内部顾客带来价值的现象。由于网络消费具有网络外部性,因此,网络边际效用取决于网络内部顾客数量,顾客数量越多,新增顾客能够获得的效用越高,同时,每增加新的顾客都会提高内部顾客的平均效用。由此产生了进入网络顾客效用的边际递增现象,形成两个均衡点,要么没有顾客,要么有无穷多的顾客。当顾客数量超过某个范围时,顾客价值不足,顾客进入动力较低;当顾客数量超过某个阈值以后,顾客价值快速增大,顾客会自动进入,不需要企业过

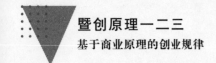

多努力，只是发挥网络效应就可以吸引顾客。商业模型的基本任务是构造产品或服务的网络特征，推动顾客数量超过阈值。

顾客对企业的信任也会呈现累加效应，它类似于网络效应。当企业建立起非常完备的保障体系时，顾客会将企业提供的产品或服务定位为高品质，持久的高品质会演变成另外一种稀缺品，并形成特殊的顾客价值认知。奢侈品多具有这种特殊性。一方面，它必须有高品质体系作为保证；另一方面，它需要长期坚持高品质，由此产生稀缺性，通过对高品质的极度信任演化为高的顾客价值。普遍信任是另外一种商业验证机制。当人们广泛肯定了某企业的产品或服务时，相当于其他顾客为自己充当了保险，不需要自己亲身体验就可以肯定。将外部的高信任与自己捆绑、经得起每个顾客的检验、形成强大的舆论和广泛分布的保证，形成除品质以外的额外信任。这些都与网络内部的消费者人数有关。

第二种，符号外部性。由熟悉而产生的审美价值，包括的固定化产品功能结构、包装外观、商标以及专门以符号来表达的形象，这些形象停留在人们记忆中，带来了行为重复和理念传播等影响。人们生活在符号中，那些以不同形式表现的设计都是符号，反复出现的产品甚至动漫都可以产生强化记忆的作用，进而会形成好感并产生额外的影响。当借助这些熟悉的好感作为资源进一步对人们产生吸引时，就是正在利用符号价值。符号价值的利用会进一步加强符号的外部性，如果不出现审美疲劳，则会形成连续的符号记忆深化。创意产业经常是多波段获得价值，其重要的原理就是符号的外部性。

第三种，心理外部性。是指以实体活动为载体，在使用过程中产生的回忆、体验、寄托、身份等心理感受带来的影响。一些人们参与的活动往往会诱发曾经向往的经历，活动本身并没有太多的实际意义，但可以通过活动的外部性产生价值。这个外部性是通过活动与过程体现的，与结果关系不大。一方面，活动具有虚拟性，结果并不真实，消费者对结果也不抱太多的期望；另一方面，过程需要消费者参与，参与的过程会再现某些情景，这是文学和影视等其他方式难以实现的。相同的旅游经历，甚至"上山下乡"的经历，共同参加的战斗经历，都具有外部性，如果这些活动能够唤起人们的某种回忆，它就具有了外部性，企业可以将这种外部性作为自己的内部性，而将活动的结果作为外部性。这种外部性产生于心理作用，而不是实际效用。

第四种，关联服务外部性。某些消费或生产必然会带来新的消费或生产活动，典型的如打印机，需要耗材的配合。同样的，今天所有可移动的玩具、电器都需要电池的配合。从一般意义上说，所有用品都需要在一定环境下使用，都需要其他产品的配合，这样就会形成对外部需求的带动。有时这种带动是持续又巨额的，比如汽车售后服务的总金额应该会超过汽车本身的价值；有时这种顾客关联的需求是由某种需求带来的便利性决定的。住宅小区里面的各种自助柜台，是为顾客便利而存在，只要购买了"住"的空间，就会形成这样的需要。有一些关联十分明显，比如眼睛有余光和闲暇，报刊以此为根据投放广告；电视台强制地在电视节目中播放广告，则是利用了人们对情节的关切。这些关联的需求是由顾客本身的人性决定的，只要能够"控制"顾客，就可以控制由顾客多方面人性带来的外部性产生的资源。

第五种，使用过程中学知识与锁定的外部性。顾客在购买完成以后会在使用中体验到新的产品或服务用途，这是使用过程中学到的知识。它分为两类，一类是由重复消费而产生的习惯，通过重复使用提高产品的使用效率、安全性、可靠性，达到得心应手，从而产生不能转移的锁定，这种习惯又通过进一步消费被加强，也形成了消费的外部性；另一类是顾客自我发现的产品新功能，超过了厂商产品说明书中的功能规定。这些知识可以将产品效用提高，抬高需求曲线，在顾客间传播可以产生促销作用。将消费行为自我锁定和影响社区相关群体都可能转化为持续需求。

第六种，情感与责任关联。消费是家庭行为，家庭成员的不同地位决定了他们之间的消费具有相互关联性。家长会陪同孩子去海洋馆，因为家长们负有监护责任。类似的，老人有需要，孩子也得设法满足，这是伦理要求，具有外部性。对企业来说，污染、员工伤害、工作环境与企业社会责任等都是传统意义下的外部性，它围绕某一个产品生产而构建可以借助的资源。这些责任如果被强制压缩在企业之内，企业就会形成一个需求，与现代经济中企业主动挖掘创造来的利润有所不同。

现代商业所关心的是顾客端外部性，特别是正的外部性，也关注由厂商带来的品牌影响、外部分工等正的外部性，从顾客角度发现并挖掘这些外部性，协助顾客完成价值重构成为主流。顾客外部性具有隐蔽性和分散性，已受到互联网企业的关注，而在传统商业中因为无法低成本实现而基本上被忽视。在现代商业理念下，企业关注的往往是因为被服务的对象数量众多，因而可以形成潜力巨大的资源。更为重要的是它可以将企业商业活动分解为内部性影响和外部性影响两种活动，内部影响创造顾客价值，外部影响形成企业利润，这在传统经济中是无法想象的，它也使商业活动更加复杂。从这个角度上来看，商业模型不仅仅是一个商业分析工具，也是一个重新发现资源的分析方法，每当厂商注意到这些外部性并构建起与之对应的商业模型时，都是一次重大的商业革命，甚至远比一个产品创新更有影响力，所形成的商业推动力更加巨大。而这种思想本身的革命意义在于把服务与企业获得利润活动分开，企业可以"为人民（顾客）服务，不求名，不求利"，虽然那只不过是企业的第一阶段活动，却因此获得了新的商业动力，让那些原本无法得到服务的顾客获得了服务。在"顾客是上帝"的时代尊重顾客，也就形成了顾客就是资源的观念。

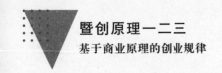
（4）盈利构造

1）盈利构造的含义

创业者赚钱仍然是企业的根本追求，是企业服务顾客的自然回报。先要服务好顾客，才有可能获得利润，没有服务好顾客，就不存在获得利润的前提。但是，一些创业者很容易赚到钱，另一些却赚不到钱，其原因不仅仅在于企业是否努力节约，更在于是否看到顾客身上可能为企业带来的资源、是否可以控制这些资源以及是否可以将其变现。从专业化、规模化、精细化管理中获得节约，把创造利润的责任全部归结到社会生产方式上，而不是商业方式上，这是传统观念。虽然这些仍然是创造财富的基础，但是现代意义的商业活动远比这些要复杂，并且还深刻地影响着社会生产方式。盈利构造在很大程度上是商业概念，而非生产概念。

顾客想购买一盒 10 元的快餐，快餐店的综合成本是 6 元，企业有钱可赚。但是，如果综合成本是 9 元，企业会感到无钱可赚，因为利润低于将自己的创业资金用于其他方面的收益。而有的企业想出一个办法，找一家广告公司，在饭盒上贴上广告（扫二维码），一盒快餐的广告收益可以有 1 元钱，它觉得这个可以接受。能够把盒饭当作饭盒，看到饭盒上的"资源"，再利用这个资源获取收益，这就是盈利构造的结果。

在这里需要强调的是，盈利如同价值是主张出来的一样，它是构造出来的。如果企业不能跳出生产和营销的思维局限，缺乏创造顾客价值的主动性，就会让许多还未被市场所接受的产品与服务停滞在实验室和创想阶段。

只有一种情况，盈利似乎不需要构造，那就是只用产品来赚取利润。顾客购买了这一产品，就消费这一产品，企业可以用出售这一产品的收入覆盖成本并获得自己满意的利润。在现代商业中，越来越多的企业正在把顾客购买行为带来的许多外部性变现成为自己的资源，通过资源出售获得额外收益，让过去不可能的变得可能，让过去的低利润变成高额利润。

从中华文化的角度来看，为顾客服务，与"上善若水"相近。不断接近顾客需求、贴近顾客的需求，像水一样，不计代价地为顾客服务，甚至变成了基础功能的全免费，如百度。在免费时，企业提出相对合理的价值主张都可能让顾客接受，并培养出对这些服务的依赖，顾客不仅在生活中仰仗这些服务，企业也可通过顾客带来的资源转化为别人看不到的收益。

企业到底是在卖产品，还是卖资源，这是一个争论了将近 200 年的话题。在李嘉图看来，国际贸易能够发生不是因为绝对成本，而是相对比较成本。这一结论的重要推论之一是，没有国家完全不能参与贸易，它们都有参与贸易的动力，也能够通过贸易改进自己，当然改进的程度并不平均。而获得诺贝尔奖的北欧经济学家俄林更进了一步,他认为国际贸易是在卖要素,而不是在卖产品,针对产品生产的要素结合,形成了要素优势。要素就是资源,特别是当人力资源理论出现以后,要素更加被资源化了,因而企业实际上是在卖资源。

在具体的商业活动中,如果企业能够找到可以出售的资源,企业就可以拥有控制顾客必须支付的能力。传统上,以产品所有权的控制作为转移的条件,用户使用产品,就必须拥有产品。后来人们注意到,一些耐用品可以转移使用权,其实不用转移所有权,就可以让顾客获益,企业也可以得到收入和利润,于是便有了租赁这种新的商业形式。在这种商业形式下,企业可以根据租赁合同接管这些产品,而且租户必须履行租赁合同中规定的应尽义务。为顾客服务的产品与企业的权利紧密结合在一起,企业只能凭借产品来获得收益,我们把这种方式称为简单商业,卖什么东西,赚什么钱。

然而,现代商业中,人们发现服务客户会产生新的资源,甚至说,只要服务了客户都可能带来新的资源。现在社会流行的"流量即资源",表达的就是这个原理。其中包含了两个问题,一是流量是怎么来的? 二是资源为何会给企业带来收益?

【小 案 例】

曾经有个海洋馆不赚钱,经过两次转手,新的老板请一群朋友前来庆贺,并让大家给出盈利的建议。讨论了许久,终于其中一位朋友,提出用报纸广告招募点子的想法。一周后,一位小学老师想出了"14 岁以下儿童全部免费"的点子,让海洋馆迅速盈利。海洋馆只是改变了一下顾客结构,将顾客进行了分类,儿童成为家长的牵引者,家长身上的监护责任变成了企业可以控制的资源,并且按海洋馆的规定家长必须交钱才能够入馆。于是,海洋馆既实现了价值主张(面向儿童的科普教育),又找到了可以变现的资源。

我们可以从这个例子中看到,海洋馆用免费方式真正地承担起教育儿童的社会责任并带来了流量,而这个流量为负有监护责任的家长,家长成为海洋馆可以变现的资源。家长的监护责任是联系孩子与家长的纽带,是刚性责任,因而所带来的资源也是可靠的。

2)盈利函数

盈利函数是指把搜集到的需求 S 转化为企业的盈利 L,即:

$$L = f_1(S)$$

简单地用盈利函数来表达企业盈利构造的结果,它表示的是将搜集来的需求通过外部性转化为企业资源,再将资源出售变成企业盈利的数量关系。在这里,由顾客带来的资源被隐藏在盈利函数之中,而非显现在函数表面,即:

$$S_1 = F_1(S)$$
$$L = F_2(S_1)$$

式中，S_1 代表由需求搜集形成的资源，F_1 代表需求资源化函数，F_2 代表资源转化为利润的函数。

企业必须意识到，所谓的盈利构造在很大程度上是在认识、挖掘和量化企业搜集来的需求，认识得越周全、越充分，越可能得到新的资源，从需求到盈利的数量关系越明确，需求搜集转化为盈利的数量也会越多。

3）盈利构造原则

外部性可能不止一种，需要企业有足够的观察力，将其搜罗出来，这需要判断力。并非所有外部性都值得变成资源，如果这些资源不可控或不能变现，它们就不能成为企业获得盈利的资源。

第一原则："可控"。外部性往往由商业活动的性质决定，外部性属于商业活动的自然属性，需要对这一属性进行权利的主张，而形成控制。食堂和地铁汇集了人流，电梯也是人们的必经之地，它们的共同特征是这些服务属于生活的必需，同时也因为它们具有低价（或免费）、安全、可靠等特性，被人们经常使用，其外部性自然产生，其权利归属于这些服务提供商。有一些外部性不可控，如奥运会赞助商的权利范围只有有限的几公里，外部性不属于赞助商。这些不可控，有的是因为法律或合同规定，有的则是因为技术上实现起来不经济。总体上说，如果没有法律限制，所有外部性都可以控制，如果不"可控"，多是因为带来外部性的主体不想控制。"可控"有两个含义，对需求者来说，你有权决定这些外部性是否可以用于为需求者服务，比如地铁的地下换乘站的空间权利归属地铁公司，那么，愿意为乘坐地铁并且在此地进行消费的需求提供便利条件自然是可控的；对竞争对手而言，虽然他们看到这个需求会有巨大的商机，但他们却无法进入，原因是此处的地铁只有这一条，换乘站也只有这一个。前者是指可以让需求变得"必需"，比如地铁站里，人们经常有各种快速消费的需要，它配合了乘坐地铁人群的需求，因而，人们对地铁能够满足自己的需求有了深深的依赖，成为刚性需求；后者意味着可控就是排他，能够阻止对手进入。再比如电梯间和电梯两侧的墙壁，权利属于物业公司，如果事先不将其以合同的方式租用下来，那么乘坐电梯者的眼球就会被抢夺，眼球资源的可控性下降。"可控"既是法律意义上的，也是经济意义上的，因为可控可以形成排他性，所以它具有垄断特征，在垄断背景下，企业可以获取利润，并摆脱竞争。

第二原则："可变现"。它是指这种外部性所产生的资源能够制定价格。并不是所有外部性都可以变现，其重要原因是有的外部性变现成本过高。"万能小哥"解决的是家庭的零星小活,比如安装或更换灯泡、钉钉子等,事情虽小,却是生活必须。但是这样的小活,经常不好服务,造成了家庭的需求障碍(属于需求障碍的第二种),其根本原因是不容易定价:要价高,顾客觉得不值,要价低,企业不盈利。更为重要的是极有可能带来法律纠纷,就是无法承诺售后服务,因为活太小,不能高收费,无法承诺,而这些小活往往又与人们的生活密切相关,可能带来安全隐患,其责任重大。还有就是工作量无法衡量,相同的工作,可能由于环境差异,工作量并不相同。这些现象的根本原因是存在着无法变现的盈利障碍。如果按骑行的里程计算价格,共享单车也无法发展起来,共享单车商业模型能够运行起来,一个革命性变化是它将价格粗放化,按次数,而不按里程或者损坏程度收费,定价原则简单,即骑行一次一元钱(此后采取掠夺定价,价格提高到每次 1.5 元),这样简单定价,让定价成本下降,实现了可变现,每位顾客骑车停靠的位置成为其他顾客方便骑行的条件,构成了外部性。传媒的可变现是找到了资源的用途,就是目光可以用来看广告,从而目光成了资源,并且也给出了目光的定价。可变现是指扣除交易成本以后,仍然有所剩余。共享单车一次骑行收费一元钱的定价,对顾客来说,其收益大于零,因为顾客骑行节约的时间和体力效用扣除寻找单车的(时间)成本和一元钱的骑行成本以后仍然有剩余,他们就会选择骑行;对企业来说,一元钱乘以每年周转次数再扣除单车年折旧费用仍然大于预计的利润水平,企业就会作这样的决策。只有两者都能够以现行的定价让自己感到满意,大家都方便骑行,这个外部性带来的资源才可能被内化为盈利。两者都有盈余被称为激励相容,它是企业获得盈利的前提。这里的关键是定价成本不能过高,在定价造成的交易成本较高的环境中,看不到今天非常流行的商业模型,原因是当时的定价环境无法让供求双方同时获得盈余,因而人们放弃了许多应该内化的外部性。4G 网络出现以后的定位技术与结算技术支持了低成本定价,人们逐渐创造出了利用这些环境的手段和方法,实现了外部性带来的资源变现。不可变现的原因还有可能是在变现过程中出现了其他成本,比如动漫中的形象可以形成衍生价值,但动漫企业认为那些衍生价值的生产活动需要更多的投入,并让自己承担太多的风险,它们应该成立一个知识产权经营管理部门,专门策划、申请、出售和保护自己的知识产权,因为这样做的成本可能更低,而净收益更高。

不可控和不能变现会使企业无法利用外部性带来的资源盈利,两个条件缺一不可。第一个条件并不十分严格,但第二个条件十分严格,原因是可控,有可能不能完全排他,但已经有了话语权,或者能够参与分享外部性,就有可能由此挖掘出可以利用的资源,比如地铁地面的建筑可以由地铁口带来价值变化,如果地铁公司愿意做房地产,它们可以利用这个外部性争取开发权,但地铁公司不可能将所有外部性全部排除,其他房地产公司也会因邻近地铁站而得到外部性;第二个条件是必须的,如果不能变现,企业就无法获得收入,更不要说由它带来盈利了,但是,其能否变现往往受到技术和制度的限制,企业需要借助技术和制度的创新来挖掘外部性使之变成可变现的资源。

4) 从价格到收费

价格是指一次性转让所有权的价值,通常是指产品定价,其特点是价格分割了供求双方利益,比如购买者意愿价格是 20 元,而企业成本是 10 元,价格确定在 16 元,企业的利润是 6 元,而购买者剩余是 4 元。价格高,企业利润会高,顾客剩余减少;价格低,企业利润减少,顾客剩余增高,通常两者之间是零和博弈。同时价格也体现了企业所承诺的全部责任,16 元中包含了产品承诺的一致性,而承诺中必须包括功能及其实现、服务以及安全保障等,一旦交易发生,除承诺以外的所有责任都转移给了用户,丢失、意外损坏都不再是企业的责任,顾客也不再需要额外交纳与承诺有关的费用。这样,价格就具有让企业得到现金流与减少责任的作用。

收费与价格一样,也在分割企业与顾客的利益。所不同的是,收费是企业的持续价格,也是持续的责任,而顾客则是持续交费和持续地得到保障。

人们经常看到的是产品使用定价,而服务使用收费,因为产品可以一次转移责任和权利,而服务通常需要持续转移。这里,不讨论为什么人们愿意一次性转移,而只关注收费的好处。如果一家地产公司,它们经营房地产,以某一价格出售房子,获得了现金流,但同时,它们也获得了一个权利,就是为业主服务的物业权利。虽然法律上业主委员会是决定物业选择的最终权利人,但是地产公司在出售房子的过程中,有推荐物业公司的权利,这个权利变成了“先入为主”,此后,在没有太多纠纷并且质量基本上能够得到保障的情况下,就会一直由这个物业公司承担物业服务。所以出售房子带来的外部性可以通过物业公司这种法律形态资源化,其服务的所有范围都可以变现。

在盈利构造中,收费远比价格重要。微软曾经以 3 万元的价格向 IBM 公司出售了 DOS 操作系统,这个系统是比尔·盖茨用 5 万美元购买的,表面上亏损 2 万元。但是比尔·盖茨与 IBM 签订了每出厂一台电脑便交纳一定数额的软件装机费的合同。多年后的经营结果是 IBM 以开放设计诱导出了一批兼容机企业,它们也按收费公式签订合同,这成就了快速成长的绿色巨人——微软帝国。类似的还有苹果公司,在开发 iPhone1 时,裸机只有 200 美元,是一个足够低的产品价格,但苹果公司却成为挽救美国金融危机的明星企业,其重要原因是它与美国电信合作,进行流量分成。它们与微软一样,其收入公式是价格+收费,而且收费增长远快于价格。

这都是以收费方式代替价格的典型案例。绿色巨人能够成为世界级企业,远远把带动它的母公司甩在后面。苹果公司也给无线通信设备行业洗了牌,这些高手的重要特点是它们重视收费效应的发挥。所谓收费效应是指持续获得收入的效应,它不仅可以重复得到现金流,更重要的是可以让现金流得到累计,那些用户持续为自己提供现金收入并累加在一起,形成收入放大效应。如果企业产品价格随着规模增长呈现线性收入增长,那么收费则会让用户数呈现线性增长,而收入却呈现指数增长。

比如,苹果的 iPhone1 以 200 美元价格出售,用户数量随着时间呈现线性增长,$X=a+b*t$,每年的产品销售收入为 $200X=200a+200b*t$,每年新增收入为 $200b$;而假设流量分成的收入为一个单位,由流量分成带来的收入由 $X_1=a+b$,$X_2=a+2b$,$X_3=a+3b$……之和决定。以截止到第 N 年来计算,产品出售获得的收入为 $X_N=200a+200b*N$,而由流量分成带来的收入则为 $X_1+X_2+X_3+……+X_n=Na+(1+N)N*b/2$,它是指数函数,前者的变化率与顾客数量无关,后者变化率为 $a+(1+N)*b/2$,是用户数的倍数。企业的用户数正常线性增长,即使不考虑随着规模增长会出现各种集约的因素,让企业成本得到节约,成本也呈现线性增加,而企业收入却呈现指数增长,如图 2-4 所示。

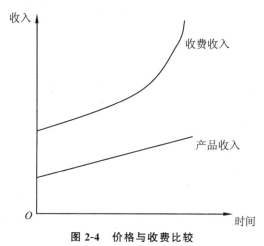

图 2-4　价格与收费比较

从价格到收费,是商业模型思维的一个重要变化。如果能够意识到某些产品必须通过服务来实现功能,企业就应该保留这样的业务,形成专有控制权;如果自己无法做到,就要想到"3W"思维中的谁能够帮助我实现这一目标,而不是怕麻烦,将这一服务性业务推给市场。服务能够给企业带来垄断性的持续收益,企业需要把它转化为自己的盈利。其实,企业能够获得的盈利还不止这些,但这已经足够了。

5)从单一价格到价目表

企业为何需要价目表?因为对不同需求的顾客有不同的价格,它也是获取盈利的方法。在真实的商业活动中,经常看到价目表、套餐价格等,琳琅满目,令人头晕眼花,企业不只是为了用复杂的价格迷惑顾客,有故意让顾客上当之嫌,它们更为重要

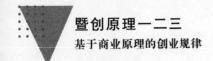

的目的是使用歧视定价原则,赚取顾客的剩余价值,增大自己的利润。

要知道,顾客的消费者剩余并非是顾客的真实利益,只是一个心理上的剩余,从商业角度,它的存在只是增加购买动力。也就是说,如果消费者剩余存在,人们购买后会高兴,但是如果消费者剩余为零,顾客不会不高兴。这样,商业就不是一个零和博弈,而是一个可以让企业操纵,为自己增加利润,又不会伤害顾客购买的活动。歧视的本质是对不同顾客给予不同的价格。价格歧视有三级,一级价格歧视是针对每一个不同的消费者收取不同的价格;二级价格歧视是针对不同的购买量收取不同的价格;三级价格歧视是针对不同的市场收取不同的价格。如果不违背顾客自主原则,就不存在让顾客感觉受到歧视。"钱大妈"超市建立一张价目表,这是以前从来没有过的价目表,它等于是按果蔬副食的新鲜程度进行打折,从晚上 19:30 开始,直到 23:30,直到百分百打折,声称不卖隔夜肉。除以行动证明自己的"新鲜"外,"钱大妈"还将各种顾客自动筛选出来,形成了最大限度贴近顾客对新鲜的意愿价格,来增大自己的利润,如图 2-5 所示。

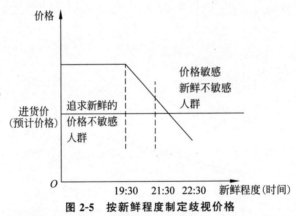

图 2-5　按新鲜程度制定歧视价格

其实,通常 21:30"钱大妈"超市的柜台已经没有了货物,关门打烊,但它们仍然如此公开宣传。从图 2-5 中可以看到,与固定价格相比,企业增加了上面矩形和一个三角形的利润。其实菜市场也可以采取这种策略,只是不规范,具有很大的随意性,顾客无法预期,多应通过谈判进行,但这并不是商业模型的思维。

企业不使用单一定价,而采取相对复杂的歧视定价,可以增加企业的利润,这也是盈利构造的重要原则。企业要在复杂的价目表上下功夫,最好能够让价目表一目了然,这样可以让顾客放心。因为价目表的本质是价格歧视,歧视价格是在垄断情形下实现的。顾客在没有决定购买之前,怀疑企业是否在使用垄断手段,将顾客控制以后,偷取利益,所以企业必须设法让顾客放心,否则,顾客不来购买,企业的垄断与控制无法实现,后续增加利润的办法都不能实施。价目表应该体现企业的核心价值主张,而不能以利润最大化作为自己的出发点。出售新鲜商品是对顾客十分有益的价值主张,也有未来需求的号召性,"钱大妈"超市的价目表一目了然,顾客对此比较信任。而以前电信部门的复杂的价目表一直受人诟病,原因是其过于复杂,而它们的垄断地位,又让顾客怀疑企业的动机。

6) 利润点寻找与创造

每当我提起海洋馆的故事,人们更多的会想到,14岁以下的孩子免费,只此一条就可以盈利的原因是,这家海洋馆为孩子们提供了一系列喜欢的东西,如玩具、食品、纪念品等,人们愿意这样想,就是因为有了创造利润点的思维。

寻找和创造利润点的思维,也是衍生品盈利思维。这些衍生品可以独立地满足人们某一方面的需求。去了海洋馆,孩子们可能会对海洋馆中一些故事产生好感,进一步产生了对这些产品的需求,强化了顺带形成的需求。在商业中,这样的实际例子很多,宜家用"家居"代替了"家具",许多相关的需求全部纳入它们的服务范围,为其创造利润。受宜家影响,电器超市将所有种类电器汇集,能够满足人们一次性购买所有电器的需求,并且针对相同功能电器邀请不同品牌电器厂家入驻,通过允许"货比三家"来增强顾客的信任感。现代商业中,寻找新的利润点已经不再是新话题,人们愿意为新的利润点,做不那么专业化的事情。

这些利润点是由外部性带来的,多是通过人流形成的。"只要有人流的地方,就会有额外的需求,而不只是吸引人流的那个需求",有时连教室也会成为表达外部性带来资源的工具,因为那里有学生,至于食堂、医院、电影院、体育场,都是汇集人流的地方,都可以作为利润点来对待。汇集人们眼球的地方都能成为利润点,主要是通过广告的方式获得盈利。高速公路旁的户外广告是因为驾驶汽车的人有"望了一眼"的可能,坐车的人更有这样的可能。华帝燃具把105国道称为中国"家电走廊",认为这里是汇集全国电器采购员的地方,他们把"华帝燃具"作为广告标识放在租来的墙壁上,从广州到珠海的105国道沿途刷了100多公里,抢了这些采购员的眼球。现代网络经济环境下,广告商直接将目光转换为点击,再将点击变成消费渠道,顾客点击以后,直接通过链接接入购买平台。

过去没有在意这个利润点的概念,是因为传统经济强调专业化,没有专业化就不可能有低成本,就缺少了根本的竞争力。但是现在大量出现的以一个业务为主,吸引其他业务参与的多利润点现象并非打破了专业化,而是在专业化基础上,进一步方便顾客。

顾客时间变贵了,为顾客节约时间变成了一种新式的服务。顺便的消费成为顾客的习惯,它不只节约了一点点顾客为了获得"好产品"的寻找和检验时间,也节约了

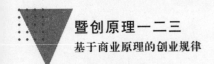

顾客携带、贮藏、保留这些产品的时间,可以节约体力和记忆力。在基本上能够达到印象中的货比三家,他们就可以相信这些利润点业务的商品有着与外部一样的质量,甚至可能还要更好。顾客的快节奏需求背后是粗放化的需求,顾客能够让自己不通过比较就相信这些利润点上的商品或服务,是因为他们认为"快"比"好"重要,在压力逐渐增大的时代,时间变贵了。

实际上,许多消费具有内在的关联性,"好"的概念并非由一个独立的产品或服务带来。我在规模很大的4S店里喝着咖啡,但不能一直喝咖啡,没有什么事情,希望理一下发,或者做一些平时根本没有时间做的事,但是这里没有设置这样的服务。我想用这个空闲时间做一些平时没有时间做的事情,他们的专业化让我无法做到,我只能闲等,拿来手机随意翻看,或者事先准备好电脑,随时带在身边,麻烦的是,你走到哪儿,电脑就得拿到哪儿。

企业需要有一些平台思维。其实每一个基本需求都可以被看成是吸引人流的平台,以满足这一需求为主。从企业角度,满足其他的需求都可以成为利润点,而从顾客角度,其他需求的满足也是重要的满足,而且可以让基本需求变得"更好"。假设一个住宅小区里有一个配套的教育机构,比如老年大学,老人们会觉得这里有对老人尊敬的满足,它是额外的,却有可能成为这里的竞争力,围绕这个需求,保姆中介可能会发展起来,围绕满足老人需求的厂商也会集中起来。

平台上的这些厂商是满足基本需求的厂商吗?可能是,也可能不是,但它们多数是具有专业化水准的厂商,否则就可能会损害这个平台上其他厂商的利益。基本需求提供者可以管理和控制这些厂商的质量,采取利润分成制,以增加自己的利润;也可以只吸引它们进入,强化自己的基本需求,让自己的基本需求在其他厂商的帮助下提升品牌价值。这两种情况,都需要有平台思维,通过新的管理方法来提升整体服务质量,让顾客和所有厂商在平台上同时获益。

7)成本分摊与收入共享

如果企业能够让其他厂商或组织承担成本,哪怕只是承担一部分成本,也可以让自己增加利润,减少风险。在成本中,风险最大的是杠杆性成本,即固定成本,它们一旦支出成为生产能力的保障,就有可能因为生产的不足而让这一成本处于"闲置"状态。当然,如果企业开足马力,可以利用这一成本,帮助企业节约平均生产成本,因为这一成本固定不变,业务量越大,平均成本越低。我们可以把分摊成本分为全部承担、与第三方企业合作承担、只承担固定成本、自己不承担成本合作方承担成本等情况来构造盈利模式,如表2-2所示。

表 2-2　成本分摊与收入共享分配表

第三方合作企业	盈利模式 9	盈利模式 10	盈利模式 11
零可变成本	盈利模式 6：租赁	盈利模式 7：培训	盈利模式 8：讲座中广告营销
企业和第三方合作企业	盈利模式 3：航天	盈利模式 4：Uber	盈利模式 5：分众
企业	盈利模式 0	盈利模式 1	盈利模式 2
成本＼收入	直接顾客	直接顾客和第三方顾客	第三方顾客

　　企业的收入有时全部归为企业，其收入来源由自己的顾客提供，但有时与第三方合作，它们的顾客也为自己提供收入，也有的自己没有顾客，全部都是第三方的顾客，如果将成本与收入进行组合，会形成 12 种典型的盈利模式。盈利模式 0 是传统的盈利模式，完全独立的企业，"自负盈亏"，自己的顾客，自己支付成本，自己获取收益，是一个没有任何合作的企业。但除此之外，其他 11 种都是新的商业模式中所涉及的情况。

　　如果将这些商业模式作为原则来概括，就是企业应该尽量减少自己的成本支出，而尽可能的多一些获得性收入。引入第三方，就是为了让自己有成本分摊者和额外收入的提供者。

6. 成长资源（基因）建设

（1）成长的基因

　　一个人的成长是从胚胎开始的，胚胎已经拥有了成长所需要的信息，人的成长无非就是将这些承载了信息的胚胎变成一个强大的载体，达到信息所希望达到的目标。一个人的成长过程需要两个条件，一是成长的基因，二是成长所需要的养分，两者的结合变成了人的成长。难道企业成长不是这样的过程吗？

　　对生命体来说，基因所起到作用是支持着生命的基本构造和性能，它储存着生命的种族、血型、孕育、生长、凋亡等过程的全部信息，环境和遗传的互相依赖，演绎着生命的繁衍、细胞分裂和蛋白质合成等重要生理过程。生物体的生、长、衰、老、病、死等一切生命现象都与基因有关。它也是决定生命健康的内在因素。因此，基因具有双重属性：物质性（存在方式）和信息性（根本属性）。企业也是如此。

　　企业是一个生命体，其运行代表着它的生命存在。当一个企业已经不能运行的时候，表明它已经死亡。成长资源就是有利于企业成长的资源，其功效表达在于能够

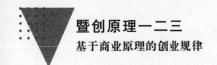

获得更大的需求搜集能力和盈利能力。作为生命体,企业需要与周围的环境互动,参与环境的循环。新陈代谢,如果企业能够在这个循环中,加强自己的基因,企业将逐渐成为循环的中心,深刻地影响着环境,而不只是被动地接受环境的支配。

企业的基因在参与循环的过程中,会受到环境的影响而改变,一旦基因成熟,变得强大,它便应该自觉地复制自己,优化环境和创造环境。这构成了企业成长的三个阶段,即基因形成阶段、基因修正阶段和基因复制阶段。而基因复制又有赖于基因的强大程度,当基因足够强大的时候,企业可能会跳出原来的环境,进入一个全新的环境,去复制自己并创造一个全新的世界。

成长资源形成的过程是资源结构不断调整、集中的过程,其目的在于让企业能够顺利成长。企业基因本身应该有这样的动力,也许正是这样的动力,让基因得到优化并变得强大起来。它应该是评价基因是否优秀的重要标准。基因为何会有这样的动力?达尔文主义的解释是:基因强大是基因被复制的前提,相反的那些弱小的基因,不能被复制,自生自灭,所以,保留下来的应该是那些优秀的基因。他把这种现象称为进化,这个力量不可小觑。但同时,也不能忽视一些突变的自觉革命的现象。

企业是社会组织,是由人构成的群体组织。在社会中,人与人存在着差异,一些伟大的人物具有常人没有的思维和境界。如果这样的人集中在一个家庭,他们又会受到家庭文化的影响,或者处于某个偶然因素决定的社区与教育环境之中,他们会远远超过环境所能够提供的条件,从而主动成为伟大基因的携带者和塑造者。事实上,世界上的伟大企业多不是缓慢演变的,而是在某些机会到来的时刻,基因突然发生改变而变得伟大的。苹果公司在成立之初存在的基因是不落俗套,当苹果公司江河日下,不得不再次请出乔布斯时,乔布斯让自己成为公司基因的重塑者,可以说没有乔布斯,就不会有苹果,甚至 3G 时代的到来会走向另外一条道路。乔布斯的名言是,企业是需求的创造者,而不是接受者。

企业的基因往往来自于创业团队,而团队的形成又多与创业者有关,创业者是核心,创业者寻找团队并塑造了团队。企业是企业家的,更是创业者的,因为创业者的商业理念变成了创业的行动,在与环境互动的过程中,完成了企业基因的初步建设。

成长资源是比成长基因略大一些的概念,是指有利于企业顺利成长的资源结构及其投入方式,其含义是成长需要的资源。企业能否顺利成长取决于企业的资源结构,也取决于形成资源结构的投入方式。在这些资源结构中,有一种资源不可以缺少,那就是成长基因。成长基因虽然不像有形资源那样可以直接产生利益,却可以复制自己。除成长基因以外的成长资源应该是有助于成长基因的形成与优化、有利于与环境形成互动的有利因素,这些因素能改变环境并促使环境保证企业的成长。

以前把有形资源看成是成长资源,比如资金,其实,这些资源可以从企业内部获得,也可以从企业外部获得,如果外部资金十分充裕,会特别希望与成长资源结合,企业应该不缺少这种有助成长的物质资源。我们应该把这样的资源看成是大自然中的阳光和热量,它们随时会给生命提供成长的能量,却不能决定成长。直接的成长资源是那些无形资源,是能够改变企业与环境关系的资源及其投入方式,这些资源构成了企业成长的资源保证。当然,如果企业面临的外部资源环境不好,企业不得不自己准备物质资源,特别是资金资源,这样的做法是传统成长,而现代商业则应该重视那些有助于成长的无形资源。

成长资源需要投入,即使是现在没有足够的成长资源,但企业只要有意识地投入,资源就会积累起来。如果说资源是存量,那么对资源的投入则是资源形成的流量,只要流量不断发生,就可以积累成资源。企业成长资源中应该包含着一个重要信息,就是能够有效地积累成长资源和有效地投入成长资源,它是一个自我定义。

(2) 成长资源函数

成长资源是一种有结构的资源组合,其核心是确保需求搜集与盈利构造的实现,使企业在需求搜集与盈利构造运行中获得驱动,企业得以正常运转。此外,不断增加外部环境的好感,增强对外部顾客的吸引力,也是成长资源中的重要内容。组织内部的保证,体现在企业基因不出现扭曲的文化和制度上,这也应是成长资源的内容。

成长资源是以成长基因为核心的资源,成长基因是企业业务驱动的基本流程,是企业商业设计的核心。换言之,企业去复制自己,主要是复制这一流程,因为这一流程保证了企业为顾客做什么和企业自己如何盈利。但是,企业的基因并非仅仅指这一流程,还要包括企业所有让流程发挥作用的条件及其形成的保证措施。在成长资源中,商业信誉与企业形象是实现企业与外部沟通的重要工具,没有它们的保证,企业复制自己的流程便会遇到外部环境约束。内部文化与制度是流程不受干扰,不会因为企业人事变动而轻易否定基因的重要保障。但同时也不应固守常规,而是要具有进化的动力,保持着与环境的互动。这些是企业成长不可缺少的条件,是基因能够发挥作用的保证,它们也需要参与复制。因此,它们也是成长资源的组成部分,如图 2-6 所示。实线代表影响,虚线代表保证。

成长资源无法用数据表达,它是一系列资源组合的有效结构。如果企业拥有强大的成长资源,它既是指所有这些资源的总量大,也指资源内部的结构合理。成长资源来自积累,但更来源于投入,如果企业没有投入,积累往往无法实现。因此,企业成长资源函数是企业利润的分配函数,写成 $E = f_2(L)$,其内部由两个函数构成,一是

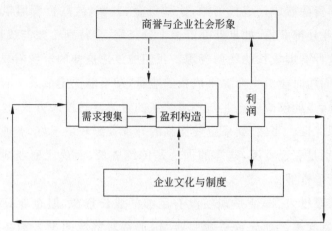

图 2-6　成长资源结构

利润总量,二是利润分配比例,E 代表抽象的企业成长资源量,它是上述几个部分的总和,也可以说是代表了企业成长基因的成熟程度。

任何企业都需要有预付的资源,用它来完成需求搜集的启动,但需求搜集必须要能够顺利转化为盈利,盈利构造是将需求转换为盈利的主要手段。进一步,企业需要将盈利补充到预付的资源投入中,并调整资源结构,形成有利于成长的资源结构,再将资源引导到新的需求搜集活动之中,形成持续的商业模型运行。从这个意义上说,企业的盈利是企业成长资源的基础,而企业成长是企业存在的前提。

企业的利润有三个分配方向:一是分配给投资人。当企业采取了现代企业制度的时候,资本不再为企业提供超额利润的获取能力,分配给投资人的比例过高,有着较大的不合理性,从趋势上看,它正在被排除在分配序列之外。二是分配给业务创新。业务创新是企业利润的重要来源,业务创新需要研发,分配给业务创新用于研发以保持业务的持续更新。在创新理论中,企业家的任务是组织创新,为创新负责。因此,出现了企业家也参与利润分配的趋势,也就是利润可能会投入到研发,也有可能成为企业家的报酬或者激励。三是分配给成长资源。分配给成长资源通常是企业没有意识到的。其实,企业所有商誉、各种商业流程的试错活动,以及文化与制度建设都需要直接投入和间接投入,这些投入会形成企业成长的资源。广义地说,企业做的所有服务付出的成本都可以归结为企业成长基因形成的投入。

虽然成长资源与企业投入总量有关,而投入总量初期是由预付的资本来支撑的,但最后毕竟还需要视利润的大小而定。同时,投入总额也与上述三个方向的分配比例有关,而这个投入的总量在成长资源内部的比例也对成长资源总量产生影响。试想,一个只有流程,没有制度保障的企业,能否有效地复制自己呢? 它一定会在复制过程中变样走形,但理论上这几个资源的形成应该是均衡投入,不应偏废。

总体上说,企业要成长,必须要建立成长资源,企业要有成长资源,必须要进行投入,并且要持续投入。在投入中,需要均衡投入结构,不能形成成长资源的短板。在没有形成成长资源之前,企业没有资格成长,如果犯了没有成长资源进入的错误,企业将会面临死亡的危险。

(3)成长资源的不同导向

企业成长代表着企业总体规模的扩大,但不同企业成长的方式与方向有很大的差异,它既是由企业成长基因决定的,也是由企业战略决定的。如果把企业战略从成长基因里独立出来,那么企业的成长方向则由企业的发展战略决定。真实的商业中大体上有三种不同的成长导向:

第一种,生产体系保证型。麦当劳是内部工作标准和外部 CIS 管理系统以及加盟连锁管理系统中的典型,它的全部成长资源集中在这些流程控制上,形成了对业务系统的控制能力,无论在任何市场都能够维持自己的成长资源不变,并持续实现需求搜集,维持市场的稳定成长。

第二种,顾客价值保证型。需求搜集与盈利构造是以满足顾客价值追求为目标,采取高保证的成长资源构建方式,使顾客在任何时候、任何地点都可以得到绝对的"三包"服务,从而形成以顾客信任为基础的顾客价值保证。这一类型的成长导向以奢侈品企业最为典型。世界上的奢侈品企业倒闭的比例很低,其原因是奢侈品存在着客户自我加强,客户不会轻易放弃企业,保持忠诚,而企业也不会放弃客户,努力为客户提供价值及其保证。提供类似深度服务的企业都可能因为到努力保证了顾客价值而帮助企业成长。

第三种,持续创新型。通用电气、苹果、摩托罗拉、索尼等都是持续创新的典型。它们不断进行新产品研发,将企业利润的大部分作为研发投入,它们不断用新的产品证明自己是一个创新成长的企业,能不断满足顾客的新需求。它们在成长资源上的投入比例较低,但在制度、文化上投入较多。在需求搜集与盈利构造上投入不多,除了苹果公司的全新商业模式,其余企业的商业模式均比较陈旧,只是规定了它们的研发方向,比如索尼,以"做小的产品"为自己的追求。

(4)成长资源形态

成长基因,是一组可以与其他资源整合起来的密码,它是一种可以支配资源的指令,这种指令最终将影响市场需求,使市场能够接受企业的产品或服务。不同形态的成长资源有不同的作用,每个部分的性质和培养方式也有所不同。

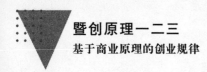

1）流程

流程排在第一位。这里所说的流程是指需求搜集与盈利构造的步骤，是与业务流程相配合的管理流程。用管理流程保证业务流程，每个环节都要按商业模型的要求去做。作为成长基因的主体，管理流程必须经过严格的理论设计，把创业者面对的所有可能整合在一个商业框架之内，用逻辑将其联系起来。这是一个商业创意过程，有着较大的跨越，特别是对全新的商业模型。完成商业创意后，还需要进行充分的讨论、打磨，确保商业模型的细节没有纰漏，以符合事先设想的商业逻辑。在商业模型开始运行以后，这一基本流程还要与市场互动修改并完善，最后将其固化，形成企业管理流程。如果想让成长基因在复制过程中不走样，一个重要原则就是让管理人员理解商业模型。业务人员也许没有那么深刻的商业模型的理解能力，但作为商业模型核心流程的设计者——创业者或企业高管必须保证商业流程的每个细节都做到规范化，把所有的企业探索的结果用流程表达出来，变成企业的操作规程，再对参与复制的员工在每个细节上进行培训，如果在细节上达不到要求，员工就不能上岗。当然，商业模型在实践中还会调整，其原因是环境在变化，不论是需求，还是竞争对手的变化，以及政策的改变。如果调整，这便是企业成长基因的调整，需要企业整体调整。

2）商誉和企业社会形象

品牌是成长资源的重要载体，它是社会对企业及其产品或服务的肯定，是形成忠诚度的要素，需要企业长期打造，做到锲而不舍、孜孜以求。品牌由知名度、美誉度、忠诚度等指标构成，是企业与顾客的重要沟通桥梁，也是顾客对企业信任度的衡量指标。品牌度越高，市场影响力越大，商业模型越容易推进。商誉建设是企业的基本功，企业可以没有品牌影响，但企业不能没有市场信誉，只有保持市场信誉，商业模型的运行才会有保障。企业也需要维护自己的社会形象。因为"妈妈好，孩子才能好"，这是顾客对企业的基本认知。为了培育潜在顾客，企业需要维护自己的社会形象。在企业成长过程中，在不断增大需求搜集范围时，良好的社会形象可以让企业轻松获得更多的利益。同时，商业模型也有助于品牌建设。因为商业模型的第一要务就是要让顾客承认企业在真正地为顾客做贴心服务。只有这样顾客才会跟着企业走，这恰好是品牌和商誉建设的主要目的。商业模型与商誉建设相辅相成。成长意味着企业的市场规模不断扩大，它一定会给企业带来知名度与美誉度，而这些也一定会让企业在复制商业模型时更加顺畅。从这个意义上讲，商誉和社会形象也是企业的成长资源，企业借此得到成长。

3）制度

如果商业模型能够运行，实现自我复制，并保持着长期基本不变，需要有制度给予保障。这些制度不仅要能够保证企业成长基因的建设投入，也要能够保证各种要素配置在成长基因复制过程中实现外部资源的内部化,承载企业基因,而不会出现因为成长而导致基因扭转和失控的情形。制度是基本商业流程的保障,制度建设是在商业模型建设运行中提出的要求,也是商业模型固化为企业的"硬件"的前提。它可以使商业模型"法规化",而不会因为企业高管层的变动而改变。一套有效的制度,一定是比较细致具体并且能够严格执行的制度。同时,制度的执行必须以惩罚为主,如有违背,就要受到严厉惩罚,这样的制度才会管用。一旦人们信任了这些行之有效的制度,就可以在企业立下根基,才有可能让成长基因得到传承。如果企业的商业流程需要发生改变,制度也应该作出调整。制度不是独立存在的,而是为了保障商业模型而存在的,这是我们对制度的全新认识。

4)文化

在企业运行中,文化是软实力,文化决定了大家的共同愿景、相同语境和相同的做法,相互协同,减少猜忌和揣摩,这会让企业各种资源的着力方向更加集中,而不是相互抵消,企业的运行效率会大为提高。对于商业模型的运行与复制,文化起着保驾护航的作用,它与制度一起,确保商业模型在企业内部运行顺畅。企业的每个文化细节都与商业模型相互交叉、相互影响,比如,把员工看成是顾客,希望顾客忠诚于企业。员工首先要忠诚于企业,但,员工自己开发的产品,又不能用行动证明自己对产品的信任,也不能对外介绍产品,说明企业文化与商业模型中的价值主张没有得到员工的认同。每个企业都是社会的一员,它可以通过员工影响员工家庭和社会,企业倡导的理念应该体现在员工家属身上,这个力量不可小觑。如果企业员工在企业讲一套,走出企业讲另外一套,说明这家企业没有把文化与商业模型很好整合,存在着文化上的障碍,这样去复制企业的成长基因,可能会存在走样的情况。在成长基因复制过程中,人们经常看到的文化才是复制的根本内容,如果流程和制度复制了,却没有复制文化,最后企业可能不仅没有得到成长,还可能得到一堆问题。文化具有高度的传承性,而成长基因也需要传承,没有文化的配合,成长基因作用的发挥会受到约束。

这四种类型每一种都不是独立的,需要相互配合、均衡发展、长期建设,这是企业在进行成长资源建设投入时必须考虑的问题。不同的成长导向,可以有不同的成长基因建设投入的重点,比如生产体系保证型,应以流程占40%,其余占60%。在60%中,可以选择三个方面均匀分配投入,也可以有所侧重。如果是顾客价值保证型,则品牌投入占40%,其余投入加总占60%,其中流程投入应略高。

(5)成长的障碍与化解

自2008年以来,暨南大学创业学院的新商业模型研究所与广东创意经济研究会合作,每月举办一期"新商业模型论坛",到2019年年底共举办了110期,其间共邀请

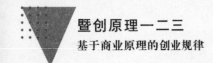

了 200 多位主讲嘉宾,讨论了 200 多个具有广东特色的商业模型。论坛通常由我作为主评嘉宾,与主讲人对话,台下听众参与讨论,最后对商业模型进行合理性的判断并给出改进意见,相当于是商业模型的路演。此后,主讲人在商业中实践运行其商业模型,有的已经发展成为国际知名企业的核心业务,如微信,也有的则很快偃旗息鼓,不见踪影。我们在讨论时,依据三个逻辑进行检验,能够通过检验的,就意味着其商业模型通过理论验证。但事实上,当时没有通过验证的微信,却取得了巨大成功,而通过了验证的自助咖啡却没有得到快速发展。这让我们觉得很蹊跷,为何被持怀疑态度的商业模型获得快速成长,已经通过了理论验证的商业模型却不能快速成长呢?

事实上,原因在于微信的主讲人没有把全部设计讲清楚。更为重要的是当时人们对 QQ 已深度依赖,虽然微信有代替 QQ 的作用,但它是否能够抢夺 QQ 顾客取决于微信在移动互联网下人们的习惯的改变。但是,当时许多人还没有接触到移动互联网,无法想象针对移动互联网开发的应用工具会改变人们什么。论坛上对微信持否定态度占主流的原因是,无法理解微信是移动互联网时代的应用工具,还是一个"为人民服务"的平台。至于变现的问题,也无法想象,大家以为微信也会像 QQ 一样用歧视定价挣钱。主讲人凭借着自己的理解在做事,他们也看到了 QQ 的本质,它是一个应用的工具。而移动互联网也需要这样的工具,但,QQ 也存在着使用上的问题,因此需要一个新的工具。

论坛上,大家对自助咖啡的市场需求有比较大的质疑,主要集中在两个方面:一是中国人是不是特别喜欢喝咖啡;二是在什么情景下,人们会端着纸咖啡杯,一边走,一边喝咖啡,除非是会议休息。但是,主讲人以坚定的语气说服了大家。这是一个有着极大的先天不足的商业模型,虽然当时已经获得了一些融资,但是进一步的业绩增长却出现了停滞。在模型运行中,他们不能用自己的业绩获得利润并作为进一步的基础性资金,全部指望外部融资,最终的结果是其业绩一直不温不火。

成长是否顺利与成长基因有关,也与吸收环境能量有关。微信取得快速成长,原因是它的成长基因有三个特征,逻辑性和本质性、理解壁垒以及获得环境支持。所谓有逻辑与本质是指,微信商业模型的设计者认识到移动互联网时代需要一个应用性平台工具,这样的工具可聚集人气,而人气可以转化为盈利;所谓理解壁垒是指,许多人从经济学和商业角度对无法看到的利益有着极大的担忧,却忘记了只要能够为客户提供足够的体验,就有可能变成成长资源;所谓获得环境支持是指,微信并没有自己独立开发并运行自己的商业模型,而是把它当作一项业务由腾讯运营,加盟腾讯不仅让微信取得了成功,也让腾讯成功转型。它们化敌为友,把本来的竞争关系转化为合作关系。微信不需要通过市场融资来解决资金问题,业务上变成了企业内部如何安排微信与 QQ 的功能分配。我们的这个建议也许是对微信商业模型的最大贡献。

而自助咖啡的商业模型是独立运行的,巨大的资金压力让它们不得不以获得融资为成长的前提。但获得外部资金不仅需要融资成本,耗费时间和精力,还需要资源转化能力,一旦融资困难,就要降低融资条件,两者叠加会让进一步融资变得更加困难,成长便出现了障碍。

我们把成长的障碍归纳为五个方面,并提出一些化解思路。

第一,基因缺陷障碍。这种障碍比较容易理解,它是商业模型设计时形成的障碍。前面的自助咖啡商业模型存在着顾客使用情景中"不痛"的缺陷,因此业绩平平,它导致了后来所有的成长障碍。成长基因并非完全能够用理论加以分析,当时人们还没有建立起流量至上的观念,可以接受它的功能,却看不清楚未来它的盈利方法。在需求搜集与盈利构造中,需求搜集更重要,只要需求能够搜集起来,总能够实现盈利构造,而不必过于纠结盈利的设计。

第二,基因改进障碍。如果对自助咖啡做进一步本质化的询问"到底有什么用?""到底如何定义自己的业务?",也许它们能够找到新的需求搜集价值主张的起点。基因可以在商业模型运行中进行改进,改进的目的并非只是业绩增长,而应该是强化价值主张的,加强需求搜集能力。如果不能在运行中发现基因中存在的缺陷,则成长基因存在着改进障碍。不断在商业模型运行中进行本质化的询问,并通过对新答案的确认和流程化,可以消除改进障碍。

第三,成长资源环境障碍。成长需要外部环境的配合,外部资源受到成长资源的吸引进入企业并顺利地转化为企业的成长基因,企业进入了成长的良性循环。如果存在着外部资源不足,或者存在着外部资源获取方面的限制,企业不能自由获得外部资源,比如,融资成本过高、土地需求无法得到满足、人力资源缺乏等,都将对成长造成障碍。这种障碍往往无法通过企业的努力来消除,不过在市场经济条件下,可以通过增大自己的选择范围,回避一些不利的环境,比如,创业融资环境不好,投资的信任没有建立起来。创业者为了获得融资,可以采取众筹的方式,全部或部分地由股东内部承担。

第四,成长资源配置障碍。企业成长需要整合那些没有方向的、分散的资源,让它们变成企业的资源。只有外部资源持续不断进入并转化为成长资源,企业的持续成长才有可能。如果企业不注重外部资源,只以自己创造的利润作为与成长基因相配合的资源,可能会限制成长。如果企业外部资源环境约束过强,不能有效地积累自己的资源,不能建立影响外部的信息,也会影响成长。如果在引进外部资源过程中,没有注意利用当时、当地的政策与机会,有效地组织各种资源,也可能会造成成长的阻碍。比如,土地等硬性资源在某些地方非常难以获得,如果没有政府参与协调,几乎不可能获得这些资源。类似的还有关键的矿产资源,只要是国家掌握的资源,几乎

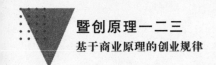

都需要政府协调。从目前情况来看,各级政府出台了很多的鼓励创新创业的政策,需要创业者在设计商业模型和企业成长基因时充分考虑利用这些政策的可能性,配置好内部与外部资源的分配比例。

第五,成长失控障碍。人们经常把资金作为成长的资源,要知道资金是谋利的,哪里可能有利益,它就会在哪里出现。同时资金具有高度的流动性,它们需要尽快获利,尽快变现,便于再投资,投资人与创业者之间存在着目标上的矛盾。如果投资人希望尽快变现,他们有可能不顾企业成长的安全,希望快速成长,让投资能够顺利退出。但实际上,企业成长却受到快速成长的威胁。失去权力是成长失控的根本原因。如果受到其他目标的干扰,脱离了商业模型设计的成长能力与节奏,危险可能就会到来。避免失控的基本原则是让企业在基因足够强大时,开始复制自己,否则多会出现成长失控。基因足够强大是成长的关键。

(6) 成长的路径

什么是企业最好的竞争策略呢?从利润的角度来看,能够形成市场垄断的策略是最好的策略。为了这个目的,有的企业用所有资源去寻求保护,将自己变成了没有自由的企业,比如公用事业企业。有的企业将市场缩窄,用差异化策略集中在一个小的市场之中;有的企业使用品牌战略,打造高端市场。当然,还有的企业使用知识产权保护,特别是专利保护,也有的使用技术秘密方法控制市场。从本书的角度,最好的竞争策略是让自己成为自己的竞争对手,以能够排除竞争对手的价格策略,将自己的产品或服务充填全部的市场。

微软长期占据操作系统软件市场的最高份额,在20世纪90年代遭遇十次针对微软的反垄断起诉,但都以微软胜诉而告终,其原因是微软建立了有利于自己的产业组织理论——"可竞争理论"。这一理论的基本思想有两个:一是垄断并不取决于市场独占性,而取决于市场的进出自由,不具有进出自由的市场,具有垄断性;二是进出自由不仅取决于进入壁垒,还取决于退出壁垒,当进入与退出壁垒都很小的时候,这个市场被称为可竞争市场。这样的市场具有"打了就跑"的特征,那些有较低退出壁垒的市场,企业可以在有"机"可乘的时候自由进入或退出。为了避免这样的情况,在位企业需要采取避免吸引外部企业进入的无"机"策略。也就是说,虽然在位企业处于垄断的市场地位,却不会给自己确定一个垄断价格,而是一个竞争价格。这个条件意味着,不论是否存在"打了就跑"的外部企业,只要在位企业采取接近竞争价格的办法,就可以排除竞争对手,低价格的结果是将市场全部覆盖。换言之,是采取低调与快速成长并举的策略,实现这一策略的路径,主要有以下四种。

1）自我复制

其实,所有成长都是对基因的复制。这里是指以自己的资源来复制自己的成长基因,是自我滚动式发展,包括用自己的利润来扩张和以旗舰店等企业自己的资产做抵押,以向银行借贷或发行债券等方式获得外部资源,实现企业的基因复制。不论办分店,还是办分厂,设立分支机构,都是这一原理的运用。这样做的好处是,从资产角度企业有完整的产权,不会出现股权分散与失控,通常融资成本较低,可控性较强,企业也可以有效地控制成长的节奏;坏处是,成长速度会比较慢,除非如万达那样的商业模型,它们把政府的力量也引入其中,许多事情由当地政府解决。

2）直接融资

这是为了成长而采取的股权融资,可以选择公司上市融资,也可以采取私募融资。前面把创业理解成是创业基因形成以后的扩张,此时,具有对外部资源最大的吸引力,也可以有效地放大成长基因的资源价值。这一做法的好处是企业可以减少成长过程中的利息、减轻还债压力,其坏处是可能会引进外部决策干扰,增加企业决策成本,特别是当外部投资人的目标与企业目标存在着冲突时,企业成长方向与节奏有可能失控。

3）加盟

以成长基因为核心资源,与外部资源整合,形成合伙制。这也是我们讨论的重要话题,因为这种成长方式是以吸收外部资源,包括人力、物力和财力来实现成长的。企业凭借什么能够在不出钱、不出力的情况下获得利润分成呢?唯有成熟的成长基因,否则哪里会有加盟的谈判资格?

4）网络经营

在网络环境下,高度扁平化使企业的边界在理论上可以达到无穷大,在复制成长基因时,可以不需要过多的有形资源,只需要投入服务器和网管。与前三种情况不同,它的最初商业模型起着极其重要的作用,一旦上线,就已经是成熟的成长基因,不需要修正和改进,因此,商业模型的重点是上线前的理论准备。

7. 商业模型运行

（1）商业理念

商业是一个借助逻辑完成的经济活动,企业存在的价值就在于完成三个逻辑,其起点是服务顾客,要能够为顾客提供价值,要让顾客感受到其扣除成本以后的好处;企业要通过这个好处给自己带来进一步生存发展的条件,不论是利润,还是企业价

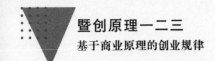

值,它们都是进一步成长的条件;最后,企业还要将利润变成企业的成长资源。企业成长是企业价值的最终体现,因为企业的成长是对企业的奖赏。如果一个企业能够有其存在价值,却不能得到成长,那么这个社会一定是扭曲的,是对没有贡献行为的鼓励,是对有贡献行为的打击。从这个意义上说,好的企业能够获得成长是自然而然的,它是社会公正与进步的体现,让更多的顾客和社会成员接受企业的影响力,同时,企业也实现了自身的价值。

商业模型可以简单地理解为商业逻辑的文字表达,最好简要地概括成几个字,比如尚品宅配的商业模型是"家具定制",唯品会的商业模型是"中国网络奥特莱斯"。商业模型也是业务驱动的理论思维工具,是基于业务将商业的若干要素有机联结的设计,是企业商业运行的抽象描述。作为一个理论工具和思维方法,它主要用于商业设计,它没有经过实践检验,但需要具有可描述性。

商业模型是企业成长基因的表达。我们把创业看成是企业成长基因的自我复制,这一基因在企业创立之初就已经完成了初步构造。换言之,我们把创业过程划分为创业准备与创业复制两个阶段,前一阶段完成基因设计,后一阶段吸收外部资源,进行自我复制。两个阶段之间有一个创业初期,它是商业模型的试运行时期,用于商业模型的测试与修正。也可以说,商业模型是在运行中不断调试并得到完善,最终稳定成为基因的。商业模型的理论设计主要表达商业逻辑,在执行过程中,可能会遇到环境的各种约束。商业模型制定是一个动态调整的过程。它根据公司内外环境变化,经历多层次、多阶段优化,最终形成一个相对成熟的经营方案。商业模型的形成过程是创业企业的商业模型成熟化的过程。一些看起来没有得到发展的企业,不一定是成长资源配置出现了问题,而有可能是商业模型运行中调试不够,基因还不够强大。

商业模型也是一个构造多赢的商业运行框架,这是商业模型基本逻辑中没有包括的,但是商业设计需要考虑这一因素,因为它有可能帮助企业消除障碍,增强商业模型的运行动力。顾客与企业实现双赢,这是商业逻辑的基本要求。企业若能够得到发展,需要更多地吸纳社会利益相关群体,为商业运行提供支持。所以,一个能够构造和观察到多方面利益相关主体,并能够为其提供利益的商业模型才可能成为企业成长的基因。

(2) 商业检验

商业模型只是在初步调研基础上,基于逻辑分析对创业的市场需求、盈利结构和成长资源进行的分析,是理论性的设计,将其实施还需要一些检验性条件。

一是有无需求障碍的检验。没有需求障碍的商业模型才可以运行,商业模型的设计者可以针对9种需求障碍进行逐一核对,如果存在障碍,必须设法回避和解决,否则就可能存在巨大的运行风险。

二是盈利性检验。如果一个项目三年以上不能有正的净现金流或者五年以上不能获得盈利,风险就很大了。这与可行性研究相一致,同时也要看投资人态度和支持的程度。

三是底线检验。不能违法,也不能缺德。一些企业认为做点坏事,然后再做点好事,洗刷一下自己,没有什么关系。按底线检验,做了坏事,就是永远的污点,是洗刷不掉的,尤其涉及价值主张的正当性和有效性。正当性就是企业能够引领社会进步的行为,不能破坏社会秩序、挤占社会资源,更不能违法;有效性是指企业所号召的需求,它可以解决顾客的问题,调动顾客的潜在需求。

四是商业逻辑检验。检验结果要求就是三个函数一定要顺利衔接,没有任何障碍。其中,最初商业模型运行赋值应该满足国情的要求。

五是企业社会责任与可持续收益检验。一个好的企业能够可持续成长,是社会之幸。其原因在于好的企业可以为社会带来福祉,其产品或服务为社会进步提供了基本支持。其顾客和员工感受到企业的追求,会让企业的理念影响到社会。企业如果面对着生产所形成的负外部性敢于主动承担责任,为社会各方面的进步表现出支持的态度,可以使社会得到净化,这样的企业才有可能获得环境的赞誉。企业可持续成长与诸多因素相关,它不仅取决于市场和社会的承认,也取决于自身的管理水平。共享单车面临的问题不是商业设计的问题,而是商业理念与管理出现了问题。单车的堆放给社会带来的负担过大,也让它们自己存在着资产周转过慢,不仅一直饱受社会批评,自己的经营业绩也有着较高的风险。传统经济中,企业持续收益主要来自规模经济。随着企业发展,规模经济在发挥作用,在规模经济范围内,平均成本会逐渐降低,企业收益递增。在网络经济中,企业持续收益基于网络特性,当企业开始复制自己时,不同空间的顾客之间的关系呈现网络化,加盟企业可以节约成长基因的创始成本,顾客也因为熟悉企业的规则而节约搜索成本,这些节约都可以为企业带来持续收益。但是企业持续收益的根本还是来自人们对企业持续进步的肯定,它由企业承担的社会责任决定。

商业模型是一个没有参考对象的商业设计,只能依据商业模型原理,将需求搜集、盈利构造和成长资源链接起来,构建成一个多赢的商业生态。一个好的商业设计,应该达到三个标准。

1)它应该是一个没有商业运行障碍的商业模型。包括没有需求障碍、没有盈利障碍,也不存在成长资源受阻。

2)它也应该运行动力十足。它要有多个方面的利益推动者,需求者的价值主张

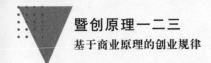

被充分揭示,需求被充分动员,企业利益被挖掘和创造,成长资源顺利积累,成长资源配置没有受到外部约束。

3）更重要的是商业模型要能够体现文化特色和民族价值观,它不能突破法律底线,要体现企业家的追求和企业的社会责任,要基于国情,为社会提供更好的、持续改进的服务。

（3）商业模型运行动力——利益相关群体与商业生态构建

【小案例】 如何解决停车难?

如果观察中国,几乎每个城市都面临停车难的问题,为什么会有停车难的问题呢? 是停车场远远少于车辆数吗? 好像不是。因为人们注意到,在很难找停车位的时候,却会发现许多车位是空着的,但却无法利用。其中的重要原因是许多停车场把车位出售或者长租了,车开走,车位在空闲着,你找不到车位,他也在漫无目的地到处找车位。

有一位创业者,他看到一边是人们如此急切的需求,一边是空闲在那里的资源。于是,他建立了一个商业模型,就是让把车开走的人将车位挂出来,在回来之前,车位处于等着出租的状态,车位有可能出租掉,也有可能闲置,但出租时就可以有租金收入,激励有车位的人将车位出租出来。谁来出租和管理这些车位呢? 主要依靠软件,但是,在现行制度下,物业公司往往是最大阻碍,如果能够引导它们转变成管理者,需要让它们参与收入分成。这样,物业公司和车位主人都受到激励,加上软件指导,寻找车位的人很容易找到车位,而车主回来也大多有空闲车位在等着他实现"三赢",更为重要的是社会也获得好处,车位的利用率得到了较大提升。

在这一商业模型设计中,存在着环境障碍——停车场被物业公司掌管,没有物业公司的同意,共享停车的商业方案就无法实施。向物业公司让利,并请物业公司帮助管理闲置的车位成为基本方法。由此可以体会到商业经常要多请一些利益相关群体进入,多赢而不是双赢,多赢是尽可能地让更多的主体参与。为什么要多赢? 有何意义?

第一,构建商业生态。把企业自己置于更大的商业生态圈中,使自己与其他企业共生共长,相互依存,在分工服务相同的对象时,让对象得到足够多的满意。它们是相互包容、一致对外的利益共同体,在外部来看,它们似乎就是一家人,而在内部,它们是有明确分工、相互协调,却又不一定用规定的商业合同管理的企业群体。在房地产业中,所有的社区要素都要依赖于房产生存,但是,房地产业绝对要意识到,没有这些社区要素,自己也难以有理想的顾客满意度,甚至会导致竞争对手的乘虚而入。在商业生态圈内,任何一家企业的服务质量都有可能牵扯到其他合作者的收益,所以,构建商业生态圈,在生态圈内,相互监督服务质量,形成共赢,才能让自己真正地赢。

第二,形成更强的商业运行动力。正如前面的小案例,物业公司的参与会让共享停车商业模型变得更有运行动力,原因是物业公司熟悉情况,并有得天独厚的优势来说服、动员车位主人参与到车位共享中去。物业公司与顾客直接打交道,通过互动让顾客明白充分调度车位,不会影响自己的停车,还可以得到收益,同时让车位主人觉得车位闲置下来是一种资源浪费。参与商业生态圈合作的企业越多,每一位参与者都能够主动投入,大家共同合作,会使运行动力更强。

第三,建立更强的进入壁垒。由多家企业组成的商业利益共同体,通常需要事先盟约,一旦盟约就会产生资源使用的排他作用,其作用远比专利等知识产权的排他性更强,有更低的维护成本和更长的时效性。因此,它往往会形成一种巨大的垄断势力,让外部企业很难以相同的商业模式进入其中,从而保护了这种由商业生态圈构建的长期利益。

在商业生态圈内,多是一家企业为主,其他企业为辅。分众传媒不是地产公司,不拥有专用的地理位置上的资产优势,但它们是框架媒体的核心企业,原因是它们是这个项目的发起人。同样的道理,共享停车企业也不拥有实体资产,却是这个项目的核心企业;Uber 被称为世界上最大的出租车公司,也是因为它是这个商业模型的核心企业。没有核心企业,商业模型运行的初动力不足,这个巨大的商业机器不可能运转。同时,这样的企业也是商业模型运行基本动力的维护者,当一些重要的商业生态元素不能发挥作用,形成运行阻碍的时候,它要承担起克服阻力、更换部件、继续运转的责任。

尽管多赢需要由一家企业为主发起,但是,它却不是理所当然的最大利益的获得者,而是要合理分配所获得的利益。一味的利益让步肯定不行,但是,没有足够的利益驱动也不可以。作为利益相关群体,它们是为了利益而来,合理分配利益是大家合作的前提。如果一些平台企业商业设计基本上合理,却无法运行起来,其原因肯定是商业合作伙伴的利益没得到满足。其实,平台企业应该有意识地给自己的合作者多一些让利,因为平台是从多个地方得到利益,是通过扩张实现持续收益,而专有资产合伙人,只凭借他们的资产来分配利益,利益受到约束,更何况平台企业没有实体资源投入,没有多少财务限制,还可以用平台找到其他实体资源合作而获利。

多赢不仅涉及商业合同中的各方组成,经常也应该包括政府、社会,甚至经过整合以后,还能够挖掘出新的顾客体验。海洋馆经过商业模型的重新打造,定位为本质

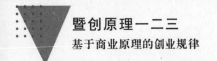

化经营的"科普馆",而科普馆的建设与运营应由政府完成,交由社会运营,现在由私人承担这项工作,政府也是多赢的一方。海洋馆作为科普馆负有教育责任,当地社会应该给予好评,特别是当家长与孩子一同前往,增长了他们的海洋知识的同时,也增加了他们之间的共同语言,增加了沟通,从根本上形成了更高层次的亲子关系,社会对它们只会表扬,可能会提出希望它们办得更好的建议,但不太可能对它们这样做有微词,社会也成为多赢的一方。如果海洋馆经常通过媒体和自媒体报道这样的活动,除了孩子和企业是赢家,家庭、社会和政府都会知道自己也是赢家。可以看到,多赢也是挖掘出来的,是通过商业模型运行在市场中被重新整合出来的。

(4) 商业模型赋值

不论是商业模型试运行,还是创业,商业模型的正式运行,都必须考虑国情。一个脱离国情的商业设计会因为缺少市场空间而形成成长受限,虽然可能取得了一定的商业成功,但如果想使业务支撑起一个伟大的事业,必须有足够的国情背景的支持。

腾讯成功的国情背景是人人都有很多闲暇的时间,它不仅是国情,也是世情。此时微信提供一个能够玩的"地方",把所有能够表达的玩法都集中在一个平台上,借助网络的扁平化特征,获得了国内许多人的认可。百度是因为人人都需要一个"词典",而不是传统意义上的词典,更像一个生活顾问。国情的重要特征是"人人",几乎所有人都有相同或相近的特征和需求,根据这些特征,设计商业模型并以此为商业模型赋值。

8. 商业模型地图

商业模型最重要的作用在于进行商业设计,如同一个工程项目。进行商业设计时需要针对一系列问题,如果能够给出答案,并且这些答案具有创意、合乎逻辑,这个商业模型就令人放心,可以进入商业运行的试错。我把这些问题罗列出来,变成了一张地图,称为商业模型地图,如表2-3所示。这张地图在商业运行中的另一个作用是用于校验商业模型在试运行中三个逻辑循环是否顺畅,考察是否出现了新的商业模型运行阻力,检查是否环境发生了改变而商业模型没有进行调整。商业模型地图是一个直观的思考商业设计的工具,它是一系列商业细节的分解,是一个坚持问题导向的思考模式。

表 2-3 商业模型地图

		需 求 搜 集		盈 利 构 造		成 长 资 源
商业模型设计	价值主张	1. 是否有明确的服务对象？ 2. 是否有明确而有逻辑的问题？ 3. 是否有明确的主张的通道和方式？	顾客资源	1. 是否找到了明确的顾客资源？ 2. 是否能够控制并变现客户资源？ 3. 是否看到了客户需求带来的新盈利点？	利润分配	1. 是否已经将利润分配到成长资源建设之中？ 2. 成长资源的投入是否均衡？
	需求障碍	1. 是否存在 9 种需求障碍中的一种？ 2. 是否找到了破解需求障碍的方案？	盈利理念	1. 是否已经明确了企业的予与取？ 2. 是否构造了企业收费方案？ 3. 是否已经设计了成本分摊机制？ 4. 是否已经设计了收入共享机制？	成长障碍	1. 是否存在着成长基因不完善？ 2. 是否存在成长资源配置不足？
检验	转化为需求搜集		需求顺利转换为盈利	盈利顺利转化为成长资源		成长资源顺利自我复制
	1. 法律与道德底线检验；2. 现金流检验；3. 企业家责任检验；4. 多赢检验。					
运行	1. 有无国情作为前提赋值；2. 是否构造了商业生态，形成了多重运行动力？3. 是否引入了多方面支持者，是否进行了社会化营销？4. 是否控制了企业的成长节奏？					

暨创三　创富三定律

1. 创富基本原理——创富的含义

什么是创富？不就是创造财富吗？没错，这是对的，就是创造财富。但财富是什么？如何创造，有无规律可以遵循？这些问题并不容易回答。

我经常在课堂上问学生，你们创造过财富吗？他们面面相觑，犹犹豫豫地回答说创造过，我让他们举个例子，他们举了过年长辈给他们红包（压岁钱）。我笑了一下，拿出两支笔，让其中的一位学生从我手里拿走一支笔，我问他们，财富增加了吗？他们犹豫了一下，说没有。于是，他们似乎明白了，创造财富并不是分配财富，而是新增加了财富。现在，两支笔，虽然拿走一支，但总的笔没有多，财富没有增加。但工厂就不一样了，那里把塑料压制了一下，将墨汁压入笔芯，每完成一支，就增加了一支笔的财富。那位学生拿走了一支笔，是我送给他的，他的财富多了，但对社会而言，没有增加财富。这和工厂也不一样。工厂里员工生产的笔都属于老板的，尽管都属于老板，但社会的总财富却在增加。老板拿走了所有的笔，此时老板自己的财富增加了，也为社会增加了财富。社会财富的增加是创造财富的前提，至于自己财富增加并不是创造财富的本质，而是创造财富的动力。当个人创造财富的动力使社会财富增加，才是创造财富。

为了说清楚这个道理，需要进一步理解财富和财富创造过程。

（1）什么是财富

工厂里创造的是财富，那么自己建的房子是财富吗？是的。只要能够为人所用，给人们作出贡献的都是财富，财富的概念很大。物是财富，对饥饿而言，粮食是财富；对高原空气稀薄而言，氧气是财富；对天寒地冻而言，柴火是财富。这些能够解决问题的都可以称为财富，这是财富重要的性质——有用性。垃圾没有用，所以不是财富。

有人说钱很有用，所以钱是财富。那就请问，钱有什么用？大家会回答，钱可以买到任何的东西，所以钱有用。请大家认真回答，你怎么得到的钱，是不是用你的财富换来的？钱只是记载了你曾经拥有的财富，现在你是在把你的财富换成了一种代

表财富的工具——货币。

这种交换有意义吗？这又涉及到财富如何评价的问题。就个人而言，相同的物质存在着使用环境的有用性变化，在你看来有用的，在其他人看来没有用，或者你看起来特别有用的，在其他人看起来没有太大的作用。这就是个人对一件东西价值评价的差异，这个差异恰好为交换提供了条件。交换会发生，原因是交换以后有用性出现了总体上的增加。人类发明和选择了市场经济制度，一个重要原因是它可以自由交换，而自由交换可以增加财富的价值。但是，大家都知道，想找到恰好可以增加双方财富价值的易货对象是一件可遇不可求的事情，所以需要货币在其中充当媒介，把人们暂时看起来没有太大用途的财富换成钱，再用钱去换自己需要，而别人却不怎么需要的东西。

通常交换伴随着自主评估，那些对自己有用性高的东西会被购买，对自己有用性低、对别人有用性高的东西会被出售。每个人都在交换之中，用自己的体力或智力获得工资，再用工资换得所需的生活物品。每个人对相同物质的评估表现为市场价格，所以有人说市场是价格的发现过程，没有充分的交换，就不会有真实、有意义的价格，而只会没有价格，或者是扭曲的价格。价格也成为评估物质价值的工具。

没有价格，人们无法看清自己手里的东西到底有多少价值，尽管知道它是财富，却难以形成数量的概念，因为你无法知道大家对它的总体评价。赠送得到的东西，肯定有价值，因为是白白得到的，有可能造成浪费，因为你不是通过交换获得的，你没有对它作正确的评估。如果它不是赠送来的，而需要花钱，你有可能不会购买，因为你的付出换得的价值增加没有达到你的要求。赠送多不会增加财富，反而埋下了浪费的伏笔。

凡有用的才可以被认为是财富，凡没用的都不能称其为财富。但是个人使用的财富很难评估财富量值，如果需要知道财富量值，就需要有评价体系。只有一种办法，那就是使用市场方法，由公众的评价决定个人拥有的财富价值，其实质也是交换价值，而不是个人所评估的真实价值。

房子到底有用没用呢？好多人是以预期的心态来看待这些东西的，把它们变成了期货。如果实际的价格呈现与预期方向一致，尽管房子可能暂时住，你也会假设它对你的价值在增加。这种预期以真实的生活需要来判断，认为将来在某种情况下用于住，而不是到时把它变成钱，而如果现在购买价格会低一些的话，就等于是把房子用来保值。因为它的价值体现在未来，是虚幻的价值，有待于未来验证，而在验证过程中，时时都有可能出现泡沫而崩溃。

财富的有用性是财富的本质，而不是它的形态，而有用性在不断变化，因人、因地、因目的而变化。人有用，人也可以是财富，因为人与物一样会产生有用性。比如

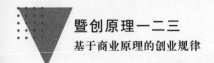

我们通常所说的服务经济，主要依靠人，快递员基本上不消耗物质资源，但你却觉得他非常有用。并非仅仅物才是财富，只要有所贡献，都可以称其为"有用"，都可以被认为是财富。也就是说，能够产生有用结果的都可以被看成是财富。这种有用，不是用于交换以后获得的钱财，而是真实的有用，可以给人带来实际好处的有用。

这种能够带来有用的东西被称为资源，资源是未来人们会使用到的有用的物质或人的素质，在没有使用之前，其有用性处于隐藏或潜在状态，人们也把资源可能产生的有用性作为财富来衡量。比如，煤炭大约会值多少钱，房子大约会值多少钱，都是以未来使用以后产生的有用性多少来评估的。资源不是财富，却可以当作财富。当资源被权力驾驭时，赋予了人格特征，它变成了个人资产，"你拥有多少资产？"这句话的含义是你拥有了多少社会承认的，并且可以由自己控制的资源。

资产是有用的资源，比如用来燃烧，或者用于居住，是其他资产不能替代的。资产还指人们可以控制其使用，有权力决定如何使用的资源，还指人们专门积累的资源。所谓的专门积累，是指它是人们生产出来的，而不是天然赋予的。房子专门用来做车间的，或者某种设备专门用来生产某种零件的，它既有被生产性，也有可产出性。被生产性是说，它是人们生产的，是通过某种特定生产过程制造出来的一种东西，可产出性是说它有专门的用途，可以在生产中使用并能够为生产作出贡献。

在财富有用性的背后有一个力量，那就是同类资源的财富数量增加会造成有用性不断下降。在消费中，它被看成是效用的边际递减，在生产中，它被看成是生产率的边际递减。有人把这种现象看成是由稀缺性造成的，这是不正确的。稀缺是指在市场交换中不容易找到的某种资源，是总体的判断，个体并不存在稀缺。如果在市场中不是随时能够买得到，它就是属于稀缺的东西。所以稀缺会造成价格上升，也就是交换财富量的增长，而其有用性却不一定改变。稀缺造成财富交换价值的提高，却不是有用的改变。但是，两者存在着关联，因为财富的有用性的确与资源拥有量有关。如果某种资源拥有量过多，至少有一部分资源因为要被使用，必须要通过与其他资源组合才能有效，它会变得没有办法使用，因而它就处于无用的状态。如果外部紧缺，可以通过市场交换出去，它还会变得有用。但当外部也不稀缺时，没有交换出去的可能性，就真的没有用了。

当然，资源间的配合关系会不断改变，人们的进步在很大程度上就是把那些看起来没有用的资源用起来，让它们产生价值。一旦发现某种资源的新用途，它的价值被发现，它会从无用变得有用，也可能从过剩变到稀缺。科技在资源有用性方面有着重要的影响，我们会在后面详细讨论。

（2）财富创造

财富创造是一个从无到有的过程。有人说,资源也是财富,那些自然资源早就存在,并因人们的意识而存在。是的,自然资源的确早就存在,正如威廉·配第所说,"土地是财富之母"。土地早就存在,但土地能够用来种粮食却是人们的发现,土地还能做其他的用途,也是人们的发现。人们发现了土地的许多用途,所以,土地是资源。但是,并非自然资源都是财富,只有被人们认识到其中蕴含有用性的自然资源,才有可能成为财富。换句话说,自然资源要成为财富,需要通过知识赋予其价值,其资源的财富价值才能够被认识到。这是最大的创造,是借助于自然完成的财富创造,而不是凭空的创造。

几乎没有什么财富不是借助自然创造的。工厂中的生产,是将那些零散的部件组合成一件神奇的产品。人们觉得工厂是一个完成从无到有的地方,其实,把那些从自然中获得的东西加工整理组合成一个有功能的物品,是一而再、再而三的组合,也是在借助自然,把天然的东西资源化,将一些看起来没有用的东西变成了一些强大的工具、装备或武器,等等。自然的某些属性被转化为人们需要的特征,人们借助这些属性完成了功能的构建。这些属性有的是承载财富的对象,有的则是为了增加其他东西的有用性,而让自己加入其中,使自己成为加工的动力、硬度、强度、色彩,等等,这些都需要人们对资源特性有所认识。

表面上,创造是一个从无到有的过程,而其实质则是一个资源转化、集中、分隔、控制,最终达到某种特定有用性的过程,那些资源曾经以某种方式存在,现在则以另外的方式存在,以前没有用,现在经过加工、改造变得有用。

这些资源也包括如人一样所有可能的生活或生产要素。一些人看起来没有太大用,他们只是消费者,但是经过教育、培养,可能会成为社会的有用之才。这时我们会说,人的身上积累了人力资源,那些知识、技能来自外部的赋予,超越了天然赋予的体能,也超越了家庭抚养和社区影响所形成的能力,这些人力资源让人具有了更大的财富意义。

如果说工厂是把人们看起来没有太多财富意义的东西,变成了人们普遍认为有用的东西,是集中的财富生产地,学校则是把那些没有太多财富价值的人创造出来。不仅如此,大学还把自然资源的许多属性明确出来,提供给社会,让社会运用并转化为更大价值的财富,这两类部门都是财富创造部门。

正如前所述,市场的交换也可以完成财富创造,主要是通过把无用的资源转交给需要这种资源的人来放大社会的资源总价值。这就是通常我们所说的商业活动,它有着财富发现、财富动员、财富挖掘的能力。通过充分的资源配置,而不是强制地分

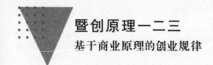
配资源,以个人的感受作为评估资源财富价值的依据,人类发明了各种制度,但是到今天为止,市场机制是人们发明的最有效的机制。它所创造的财富是借助人们手里拥有的资源,通过交换进行再评估而完成的。

并非只有市场才能创造财富,家庭或者社区活动,也有可以完成资源用途的转换,也有创造财富的功能。但是,任何财富创造都需要消灭用途前面的资源,这个被称为机会成本的东西就是人们通常所说的花费。如果被消灭用途的资源的财富价值超过了所创造的财富价值,这种创造活动就不会发生。以价值来衡量,就是创造出的财富价值低于花费,创造活动应该不会发生。这是经济原则,但有时,为了其他目的,也可能会发生,比如一个国家为了保护自己的生产能力,或者为了教育的目的,有意地让孩子以浪费的方式去创造。同样,不同的创造方式也会被人们根据效率的评估作出选择,只有那些花费低于其他的生产方式,人们才会觉得这个比较经济。你私建的那座房子是财富,因为对建筑者来说,房子有用。但是,如果别人建的房子比你家建的花费还低,你不应该去建,而应该去买。人们之所以经常采用自我创造的方式,多是因为把自己的时间和精力当作没有意义的资源,甚至有时候还会出现特别的情况,比如宜家的传统是让顾客自己回家安装家具,顾客很愿意这样做,自己借此锻炼一下身体,挑战一下自己的技能,感受一下成功的喜悦,而不在乎所消耗的时间。农村存在大量的自建房,原因是自建房者有大量的剩余时间和精力,或者错误地进行自我价值的评估,他们没有走出农村,看不到自己的价值,在不充分交换的环境下低估了自己的价值。

到目前为止,市场是人类发明的最佳的财富创造方法,其原因是人们不仅追求完成财富的创造,还追求完成财富创造的效率,那些没有效率的办法逐渐被人类所淘汰。创造出更有效率的办法,成为人类社会的追求。

工厂的生产效率高于家庭,主要是因为工厂可以借助机器进行规模化生产。机器本身可以代替人工,放大人工的能力,不论是体力,还是工作精度,人与机器相比都不在同一个等级上,而机器体系要比人之间的协调更加有效率,连接得更具连续性。现在使用机械手和机器人,进一步代替人工,在自动化生产中大幅提高工作效率。由机器组成的生产体系,在效率上超越了所有可能的生产方式。人们追求的是生产效率,社会对此不断地投入,让工厂的生产方式更加令人着迷和崇敬,甚至连那些标准化的餐厅、理发店都在使用工厂的生产方式。

市场这种制度被人们选择,是因为它也是一种独立的创造财富的方法,工厂不能将其代替,因为市场所完成的是资源配置活动,所产出的是配置效率。

大学以及相关具有创造性的社会单位,都在追求以创新为目标的动态效率。它是通过产品更迭实现的资源有用性再放大,如 3G 智能手机代替传统 2G 手机、电动汽车代替燃油汽车,都是典型的例子。大学里的各种沙龙,人们聚集在一起共同使用着图书馆、实验室、会议室以及教室,完成着从无到有的知识创造的工作。不过,现在已经不只是大学在完成知识创造,企业里的创造性也在不断被强化,大量创新工作也具有原创性,越来越多的诺贝尔奖得主来自于企业。

经过多年的努力,工厂的生产效率与市场的配置效率逐渐被挖掘,流水作业的生产线、标准化作业管理、规模化生产、产业集群以及无库存管理等机制陆续形成。从内部挖掘转向企业外部的挖掘,不仅是单纯挖掘生产效率,也与配置效率相结合。同时挖掘生产效率与配置效率,借助互联网的共享机制,挖掘资源的时间潜力。

人们越来越专注创造,并且把创造引入方方面面,不仅不断创新消费品,也创造装备、生产工艺和生产组织方式。人们用创造的新模式来延伸产业链条,扩张资源的用途,人们手里的工具功能越来越强大,其制造和服务过程也越来越复杂,产业链条越来越长。与此同时,那些为配置资源服务的技术与方法也在不断涌现,互联网成为资源配置的新工具,商品信息几乎全部通过网络传达,有时甚至没有任何商业目的的社交活动,也成为配置资源的一部分。

财富创造是在制造有用,凡能够扩大有用的活动都可以增加财富的创造,企业、市场和大学成为扩大有用的主力部门,创造财富需要借助这些部门。

（3）创造的本质与结果

创造活动是完全从无到有的活动,在这个世界上,只有思想是如此,其他都是借助思想实现的资源形式转换与组合。

老子的“道可道,非常道”是指客观存在,只是人们还没有认识而已。所谓思想的“从无到有”,就是讲人们的认识是否已经形成,而不是讲认识对象的规律是否存在。通常所说的规律,不会因为认识与否而存在或改变,人们去认识它,人们不去认识,或者认识不彻底,它也存在。

然而,仅仅是正确的认识还不够,还需要正确地运用它,借助它进行实现某种目的的活动,就是财富创造活动。不是说创造性活动以新的知识为前提,即使是旧的知识也同样会产生创造性结果,新的产品、新的工艺多是旧知识的延展,是新目标、新环境下的组合。新的知识往往会有助于新的革命性的突破运用,因为许多难题就可能集中在一个关键问题上,被人们的认识能力卡着了脖子,一旦认识出现突破,与此相关的一系列难题可以得到解决并能带动新的运用。

在创造财富的语境中,创造与生产并没有太多的差别,生产也是在创造,只不过它是模仿,不是在思想上的从无到有,而是在实体上的从无到有。虽然这也很重要,特别是对于财富来说,这样的生产可以增加财富的数量,针对人们在产品数量上的短缺,满足人们对数量的需要。但是,更重要的是方式上的创造,包括要素组合的创造、产品组合的创造、原材料性能再认识、为顾客提供的服务,这样的创造是基于全新的功能,会促进资源效率大幅提高,并且用生产去重复这种创造,使人们享用这种创造并传播由这种创造产生的新生产方法。

创造的本质是通过生产让人们更多地使用,而不是仅仅为了新方式本身。只有新的方式有应用前景,才有可能使创造变得有意义。因此,创造一定要受到应用的拉动,从应用中发现问题并寻找可以解决问题的创造是世界的主流,而创造知识等待人们去运用的是支流。尽管是支流,却也是人类的活动特征之一,人类应该允许自己做一些看起来可能没有意义的事情,探索未知,其中可能会存在一些重要的发现,而一旦发现便会形成革命性突破。

创造为人类开创了新的世界,人们在世界中越来越增强了自己的主人翁地位。知识变成了人类共同拥有的财富,它用于克服困难、战胜自然,也让人类对世界变化的规律有了深刻的把握。创造可根本地摆脱自然对人类的束缚,人类借助自然放大自己。创造也让人类感受到人类思考的力量,思考是人类的重要能力,让人类在创造中强化自己的追求。没有创造就不会有人类,人类也不会有未来。创造才是财富的根本源泉。

(4) 创富需要什么

创富是生产有用,如果生产的东西没有用,不仅不会实现创富,肯定还会变穷。多数情况下,变富与变穷的分界线不仅在于生产的有用与无用,还在于生产所使用的方式是否更有效率。更有效率的方式会创富,没有效率的方式则会被社会淘汰,效率对创富的影响不可低估。

效率是比较的结果。一个独自在山中的人家,做的东西只要能用,都有效率,因为他无法比较,也无法判断是否划算。但是如果在现代市场之中,每个人在参与财富生产的时候,他都会比较到底是自己做,还是到外面找其他更专业的机构做哪个更好。他这样想问题,是基于效率考虑。基于效率的创富活动会促进创富者的进步,创富的速度变得更快。不是创富本身需要一些外部条件,而是追求更多、更快的创富需要这些条件。

这些外部的条件是什么呢?它必须能够实现比较和能够相互替代,把自己生产的与外部生产的去比较,是假设外面的可以代替自己的。替代是前提,只有能够替代,才可以进行比较。替代是权利的转移,只有能够保证了在权利转移过程中利益不会受到损害,替代才会有秩序,这称之为交换。可以实现交换的体制就是市场,其他的办法都无法实现上述功能,因而,也无法促进效率提高。

当能够比较的时候,人们就有了学习的机会,也形成了学习的动力。如果没有向周围学习的动力,也就没有了学习的机会。只是按照自己的生活经验去进行有用生产,贫困就会发生。而实质上,完全这样的状态并不存在,因为这样的状态也是继承前人创造知识的结果,只不过在一个封闭落后的世界中,大家把自己孤立了起来,没有相互学习,没有把人类的知识作为共同知识、应用知识而变得落后。仅用自己掌握的知识去创富还远远不够,还需要利用别人的知识去创富,才能让创富活动更有效率。在市场上,几乎所有商业知识是公开的,是可以相互学习的,虽然有时会有知识产权保护,但别人的行动会启发你。

市场还有鼓励先进、淘汰落后的功能。在可以进行效率比较的时候,那些低效率生产的产品必然会成本高、质量差,如果参与竞争,则必然会遭到竞争者的淘汰,也就是说,市场会保留那些成本低、质量好的产品。市场机制才具有这种功能,其他方式都不具备。人们选择了市场机制的重要原因,不是因为它会给劣者以压力,而是因为它给优者以胜出的动力和机会。市场这种创富的方式,可以让效率更高者保留下来,让低效率者退出去,从而使市场成为促进财富增长的方式。

市场能够将各种高效率的因素进行组合与吸收,促使财富生产者提高效率。如果不去吸收这些因素,就会有被淘汰的压力,而吸收了就可能会变得主动。当然,如果是特别进取的企业,不仅会吸收别人有效率的因素,还会去创造性地应用新的知识,形成有效率的做法。

总之,创富是一个追求效率的活动,它需要借助市场来完成。市场可以评估财富的价值,引导创富的方向。这一评估机制,既能够让创富者明白自己所处的状态,也可以借助市场的互动增强自己的能力。借助市场才能够更好地创富,不存在不借助市场的创富者。

(5) 创富、金融与敛财文化

创富活动是一个利用先进的高效率生产方式的活动,也是一个不断提升生产效率的活动,所有对效率有影响的规律都可以用来指导创富。

《富爸爸,穷爸爸》这本书是讲关于资源利用的。资源利用存在着技巧,这些技巧多是以财务效率为基础形成的。财务从大的方面说是资金融通,从小的方面说是家庭理财,它借助货币的媒介,将所有资源联系起来,让财富在运转中增值,不让财富闲置下来,而是把它们全部调动起来。

以货币形式表达的财富,处于随时可以兑换任何有用资源的状态,这个状态的自由程度是其他资源不可比拟的,拥有现金,就拥有了自由,可以被理解成"现金为王"。那些胆子小、怕冒风险的人会守着现金过日子,有的还把现金藏在连自己都会忘记的

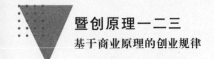

地方,整天提心吊胆,却忘记了那些也是资源。当你把现金偷偷藏起来的时候,就意味着你的一些外部资源将不得不闲置下来。那些只想安稳,怕失去现在日子的人,会把现金以最保险的方式存在银行之中,以便随时能够调用。实际上他们是让自己的智慧与资源脱钩,使资源处于与自己智慧无关的状态。"现金为王"是指用现金获取自由,想何时做,就何时做,想做什么,就做什么。当然,如果他认为情况不好,也可以不做了,手持着现金,过一个安稳的日子。但是自由的代价是失去创富的机会,为了自由和安稳,会让创富行动变得不那么积极主动,让自己清闲起来。

货币的融通功能可以调动资源。比如银行可以存放人们的钱,而那钱是对应着某一个方面的资源,这个钱可以由别人使用。也就是说,将那些闲置的资源动员出来,不再闲置,让资源进入被利用的状态。这意味着,金融可以让资源从低效率使用转移到高效率使用,让更有效率的人去发挥其作用。当然,银行也是在将分散的资源集中起来使用。那些散户的闲散资金几乎什么事情也做不成,但如果集中起来,可能立即就可以发挥大效用。如果发现银行这种方式也存在着低效率,人们会想出其他的方式来实现财富融通。银行将借来的钱放贷出去,中间赚取利息差,这个利息赚取得太轻松了,这意味着银行的效率已经存在问题。如果能够更有效率地监督自己的资金,可能基金经理是一种选择,因为他们受控的程度会更高一些,自己的智慧与经理的智慧可以叠加在一起,而不至于完全依赖金融机构的决策。股权融资与债权融资相比,股权融资存在更大的风险,但也存在着更大的获利机会,特别是针对银行和债券发行的制度而言,那些初创者非常缺少通过债权获得资金的能力,需要作用于直接的股权融资。金融的发达,是指金融企业利用各种金融手段,错综复杂地为不同需求者服务,向人们提供各种使用方式,满足对社会各种角色的需求,也让资源得到更有效率地利用。从经济整体上说,金融可以让资源配置得更加合理,可以盘活资源,提高资源效率,放大资源的整体作用。

金融虽然不是直接的创富活动,却是直接创富活动不可缺少的一个重要条件。培育良好的金融环境与金融产业,有助于社会创富。就个人而言,可充分借助金融的力量,实现个人的创富。

金融不是敛财,金融是通过资金的融通获得资源配置方式,由专门的金融机构配合实体经济来完成创富。金融部门会受整体宏观风险的影响,往往国家会担起最后的风险承担者的角色。敛财的文化会在一些国家过度保护金融的背景下出现,金融会因为国家的管制受到限制,因而造成了金融服务的短缺,并在短缺背景下让金融有更高的垄断和获利,这又加剧了敛财文化,让那些从事实业、真正创富的人愤愤不平。

从事金融的人对社会的贡献,并非像金融部门获利的数额那样大,其获利多是因为这个行业的特殊性。处于这个行业,得到的利益只是行业的"租金",而不是自己的努力,这一点应该让所有创富者清楚。换言之,金融部门参与创富,它只是融通资源的工具,通过融通资源放大了资源的效率,不是经济的全部,也不是基础。它如同自来水、煤气一样,就是一个行业。如果一个行业没有风险,却还得到了足够多的利益,这样的行业本身就已经很令人羡慕了,就不要再过于夸大它的作用了。

(6) 创富三定律

创富三定律是一种形象表达,也可能还有其他作为"定律"的创富原则,但是暨南大学创业学院目前能够认识到的主要是以下三条定律。

第一条定律是实体经济创富规律,本质上是讲企业没有资金运转就不会创富,财富是资金运转的结果,创富活动是资金在不断运转中通过资源转换有用性从而让代表资源的资金获得增值,增值即是创富。

第二条定律是借助别的资源放大自己的资源,如果有可能就去挖掘可以利用的其他资源,只使用自己的资源,往往会能力受限。借助的办法主要是使用各种金融工具。这不是通过金融敛财,而是让金融为实体经济服务。

第三条定律是权利可以成为创富的资格,不主张权利,财富的所属不清晰,也会让自己失去挖掘财富潜力的动力,相反,主张权利可以明确资源的用途,挖掘资源的价值。创富过程也是一个权利被强化的过程,没有权利,或者淡化权利,会让资源失去了主载,造成资源的浪费。

它们都可帮助实体经济创富,实体经济将它们联系在一起。我一再强调创富就是创造有用,就是挖掘资源价值。经济实体是直接面向资源、挖掘资源效率潜力的基本单位,其他的方式都需要借助经济实体。实体拥有资源,也使用资源,它的基本任务就是开发资源的潜力,让资源增值。实体必须向自己负责,其资源的有用验证能否在市场上通过,也只能由自己决定,通过让资源有用来开发资源。

作为经济实体,资源投入与资源有用都需要将资源转化为资金来抽象表达。这样,实体总价值的增值部分就是实体创富的结果,这个结果是经济实体自我开发的成果,也是资源不断增值的总体衡量。资源的有用性在实体内部表现为可以为我所用,而不一定是为我所有。

实体经济的基本活动无非是资源条件创立、运行和权利主张,三个定律涵盖这三个过程。不过其顺序并不是从资源条件创立开始,而是从财富增值本身的最核心规律开始的,就是指不运动的财富就不会创造财富,财富能够创造财富才是创富之本。

在互联网时代,出现了许多基于网络的创富,比如免费提供基本功能,特殊功能另外收费。这是权利主张的结果,它是在小范围内建立垄断,再利用歧视定价获利的方法。为了越过用户数量的阈值,网络企业有意地烧钱,吸引顾客以克服习惯障碍。

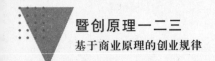

在网络用户数量达到足够多的程度时,网络内部用户数能够自动为外部用户提供足够的效用,这也是一个具有普遍性的重要现象,可以作为第四定律,只不过这不是我们暨南大学创业学院归纳出来的。

我们还发现了一些创富现象,比如低成本复制,就是以不断转发为手段的内容传播,今日头条就是其中的代表。它们发送内容的方式是新的归纳,却是标题式的,后来这家企业还把视频也做成了类似的项目,比如抖音。是什么原因让它们挖掘到了新的商机?是它们对人性的观察,先睹为快是人之常情,多数人都有这种需要。从人性出发寻找新的需求,可以称为第五定律。其根据是需求导向,人需要什么,需求就会朝向什么方向。以人性为基础发现新的需求,也是创富规律。

应把三个定律放在一起作为整体,它们有着较强的一般性,而不局限于网络时代,甚至有面向传统经济之意,我相信,网络经济也要坚守这些基本的创富定律;同时,这些定律也有一定的抽象性,太具体的方法,只有具体的创富意义,不具有一般性,很难举一反三。

2. 滚动定律及其运用

经济学家们经典的看法是,价值只有在再生产中才能不断获得增值,这个再生产就是资金的持续滚动。

(1)滚动定律起缘

上大学时,我们机电专业也要上管理学课,老师在课堂上反复地讲到复利计算,当时也不是很明白,为什么要做复利计算?后来工作以后才有点明白,这是经济运行的本质。比如,企业每年留下的净利润是10%,企业总不会把这个利润干别的,它唯一的作用是投入到生产之中,作为生产资金,明年它也要参与生产,也应该有10%的收益,再投入生产之中形成资本增值。如果前一年的资本金是1 000万元,年底时的资本金就有1 100万元,利滚利是实际生产中的现象,而不是我们以前听说的只是放债获利。

后来再仔细想,难道批驳放债人的利滚利错了吗?为什么经常会有一年之内债务翻了一番的事情呢?大家愤恨的原因在哪里呢?除了利息极高以外,剩下就是计息时间过短,按年计息与按月计息差距还是挺大的。比如,12%年息,每月平均1%,如果年计息只有12%,按月则是(1+1%)的12次方,是12.68%,按天计算就更不得了。放债人可能讲理,但讲的是歪理,是按最大化来计算利息的,所以把那些不会算账的债务人给坑了。可是,放债人似乎也没有错,因为按每天计息也是正常的,因为在企业中,没有哪一天的资金不是在生钱。2012 年我去蒙牛乳业考察,它们的副总和我说,该企业每天的营业额差不多是 1 亿元,即使按 10% 营销利润来计算,那也是 1 000 万元的盈利,该企业会让 1 000 万元存在银行吗?该企业一定会想办法把这些钱用在扩大再生产上。那时该企业已经有了 53 家分公司,屏幕上布满了全国各分支机构的监控电视实况。

一位创业者也许就是几万元起步,以前我经常说是 2 万元,在我看来,这已经不少了,现在无论如何也得几十万元。假设是 20 万元起步,我们看一下滚动四年后的结果。

我们假设每天只有 1% 销售利润率,如果企业做的是销售,它们只需要流动资金,不需要固定资金,每年按 250 天计算,其余 115 天放假,四年总计是 1 000 天,或者你也可以理解为是 1 000 个周转日,周转的结果是 20 万元会变成 409 000 万元,也就是 40.9 亿元。如果还是按 2 万元起步,1 000 次周转的结果是 4 亿零 900 万元,也是一个庞大的数字。

每当我与学生算这个账的时候,他们都非常吃惊,为什么呢?因为最初,20 万元每天只有 2 000 元的增值,如果是 2 万元,只有 200 元的增值,这个数额太小了。第二天,本金达到了 20.2 万元,有 2 020 元的增值,增值的倍数非常低,大家都觉得达到上万的倍增是不可能的。但是,在最后一天,本金接近 40 亿元的时候,1% 的利息收入将是 4 000 万元,这也是那天的利润。大家看到这个数字就觉得好像相信了。

以 2 万元起步,最后一天的收益是 400 万元,差不多相当于一个人打工一生的收入,而以 20 万元起步,最后一天有 4 000 万元的收入,足可以让自己成为一个富豪了。大家听到这个比较,明白钱生钱很厉害,创业才有可能实现每天 1% 的增长,只打工,哪里来的一天就可以挣一辈子的钱,甚至还可能成为富豪,过上财富自由的日子?

我们总结一下滚动定律:财富只有通过滚动才会增值,否则没有增值的可能性。滚动是财富增值的根本原因,创富的活动由滚动决定,创富的快慢与多少由滚动的次数和每次滚动的增值率有关。

其实,在现实世界中,许多人是按这个规律致富的。义乌人从事小商品生意,每次出售只有 0.8% 的加价,这是与 1% 最为接近的销售利润加成,在义乌从事小商品生意的许多人都成了亿万富豪,原因是他们几乎每天都在收付货款。他们几乎都是这个定律的实践者。

中国改革开放 40 多年,出现了许多富豪,大量在实业一线奋斗的创业者都成为了亿万富豪,看到他们,就应该知道中国的财富增长如此迅速是有依据的。

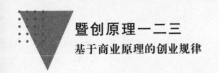

（2）为什么一定要滚动？

滚动的真正意思是把所获得的利润作为资金再投入经营之中，把本做大。为什么把本做大就可以多赚钱呢？一辈子打工的人并不知道，而那些从事商业的人非常清楚，人力只是挣钱的一部分，没有人力肯定不行，但是本钱更是挣钱的根本，它们的作用更大。俗话说本大，利就大，意思是没有大的本钱，想提高利润是不可能的。

本钱大能够多挣钱，既包括规模所带来的效应，也包括通过规模获得的节约贡献。假设每单位利润是 10 元，总利润是 2 万元，规模扩大一倍，则总利润可以达到 20 万元。这是一个很简单的道理。但是里面还有更多的利润空间可以挖掘，最主要是规模可以带来四个方面的节约，我们简要描述一下：一是专业化，规模扩大可以促进专业化，它能够提高效率；二是协同化，周边配套，因为你的规模足够大而为你节约成本；三是降低费用，推广费用会因为摊核在每个单位产品上的成本下降而提高了单位利润；四是渠道控制力，既可以降低渠道成本，又可以增强对渠道的影响，从而可以增强对渠道的利益分配权力。所以，想方设法增大规模才是企业发展之本，也是企业在为社会谋福祉。因为通过企业的努力，社会成本被降低了，这也是企业存在的意义。

扩大本钱的基本方法是增加自有资本，这是其他方法的前提。而持续扩大自有资本的主要来源是利润，这就是企业一定要滚动的原因。

如果嫌企业发展慢，企业可以通过把自己的权利换成钱来扩充资本，也可以先贷款，再还款，这两个办法就是我们后面要讨论的两个内容——另外的创富定律。但最核心的还是企业自我增值能力，就是让利润不断补充到资本之中，让企业不断扩大规模。

创业者需要以资金滚动为最高原则，不要轻易放弃资金滚动、让资金退出企业。许多年前，我遇到了一些小老板，他们用挣来的钱买车，而且是很不错的车。他们花了许多钱购买的大哥大，金链子，租下五星级酒店的房间谈生意，他们把客户当成了傻瓜，以为这样装成有实力的大老板，就可以拿到合同。多年过去了，这些小老板仍然是这个样子，他们偶尔会有一些生意，但越来越多的是他们的教训，他们不再像当年那样装成大老板，而是心平气和地谈真正的生意。他们为什么没有如滚动定律所描绘的那样成为一个大生意人？是因为他们没有把挣来的钱再次投入到生意之中，设法用钱来挣钱，而是想用面子来挣钱。

让资金闲置下来很容易，人们对此经常的态度是"没办法"。还是在 90 年前，美国一家很小的出售电机的商店，发现许多工厂的配件多是偶然才用到，但是为了让生产连续不中断，它们不得不准备一个仓库，堆放这些偶然才使用的配件。这家小公司替这些工厂考虑，每一家都在闲置着一笔不小的资金，还得占用管理人员、电力，甚至

有一个最大的浪费就是场地。这家企业为这些工厂想了办法,替它们管理这些配件,从而减少资金占用,经过十几年经营,它成为世界 500 强,一直到今天,它仍然没有改变业务内容,这家企业叫固安捷。

共享单车是一个全新的商业模式,ofo 以其造价低廉战略参与竞争,不断地向市场投放车辆,结果是投放车辆很多,车辆的使用效率并没有因为车辆多而得到体现,车辆的周转越来越差。堆放的车辆不能周转,收益何来? 没有收益,企业就一定会亏损,最后它们自己经营惨淡,也污损了共享经济的名声。这是一家明显缺少资金周转理念的企业,不懂得资金只有滚动才能够产生效益。

许多小店是合伙经营,开店时热情极高,根本就没有把注意力放在市场需求的品种、数量以及进货上,结果第一次进的货到一年以后还没有卖掉。经理说,东西在那儿,也没有丢掉,你们凭什么着急? 那也还是钱! 大家都没有说话,原因是似乎他说的也有道理。只有一位股东站出来说,钱不生钱,把钱放在这里干什么? 你得承认进货有问题,抓紧把货出手,再做别的。本来他们创业开始得很早,但是项目选得不好,经理又不是一个很懂得学习的人,出现了问题又不承认,分歧由此开始,最后大家只能散伙。为什么不承认存在的问题呢? 为什么大家觉得他说的有道理呢? 根本原因是把日常的资金与经营资金弄混淆了。家里的钱往往是放在那,因为数量小,又不是用于经营,闲置也没有什么太多的损失。但是经营性资金,一定得周转,更不用说,一旦变成了库存,商品过时和变质、老化都会带来损失。东西在那儿,总会让人们误以为资产的价值就是原值,其实,多数都会随着时间的推移而贬值,更何况它们不周转就不能带来收益,那就是损失。

创业企业需要尽可能让资金快速滚动,因为它们没有本钱,只能靠勤来补齐先天的不足。这不只是人的勤,是人的勤推动了物的勤。便利店就在于便利,为了节约人工费,晚上不开门,便利性就没有了。每个店铺的房租一旦付出以后,它就应该每时每刻都要参与周转,设备也一样如此,能让它们周转尽量让它们周转。

周转是要与业务保持同步,而不是蛮干。假设创业项目只是一个旅行社,白天开门,晚上关门,朝九晚五,那基本上就是在找死。因为你用租来的房子作门店,白天不会有多少顾客,如果以白天没有多少顾客来推断这个项目不行,肯定是错误的。你应该相反,白天不开门,晚上开门,一直到深夜。以晚上 8 点为营业峰值。如果你不想失去那些白天偶尔来的游客,你可以晚一点开门,比如下午 3 点或 4 点开门,你也可以多一些休息,重要的是让你的店铺与客流同步,因为白天人们在工作,傍晚才有可能闲下来。

不让资金滚动慢下来是那些国际知名品牌成功的经营诀窍。麦当劳进入中国时,中国区经理按中国餐厅的习惯在每个店加装了一台电视机给顾客看,大区经理前

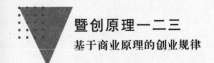

来巡视,让他们把电视机拆除。对快餐店来说,不是靠一次性服务就能把利润挣到的,而是靠高的翻台率。当然,麦当劳的单位利润也不低,而更为重要的利润来源是它们想尽办法让顾客吃完就走,给其他顾客腾地方。

创业者在理念上让自己勤劳,却忘记了一定要想办法让资金也勤劳,人的勤劳是陪伴它们,推动它们滚动,而不是代替它们。如果说资金出现闲置,多不是资金本身的问题,而是人的问题,是人让它们闲置了下来的。

让所有资金都不能闲着,不论是流动资金,还是固定资金,不论是货币形态,还是实物形态,都要让它们处于经营和生产状态中。

从一般意义上讲,所有东西都需要在滚动中成长,包括名声、感情、关系以及个人的进步。好名声,可以赢得人心,然后得到传播,比如说,1个人把你的好名声传播给1个人的时间是一天,每个人都如此,一天传给一个人,以他们都有100个朋友为基数,一年下来结果是(100%+1%)的365次方,37 783倍,你的好名声传播到37 783个人,如果是两年,就是这个数额的平方,142 758倍,14万多人,你可以成为一个名人,而且是和网红一样知名的人。

感情增进也可以这样算账,每天强化1%,四年下来,就有一万多倍的感情增进。原来没有多少感情,经过你认真持续的强化,就变成了如胶似漆和信任有加。

如果一个人想进步,也要用这种滚动的思维,不要想着一步到位。假设你每天进步1%,一年下来就可以让你的知识变成原来的38倍,但是你每退步1%,年底时大约只有原来的2.7%了。

(3) 坚守的意义

滚动的背后是坚守。可能有人听不明白,其实很简单,如果你有几个雪球,你真不知道会滚动哪一个,结果哪一个也滚不大,但是如果只有一个,你的雪球一定会滚得最大。这就是坚守。

有人因为开始滚动时,雪球长得太慢,就有许多的不耐烦,经受不住外面的诱惑,放弃了自己曾经的追求,最后的结果多不会有事业。在我们的新商业模型论坛上来过一位创业者,他非常年轻,在大学二年级就获得了天使投资,当时他的现金流非常好,就把钱投给了许多像他这般年纪的创业者,项目很多,却没有一项达到了他的期望。他投资出去的钱很快花完了,他自己的雪球也没有滚起来。虽然他还是名人,但基本上变成了明日黄花。

在一块田里深耕,还是在多块田里乱撒种,这是不言而喻的,但为什么人们愿意到处去投资而不愿意在自己的田里下功夫呢?主要是因为初心抵挡不住利益的诱惑。

一个创业者不要轻易激动,要用理智代替利益冲动。这个世界上机会很多,只有遇到你自己的机会才可以激动。但是我们这里并不是强调一定得找到自己的机会,这实在太难判断了,多数只能通过事后的成功来判断。在作出决定的时候,只有天知道和他本人知道。因为如果当时他不激动,也不能作出决定。他觉得那就是他的机会,那也可能就是他的机会。

一些人其实并没有想好,因为长期找不到机会,好不容易听到一个消息,他们立即作出创业的决定。如果真是这样,那么它就是你的机会。我的意思是,如果你作了决定,先不要改变,一边做,一边将机会扩大,而不要在一开始就后悔,或者是把注意力、兴趣点分散到其他地方,或者以为开始就会有了一切,以为有了投资,就可以有市场,见异思迁,患得患失。

- 既然作了决定,外面的新的其他就不要再去考虑,至少目前不能考虑。
- 既然作了决定就要对未来把项目做到多大进行规划,达不到这样的目标,就不能停止投入。不仅要设计总体目标,还要设计阶段目标,还要制定分阶段实现这些目标的措施。
- 既然决定做这一项目,就不要怕没有多少收益,更不要去与其他人或者其他项目去比收益。而是要不断对这个项目进行投入,扩大规模,直到做成这个项目。
- 既然作了决定,就要去克服困难,不怕投入,而且是集中投入。

做到这些,才是坚守。坚守才能让滚动定律发挥作用。

从市场看,坚守可以带来品牌效应和对顾客的尊重。顾客帮助企业成长,可能会需要扩充市场的规模,扩大企业的服务范围。没有坚守,"暨创一"的好顾客管理思想也难以得到体现,两者在此形成了统一。好顾客管理为滚动定律发挥作用提供了空间,没有足够的空间,滚动定律就无法发挥作用。虽然市场规模经常受到人口等社会统计指标限制,但更受到对待顾客的态度限制。如果说好顾客管理是在通过服务征服顾客,滚动定律则是通过征服让企业获得收益,只征服了顾客,还不能说企业得到了发展。只有当企业获得滚动效应,形成了价值增值,才是好顾客管理希望的结果。

从生产方面看,几乎所有专业化过程都与坚守有关,装备的专业更是如此。尽管当代出现了弹性强的柔性制造和智能机器,但在具体的局部生产过程中,仍然要依赖具有专一功能的装备,它可以节约时间成本,也可以提高精度,减少错误率。我们不能指望一个造船企业去生产精密的仪器,它们根本上的差别是装备的专业化差异。坚守可以使同类生产达到足够大的规模,从而让装备的投入更加经济。

从人力资源方面看,不论是研发设计人员,还是管理人员,坚守都能让他们更加专业化地从事自己的行业,也可以通过专业化积累人力资本,使其更加专业化。人员

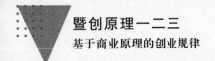

专业化过程的自我加强,可以保证滚动定律发挥作用时不致于受到人才的限制。没有企业的坚守,企业员工会处于动荡之中,频繁换岗,个人人力资源难以得到积累;人员不断进出,企业归属感变差,企业整体人力资源更不容易建立。

坚守还可以稳定社会关系,积累社会资产,借助外部力量提升自己,它们往往也是企业能够实现滚动的重要条件。

没有坚守就没有企业战略,坚守为企业把准方向,让自己知道什么是应该做的,什么是不应该做的。这会进一步形成召唤力,让那些有相同愿景的人才归于企业旗帜之下,通过明确形象放大企业的社会影响力。

(4)设定1%的含义

在滚动定律表述中,我们总是设计滚动的效益为1%,即1万元可以增值100元,100元可以增值1元,1元可以增值1分钱。每当说起一元钱可以挣一分钱的时候,大家都不觉得这是一个多么了不起的事情,但是当你把初始的资本放大到100万元的时候,每次滚动可以挣到1万元,人们还是会吃惊的。如果有100亿元,它的1%就是1亿元,人们会更吃惊,而有100亿元资产的企业,在世界上并不在少数。它们每天都在演绎着亿万富翁的故事。

有人不太相信这个1%的利润率,我也不太相信。如果是一个打工者,他有一些个人时间,用100元作为本钱去卖报纸,销售利润率肯定超过了1%。但如果造一艘价值1亿元的轮船,它的利润率要远远高于1%。但是,造船企业的总利润率却可能不及卖报纸的高,原因是造船业的周转率一年才一次,有时还经常超过一年,这个行业还经常使用按揭销售,得借助银行才能实现周转。其实用1%,是做一个比喻,这样比较简单;事实上也不是每一天都在周转。

或许1%有可能假设高了,大量的商业活动不可能有如此高的利润率和如此频繁的周转率。报纸、快餐、照相等可以实现快速周转的生意,即使在成本上加上一点(1%),就可以达到滚动定律的要求,但它们能否有足够的市场需求让它们滚动呢?这是个问题。除了这样的行业以外,服装店、车行、电脑商店、手机店,没有哪类行业可以实现一天一周转,对这样的行业,即使假设的利润率再高一些,也是应该的,因为它们的周转率远不及那些快销企业。

义乌企业所出售的也不是快销产品,但是,它们实现了薄利多销,以薄利作为多销和快销的前提。它们可以加价得更多,但是,如果加价更多,也可能就没有义乌这个面向全球的小商品批发市场了。正是因为它们的加价少,才让它们在持续滚动中,获得了整体的成长。

不贪也是设定为1%利润率的前提,其含义是有意地减少利润率。这是企业的一种战略,也是文化。中华文化对薄利多销一直给予鼓励和提倡,中国许多企业首选低价市场策略也有文化背景,不然我们不能解释这种价格竞争的普遍行为。中国文化中的"不贪"占有重要地位,所有贪念都具有负面含义。可以赚取更多,却不去这样做,这就是不贪。不贪是为了长期有更大的利益,企业可以使用"四还"让自己不贪。

- 一还顾客,即主动向顾客让利,把顾客作为自己的雇主,将利益奉献给雇主,而不是将利益全部取走,从而实现共赢。
- 二还员工,即主动增加员工收入,也能让员工感受到企业发展之益,有时还要刻意增加员工福利,特别是那些能够感染员工形成向心力的福利。
- 三还股东,让投资人受益,让他们确认当初的投资是正确的。
- 四还社会,扩大公益事业,特别是那些低调却可以带来社会承认的公益事业,以产生长期的社会化营销的效应。

让人们知道企业不贪,这很重要。因为不贪,可以向所有相关利益群体让利,认为企业忠诚而非奸诈,不贪可以令人信任,从而企业可能走得更远。不能因为自己还是一个刚刚进入行业的小企业就见利忘义,任何企业都不能忘记这一点,只有不贪才会有长远利益。但做到这一点却非常不容易,原因是人们经常把创业当作是赚钱,认为贪图利益是天经地义、自然而然的事,如果不贪会遭到周围的讥讽,特别是创业者周围的人。如果创业者因为这样的问题形成内部分歧,甚至投资人也成为令创业者贪心的推手,创业者就会失去初心和对企业分配的控制,不贪可能就成了一句空话。因此,能够做到只拿1%并不容易。

与此相对应的,企业能够稳当地实现1%的资本利润率也不容易。如果企业没有足够的创新,在一个竞争强度很高的市场,企业只有微利,可能连1%的利润率都做不到。企业只有具备足够强的避免竞争的能力,才有可能让自己保持着足够高的利润水平。它是企业能够不贪的前提。企业创新的重点在于"暨创二",即商业模型创新,而不是科技创新。科技创新依靠的是研发投入,商业模型创新依靠对市场需求的深入观察,两者投入不同,风险也不相同。更为重要的是商业模型创新往往会增加附加值,而科技创新多是在增加功能,从需求演变过程看,功能上的各种需求越来越多,功能在价值中的比例在逐步下降。

按"暨创二",如果设计的商业模型基因合理,在试运行中基因经得住考验并且得到了修正,创业者就应该利用商业模型理论中的快速复制基因开始滚动,收获创新利益。

（5）初始资本的来源

如果初始资本为零,一切都无从谈起,必须得有足够的资本来启动创业者的事

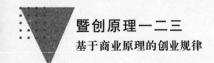

业。这不是充分条件,而是必要条件。这钱从哪里来呢?

打工者是把自己定位成消费者,他们没有想过把钱积累起来用于创业。面对机会,他们有一种无可奈何的心痛,久而久之变得麻木,不再有创业激情了。另外一些人,只想让自己过得好一点,储蓄攒钱也只是为了购买大件耐用品或者不动产,即使有商业机会,他们也无动于衷。能够参与创业之人,他们的心态一定与这些人有所不同,特别是持有滚动定律,受到滚动定律深刻影响的创业者更会白手起家,从平常的日子中积累初始资本,让它成为事业滚动的初始资本来源。

- 强制储蓄。强制储蓄是最基本的创业素质,也是最保险、最可靠的资本积累。许多人很小就有这种经历,家长给孩子零用钱的同时,也买了一个储蓄罐,储蓄罐如同貔貅,是一种只进不出的装置。如果想用这个钱,就得砸开储蓄罐,这反而成了障碍。小孩子自制力差,必须用这种装置行为证明他要决心做一件事情了。孩子们在这样的环境下成长,多会在长大以后比较会过日子,可以谋求做一些大事,即使不用这个钱创业,也可以建立积少成多的理念。这种节衣缩食的精神对许多创业者来说仍然是必修课。他们可以不贪,但不能不节俭,在节俭的前提下不贪。节俭和储蓄对还没有创业的未来成大事者是必修课。它可以让创业者培养起好的习惯。至于储蓄用于何处,是滚动积累还是冒险创业,因人因事因地而异。

- 先做小生意。如果有时间,可以去做一些小生意。什么叫有时间?大学生以读书为主要任务,但成绩很好,拿着奖学金,还有剩余的时间,就可以试着再挣一些钱,这些钱应该可以用在创业上。挣钱的方法有很多,保险而不会蚀本的是打工。在中国最好的打工是做家教,那不仅可以复习功课,还可能与家长们建立友谊,没有什么成本,收入也不会太少。有的去带团旅游,锻炼外语,增强组织能力,到国外增长见识。但这都不及做一些学生需要的生意,特别是那些有新的需求的生意。在开学之初做新生的生意,在放假时做回家同学的生意,在毕业季做毕业同学的生意,还有平常为懒惰之人做的生意,"饿了么"就是在大学里做起来的非常平常的生意。也有一些有潜力可挖的生意,如校友间联系的生意,就是从校内网开始做起来的。为来看朋友并想找实习工作、却找不到地方住的同学提供住处,后来变成了短租的生意。多数情况下,这些小生意只是为未来的创业做点初始资金准备,但同时也在积累创业经验,只有个别的偶然情况,可以为未来商业模型探索出一条道路。

- 向亲戚(父母)举债,或者向银行借贷。在急需初始创业资金的时候,不妨向包括父母在内的亲戚举债,他们是创业者的亲人,也是未来事业成功的受益者,不论是挣得面子,还是获得真实的利益都需要创业者的事业成功。在现代社会,父母会给孩子准备了一些如结婚或者购房用的钱,你可以挪用一下。但原则是,这些都是你借的,而不是他们应该给你的,你要准备在事业成功以后偿还。如果事业一时没有起色,要记得节衣缩食,不要再向父母伸手了。

- 以信用向周围的人借钱。如果平时你的信用还不错,可以向周围的朋友举债,为此积累信用很重要。年轻人经常不顾及这种可能性,把信用都用来消费,到创业急需用钱时,经常找不到初始资本。平时做人、做事要讲诚信,不轻易许诺,一旦承诺必须兑现。这种品质在坚守和滚动中非常重要。

- 其他可能的初始资本,比如课题经费、众筹、向他人筹款、借助现代金融制度获得初始资本。这里除了课题经费,其他部分在后面的两个定律中还会讨论。对于课题研发,国家的一些制度允许将其成果全部或者部分私人化,比如专利可以个人优先使用,甚至是免费使用,也有一些企业的研究需要费用,课题经费可以交叉使用。

(6) 选择行业与区域

滚动的基本原则是不让资金流出现中断,让资金快速滚动,不间断地滚动。有时,出现资金的中断并不是企业愿意的,而是选择的行业与区域特征导致的,是大量的结算资金没有及时到账,造成了资金的占压,企业对资金周转出现了失控造成的。

为什么会有义乌现象?为什么中国企业愿意做外贸生意?其中的一个主要原因就是外贸的信用有保证。相对国内以前的三角债以及越来越严重的企业拖占货款的营商环境,外贸采取的是信用证制度。这种制度是以票据为基础、单据为条件、银行为中枢的结算方法,也就是由一家银行依照客户的要求和指示或自身的名义,在符合信用证条款的条件下,凭规定单据,向第三者或其指定人付款、或承兑并支付受益人出具的汇票;或授权另一家银行进行该项付款、或承兑并支付该汇票;或授权另一家银行议付。多数情况并不复杂,银行向加工企业先付30%货款,以便开始生产,其根据是购货合同。产品生产出来以后,采购方验货出厂,银行再付30%,装船运输到达后验货,通知银行付最后40%的货款。这种方式让工厂有足够的理由相信采购方,这是一个没有结算风险的生意,同时,也是一个现金周转率最高的生意。企业宁可利润率低,也要用这种方式,是因为这种方式不存在结算风险,也可以快速滚动,不像国内许多生意会出现打白条,恶意压占资金的情况。当然,中国的劳动力和成本优势也是造成大量劳动密集型产品出口的条件,而结算方式与信用环境更是不可忽视的重要因素,只不过理论上没有人在意。

信用环境的差异让创业者经常忘记了这一因素带来的痛苦。以前在中国北方,

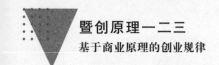

恶意拖欠的情况比较严重。近年来营商环境有了较大的好转,但是仍然存在较大改进和完善的空间。如果创业者选择区域,应该把这一因素考虑在内,避免因为信用环境差,让自己的债权变成债务,不断向欠钱者索赔,大幅度提高结算成本,把欠条拿出来打折出售,或者因为地方保护主义,不得不靠讨账公司来解决问题,企业表面上的高利润却因这样的信用环境变成了亏损。越是这样的亏损常态化,越会推高价格,根本无法培养出优秀企业,也无法提升经济运行的效率。

由于受中国一些地方的不诚信行为的影响,一些国际贸易中的他国合作者也开始有了不诚信的行为,这种情况已经影响到中国的贸易环境。在一定程度上,也影响着中国企业出口的动力,使之与国内工资等成本上涨因素叠加,造成了出口放缓。

相对而言,中国南方的信用环境较好,恶意拖欠的现象比较少,这是南方经济近年发展更加好于北方的重要原因。除了银行等参与信用结算体系以外,更多地使用科技手段解决信用问题正在成为中国新的信用环境影响因素。中国一些地区希望把经济振兴起来,并非只是政府放权,政府通过加强信用体系建设,特别是推出有信用保障的主体加入的整个结算体系的管理制度,可能比简单的放权与服务更加重要。

创业需要正确选择行业和区域,选择的原则在过去主要看成本的高低,在滚动定律下,更应该看信用环境和对资金周转的影响。这一选择是为企业负责,也是在用脚对信用环境进行投票,那些信用环境不好的地方被创业者所遗忘,那些信用环境好的地方会吸引更多的创业者,从而形成先进与落后的更大差别。因此,不从根本上优化营商环境,不可能让企业老老实实、本本分分地按滚动定律去经营,这些地方的经济就无法得到发展。这一原理应该成为地方经济发展的指导原则。

企业的资金周转速度存在差异,而且由于结算中包含了利益因素,早结算会让购买者让利于出售者,相当于是购买者为出售者垫付资金,如果购买者自己也没钱,他们也要向银行贷款,这意味着购买者以自己的利息为出售者贷款,这是利益转移。那些竞争激烈的行业势必会用为顾客支付利息吸引需求方,从而形成了行业竞争的潜规则。结算时间如同一把刀子,切在什么地方,就会让利益从什么地方划分,强势的一方会让弱势的一方通过结算时间转移利益,而弱势的一方不得不接受这一事实。创业者选择行业要看行业竞争的激烈程度,而不能仅看行业的毛利。

好的行业应该是让双方资金周转率都能够有所保证。及时结算,或者针对行业建立有保障的信用制度,而不是只靠企业的融资能力,即使企业存在着周转中的暂时困难,也可以通过信用方式加以解决。如果只看到上游或者下游通过结算占了便宜,并因此加入其中,行业的营商环境并不好,因为它早晚会引起供应链的结算战,毕竟不合理的利益转移会让一方无法生存。企业退出会加强集中度,从而会加强这一方的力量,那时,占了便宜的一方会因为缺少资金供应而陷入周转的被动状态。

（7）创造滚动定律的实施条件——新时代的可能性

除了对行业和区域进行选择以外，企业还应该在结算方式与内部管理方式上更多地运用人类先进的技术与方法，也要为使用这些技术和方法引入新的商业模式。保持创业者的时代先进性是创业者存在的重要意义，他们的竞争力并非仅仅来自他们的产品创新，同时也应该来自于他们使用的新的技术和新技术所带来的影响。

从中国的营商环境来看，最合理的结算方式是电子支付，它基本上是瞬间完成的结算。我们在生活中已经十分熟悉的支付宝、微信等，它们借助不同的使用环境，方便地为人们提供钱包服务，它们多为借记卡式结算，即先存钱，再支付。但同时，多数支付工具也有一定的消费信贷功能，可以在授信额度内消费，支付机构以个人信誉做抵押，赚取利息。这些方式意味着，只要企业使用这种支付，就不会出现结算的在途资金，几乎可以在瞬间完成全部结算，企业的结算成本与结算风险都会大大降低。

依据滚动定律，企业利益主要隐藏在滚动的过程之中，那么企业转型的首要任务是将自己的结算从传统结算方式转移到使用电子结算上来。一个"不能使用电子结算的企业就是等死的企业"的判断可能并不为过。当然，这需要企业进行商业模式变革的配合。

如果说原来是面向传统经销商体系的，现在需要使用直销，直接面向消费者，或者仍然使用传统经销商体系，但结算使用电子结算，这可以方便消费者，也可以保留原来经销企业利益，发挥它们的销售能力与管理能力。企业要控制资金流动，这决定着利益分配。企业只要对分销企业承诺合理，比如结算当天就按合同分配收益，也一样会建立起良好的诚信和客户关系。这一变革需要引入电子支付系统，这一系统在各支付工具的推动下，企业的投入已经大幅下降，而且安装与使用也变得十分简单、容易，几乎没有任何障碍。如果说企业还没有使用，原因是企业还没有形成新的观念，没有对滚动定律真正地理解。

有一些企业不生产面向一般消费者的终端产品，它们是工程企业或者中间产品生产企业，它们的结算无法使用支付宝、微信支付这样大众化的支付工具，但这并不意味着企业不能使用先进的支付管理系统。请银行加入其中，以企业或者政府信用作担保，由银行代替企业成为催款单位，既保护了自己的利益，转移和分散了风险，还能培养银行业务。

除结算资金这种企业难以控制的、阻碍滚动定律发挥作用的因素外，企业内部潜在的阻碍的因素也会影响到企业资金滚动。企业应该使用信息管理系统，分析资金占用情况并控制内部资金占用，以提升周转率为目标形成新的企业管理系统。

滚动定律表明，企业必须把周转作为创富的第一影响因素，虽然可能开始会很

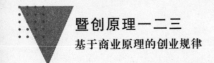

慢,但因为资本在挣钱,而资本又在自我积累,所以,企业创富过程会逐渐加速。这是以慢求快哲学的体现,也是创富的根本。

3. 杠杆定律及其运用

这里所说的杠杆,主要是财务杠杆,但不仅限于财务。因为在日常生活中,放大自己的所有办法都可以看成是杠杆。电视剧《大宅门》里的白璟琦因为不争气被赶出家门,凭借家族经商积累的信誉和影响力,到当铺用他自己的大便,当出了本钱,独立闯出一番天下。用实物做抵押,向可以放贷的金融机构贷款,这就是最典型的财务杠杆。

春秋时的齐国因为重用管仲而得到振兴。管仲是一位财务杠杆大师,彼时的齐国国力衰微,皇家没有钱,民间的钱主要集中在少数富豪手中。北郭有个人,挖地的时候挖出来一只龟,管仲派出十乘车的使团前往那个人家,赐给他黄金一百两,用金制大盘把那个龟给"请"回来,一路敲锣打鼓,说那个龟是东海海神的儿子。回来之后,供奉在大台上,每天杀 4 头牛祭祀它,号称无价之宝。四年之后,齐国出兵攻打孤竹,打听到丁家粮食够大军吃 5 个月。于是,管仲去找丁家,说是把无价之宝抵押给他,换他的粮食。丁家受宠若惊,收了那只龟回家供着,而齐军出征孤竹的粮食问题就这么解决了。这就是"御神用宝"的典故。

别以为这些都是传说和故事,现实中,有许多放大自己资源的经营案例。连续多年的中国首富万达集团的一个重要原则是只租不售,它们为何会有这样的原则,因为它们需要用自己的产业做抵押向银行贷款。中国灯饰专业镇中山市华艺灯饰老一辈掌舵人当我面说,"无工不富,无商不活,无房不稳"。他们不断收购和建设五星级酒店,用来开办灯饰展销,他们把这些酒店作为可以抵押的资产,作为他们公司出现资金问题时的最后一道"防洪堤"。

(1)杠杆原理和财务杠杆

阿基米德说,给我一个支点,我可以撬动整个地球。好在地球没有支点,不然地球上的运动力,可以让地球脱轨。这气魄来自于他发现的杠杆原理,如图 3-1 所示。

一个小的力量可以放大到足以改变世界,大到吊车、小到指甲刀,只要用到力的地方,就会有杠杆发挥作用。在没有发现燃气动力之前,这基本是唯一可以随意放大人力的方法。

杠杆原理是指力之比等于杠杆之比,即 $F/f=L/l$,表述为同样的动力所产生作用力的大小与动力臂 L 成正比,与阻力臂成反比。动力臂越大,作用力越强;阻力臂

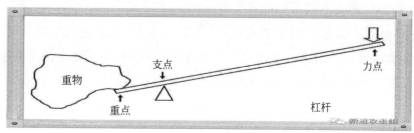

图 3-1 杠杆原理

越大,作用力越小。动力越大,作用力越大。写成:

$$F = f \cdot L/l = f \cdot k(k = L/l - 杠杆率)$$

式中,$k = L/l$,被称为杠杆率。

杠杆放大了力,把力从 f 放大到 F,放大的比率取决于 k。

财务中以及其他活动中也存在着这样的杠杆效应,通过类似的方法放大自己,对企业来说主要是放大资金资源。

什么是财务杠杆呢?

财务杠杆又可称为融资杠杆、资本杠杆或者负债经营。它比较抽象的定义是"企业在制定资本结构决策时对债务筹资的利用",是借助债权完成对自我资金放大的方法。这一定义强调财务杠杆是对负债的一种利用。

利用外部资金做什么呢?多数人会认为,企业资金不够用,需要通过外部融资来解决资金的短缺,这不是主要理由。如果一家企业借了高利贷,它还会因为借债越多越兴奋吗?相反,这家企业会想,这是在给别人挣钱,因为贷款的利息太高,把它的所有资金、利润用来支付利息还不够。所以,向外部借钱并非多多益善,而是与借款利率有关。当借款利率足够高的时候,人们就不会借款,即使有花钱的需求,他们也可能不去借。但是,如果特别需要钱,钱的用途超过了所有价值,高利贷也可能有市场,比如,人们需要用钱救命。而多数情况下,高利贷只是给那些错误认为必须用钱来解决问题的人,他们没有仔细想过,他们借钱到底有什么意义?

其实,在使用杠杆时,如果你没有搞清到底要做什么的时候,错误地使用了杠杆,也一样会出乱子,造成事故,让配合你的人措手不及。跷跷板在本质上也是杠杆,两边力量差不多的时候,一侧用脚踏到地上,让自己的力量变强,让对方的力量变弱,自己就被跷了起来,对方就被自己压了下去。如果来一位又高又胖的调皮孩子,猛地上了一侧,这一侧就一下子坠下去,而另外一侧就会飞起来,抓不住就会出现摔伤的情况,如果刚好下面有东西磕到某个孩子,事故可能就不会太小了。

熊孩子对游戏的破坏还不止于此,他们可能会悄悄地移动跷跷板的位置,让自己

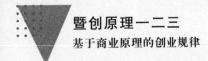
变得更有主动性,把对面的孩子举得老高,不让他们下来。

放大自己的力量是人们的基本追求,用在正事上,可以变成生产力,用在不务正业上,带来的破坏作用也不可忽视。那些举债赌博、吸毒者恐怕都是在挑战自己的人性,沉迷的游戏可能会让人觉得现在非常需要钱,钱是一切,在钱面前,命都算不了什么。而放贷之人,明明知道这会让举债者家破人亡,仍然为之,是人性的恶在膨胀。

但是多数情况下,企业举债是因为它们对借钱的意义存在着判断上的失误,它们不知道举债到底是解决资金的问题,还是为了放大自己的力量。

一些企业经常会讲融资环境不好,因为它们已经借不到钱了,如果一定要借的话,只有高利贷。它们自己也知道,如果借了,它们可能就会死去,而不借,它们因为资金的断流也会死去。它们是在两种不同的死法面前犹豫和决策,而不是理智地分析并作出其他的决策,跑出必死无疑的策略集合。这种讲法是指低利率的金融市场对它产生了约束,是指正规的银行不对它们进行放贷情况。但是银行关门了吗?没有,银行每天还在放款,只是没有给它们放款,原因是它们不具备贷款资格。它们为什么不去创造贷款资格呢?就像阿基米德一样,想象出一个杠杆来放大自己呢?放松金融环境这样的话题也不是财务杠杆的内容,但却是财务杠杆话题的前提。没有足够宽松的金融环境,什么钱也不能通过正规的、有保障的渠道借到,财务杠杆也难以施展。

在正常的金融环境中,企业是否举债由自己决定,其目的就是人们猜测的是为了获得资金,不是为了别的目的。总的说是为了提高自有资金利润率。

如果没有财务杠杆,自有资金利润率只能等于项目利润率,但是,如果有了财务杠杆,就可以提高自有资金的利润率。自有资金利润率是总利润,等于扣除了利息以后的全部剩余除以自有资金,也就是:

企业权益利润率=[(项目利润率×自有资金+贷款资金)-利息率×

贷款资金]/自有资金

=项目利润率+(项目利润率-利息率)×

贷款资金/自有资金

如果用利润率增值来表达:

企业权益利润率-项目利润率=(项目利润率-利息率)×

贷款资金/自有资金

这与杠杆公式非常相似。我们定义,F 代表企业权益利润率-项目利润率,f 代表项目利润率-利息率,k 代表贷款资金/自有资金,即杠杆率,可以写成 $F=f \cdot k$。这就是前面的杠杆公式。

财务杠杆放大的是项目利润率与利息率的差,而放大的比率也就是杠杆率,是贷款资金与自有资金之比,放大的结果是项目利润率的增加。

(2)财务杠杆定律的内容

"非借而不能富也。"其含义是借用别人的资源来放大自己的资源,不借助别人的资源,就不可能创富,创富的能力就会受到很大的限制。几乎没有完全用自己的资源来做成事业的,都需要利用别人的资源来放大自己的资源,从而扩大利润的总规模,实现财富增长。

企业要追求利润,因为利润总额可以代表企业总的获得,但是企业更要追求利润率,因为利润率代表项目的投资水平,它是单位资金的产出。这两个指标要配合在一起,并且以利润率为主,在较高利润率下,实现高额利润,企业创富才有可能。

创富是财富的增长,如果使用的资金很多,创造的利润也比较多,而利润率却很低,并不能实现更好的创富。我们经常听到某国有企业年度利润多少亿元,但用它们的资产规模一除,它们的利润率却远远低于那些小的商业企业。我们无法否定这些大型企业的利润贡献,但是从资金效率角度来分析,它们的贡献肯定是比较低的。因此,必须保证足够高的利润率,在高的利润率水平下,资金投入多多益善。企业先要追求高利润率,尽量提高利润率水平,它是投资者的追求,也是企业能够发展的根本依据。

高利润率是形成撬动力的根本,可以保证企业的吸引力,放大自己。以项目利润率与利息率之差作为放大企业自有资金利润率的根据,它必须是正值。企业可以通过项目策划与选择项目利润率提高,从而扩大这个力的作用,但是,企业也可以通过降低利息率来增大企业的作用力,放大自有资金利润率。显然,如果企业能够想出办法,让利息率下降到足够低,那么企业的借款越多越好。然而,好处还不只是放大自己的作用力,更应该包括降低企业的借款风险。小黄车ofo用押金获得零利息的资金,但是一旦大量客户要求退还押金时,企业就会面临灭顶之灾。

如果有足够高的项目利润率与利息率之差,那么更多地使用借入资金,可以放大自有资金利润率,同时也可以放大利润,形成双重放大。这两个指标的放大不存在叠加,却有着各自的动力。自有资金利润率的放大可以成为吸引自有资金的动力,让权益收益更加好看,而利润放大则可以让企业获得更多真实收益。杠杆定律所讲的"非借而不能富"的意思,就是这两个放大,其原理的主要内容包括:

1)企业需要借助外部资源放大利润

简单地说,企业利润由自有资金和借入资金两部分贡献组成,即

企业利润＝[项目利润率×自有资金＋项目利润率×借入资金]－

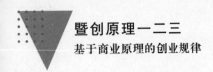

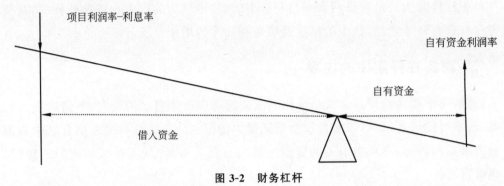

项目利润率-利息率

自有资金利润率

自有资金

借入资金

图 3-2　财务杠杆

利息率×借入资金

＝全部利润－利息

全部利润是企业通过自己的努力获得的账面收益,它能够增大是因为借入的外部资金在发挥作用,其值越大,企业的总利润也越大。企业没有自有资金,仍然可以获得利润,因为只要项目利润率大于利息率,借入资金就可以让企业赚钱,它可以产生边际贡献,也就是项目利润率与利息率之差,企业借多少钱,就可以获得多少倍的利润。杠杆定律的"非借而不能富"在很大程度上讲的就是利用这个边际利润率(＝项目利润率－利息率)来为企业赚取利润。

2) 用智慧撬动别人的资源,不为所有,力为所用

这里的智慧并非指设法得到别人的资源,而是如何把项目利润率与利息率之差扩大,在此前提下,增加他人资源,放大自己的利润。自己的资源是有限的,往往会成为创富的资源障碍,看到好的项目受到资金的限制不能投资,企业面临着由资本决定的进入门槛。如果与别人组合投资,经常面临着项目不能拆分,或者存在着决策权分散,后续管理协调成本过大。改变这一状况的基本方法是用别人的资金做自己想做的事情,增加自己选择产业的自由度,降低投资阻碍。另外一个原因是,放大资源才可以放大利润,用别人的钱赚自己的利润。那么用什么样的智慧可以完成这样的调动呢? 基本原理是设法提高项目利润率水平,那需要在经营上下功夫,但同时也需要财商,就是设法降低利息率。电视剧《大宅门》里白璟琦的办法应该是一个神奇的例子,在现实中很难找到真实的案例。但是,类似的例子在中国的房地产业并不少见,在《富爸爸,穷爸爸》一书中也能找到大量的例子。如果能够借用并且同时也降低借用的利息率,为扩大借用创造条件,这是最有智慧的表现。

3) 不能完全以自己的资源进行投资决策

从自己的资金资源出发做事业,是对自己的财商智慧动员得不够;只凭自己本身的力量做事业,是观念保守、视野狭窄,缺少用别人的资源做自己的事情的胆量。以

自己的资源做事业,认为只有自己的资源才是资源,没有看到资源的所有与所用两个特性,它们可以合一,也可以分离,做事业的人应该利用这个性质为自己扩大资源,从而增大自己选择创新项目的自由度,增强盈利能力。杠杆定律告诉我们,只要有足够的项目利润率与利息率的空间,就可以大胆借用,不需要一定为自己所有。

杠杆定律之所以成为创富的基本定律,在很大程度上是因为所有富人都在借钱,没有不借钱的富人。他们成为这一定律的实践者,也在检验着这个定律,从数据上证明着这个定律。

(3)财务杠杆的风险

使用财务杠杆也被称为调整资本结构,就是通过负债给企业带来额外收益。如果负债经营使得企业每股利润上升,便称为正财务杠杆,如果使得企业每股利润下降,通常称为负财务杠杆。所谓的负财务杠杆就是财务杠杆的风险。

1)财务风险的成因

财务风险是一个比较大的概念,从根本上说,它是决策人只看到了财务上的好处。比如,举债除了可以放大股东权益,还可以通过节税效应,减少所得税缴纳。由于所得税是基于企业所得缴纳的,如果经营利润相同,负债经营要先扣除利息,缴纳的所得税较少。那些无息负债更是企业追求的对象,因为它没有利息,所以企业千方百计扩大。但是,借来的最终是要还的,这时可能会面临企业财务安排不足的情况。无穷无尽地占便宜,不论共享单车,还是电器超市,还是出售期房,它们不是挖掘资源潜力,而是巧妙使用财务手段,挤压别人的利益,为自己创造利益,所形成的文化必然会助长自己的过度贪欲。

创业企业缺少财务控制,不注意财务风险具有致命性,这是产生财务风险的另外一个原因。一些共享单车企业以用户押金来放大自己的投入,甚至因为没有利息,而盲目投入,投入所产生的效益比预期差得很远,企业陷入亏损。用户虽然分散,但他们在网络背景下很容易形成维权意识,企业几乎在瞬间陷入瘫痪。许多企业,特别是地产领域的企业,创建不久就变得声名狼藉,主要是因为它们拖欠工人的工资,这些工人一旦开始维权,企业的名声就会受损;也有的地产公司预收了房款,却不能兑现房子或者不能按承诺的质量兑现。但是,这些占压和拖欠都曾经是它们的经营之道,乐此不疲,根本听不进去"风险"两字,更不要说建立风险管控。

2)利息是一把双刃剑

利息是使用别人资源的代价,是资源使用者按借款协议向资源拥有者或者权益人支付的利益,它成了许多人利用外部资源的障碍。与拥有资源创造的利润全部归项目所有相比,这些不得不支付的钱变成了人们的观念障碍。人们使用别人的资源,

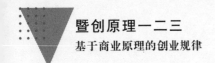
却不愿意为使用资源分配利益,他们老是想着白白使用资源,把企业之间借用当成了邻里之间的家庭用具借用,他们之中有的人,在挣钱困难的时候想起了那些可以提供给他们资源的人,但是创造了利益后,却往往认为是自己挣的钱不想回报他人。这种害怕失去利益,怕有了利益出现纠纷的观念,对创富来说是非常有害的。有人认为实物资源没有损坏,资金资源借来多少,偿还多少,没有少给,做到了"有借有还,再借不难"。其实,只要使用别人的资源,都存在着占用资源的机会收益,为那些不能使用资源的人带来了机会成本。在日常生活中,可以假设别人的用具处于闲置状态,但是企业活动不能以这样的情况为假设,必须假设所有资源都处于紧张的使用状态,借给你,就要失去其他利益,你要给予补偿。不支付利息是不可能借到钱的,不支付租金是不可能租借到实物资源的,它是使用别人资源的前提。使用了别人的资源可以让自己获益,但也可能会让自己蒙受损失,甚至走向死亡。因为借钱要还是社会秩序的基本条件,不论还的时间,还是偿还数额都会让借钱的一方面临着可能的被动,极端情况可能会变得十分严重,导致举债人倒闭。

3) 财务风险主要由财务杠杆产生

财务风险是指在未来收益不确定的情况下,企业因负债而产生的由股东承担的额外风险。"风险是关于不愿发生的事件发生的不确定性之客观体现",风险是客观存在的,其原因是不确定性。其实,这是假设借款人有着极强的理性,他们在举债之前都已经计算好,肯定可以给自有资本,即股东带来额外利益,但经常事与愿违,这就是不确定性。如果举债人的举债行为是迫不得已、铤而走险、盲目乐观,恐怕就不是不确定性,而是主观错误,这不是财务风险。

未来收益的不确定性是经营风险,比如事先估计的市场受到外部冲击而发生改变,需求大幅下降,并且引发了产品价格跳水,或者原料价格快速上升,供应中断等。但是这要转换成财务风险还需要一个中间环节,就是偿还负债。负债一定要偿还,在清偿排序之中,负债的地位最高。当然,负债内部也存在着排序,比如拖欠工资的这种欠债排在第一位,银行次之,再是商务债务,股东权益不是负债,排在最后。排在后面的在承担前面所有行为带来的风险。如果破产清算,前面把资产分完了,后面就没了资产,它就得认可这个结果,也就是说,地位越后者风险越大。如果没有债务偿还刚性,企业经营风险可能不会让企业面临灭顶之灾。但是,债权人不管企业(权益人或股东)的死活,要求企业偿还债务,这往往带来企业无法运行的麻烦,这种麻烦并不是利益多少,而是企业是否还能够存在的大麻烦。这种强制是理论推演,也是依据这样的理论建立的法律体系,是以依法强制执行为背景的财务风险。

有可能造成如此大的大麻烦,为何企业还会举债呢?有两个原因,一是财务杠杆的收益性,股东会受到这种额外利益的吸引而同意举债,二是企业可以变通,化解由于债权压力过大造成的倒闭,特别是通过债权组合来调度债务,使其度过经营风险期。这样杠杆的风险就演变成为股东损益多少的风险了。

财务风险有大有小,是因为负债中包含有息负债和无息负债,财务杠杆中只反映有息负债给企业带来的财务风险而没有反映无息负债,如应付账款的影响。通常情况下,无息负债是正常经营过程中因商业信用产生的,而有息负债是由于融资需要借入的,一般金额比较大,是产生财务风险的主要因素。

衡量这种有息风险程度的叫财务杠杆系数,它由自有资金利润的变动率与总利润变动率之比决定,即:

财务杠杆系数＝[△自有资金利润/自有资金利润]/(△总利润/总利润)

式中,自有资金利润＝总利润－利息,因而,财务杠杆系数衡量的就是在出现经营风险时,股东权益收益的变化率与全部利润变化率之比。如果财务杠杆系数大于1,就会放大了息前(总)利润的变动对每股盈余的作用,财务杠杆系数越大,当息前(总)利润上升时,权益资本收益率会以更大的比例上升;若息前(总)利润率下降,则权益利润率会以更快的速度下降。

企业只要使用财务杠杆,就必然会有财务风险。

首先,当企业处于扩张时期,企业无法用自己的积累以滚动方式来满足日益增长的市场需求,需要通过外部融资获得支持,用以后的收益偿还现在的债务和利息。然而,负债筹资速度快,因企业负债而产生的利息必须在税前支付,具有刚性。但是,未来收益的不确定性使借入资金必然承担一部分经营风险,在债务偿还刚性情况下,经营风险会传递到财务上,让企业收益增长无法跟上利息与债务偿还的增长,不仅造成了股东权益下降,还可能因为债务偿还导致企业破产。

其次,在正常经营情况下,如果企业经营状况良好,让企业对未来的估计变得乐观,使得企业投资收益率大于负债利息率,则获得财务杠杆利益。但是市场存在着不确定性,如果面临市场不景气,企业经营状况不佳,使得企业投资收益率小于负债利息率,此时会出现财务杠杆损失,甚至导致企业破产,这也会让自有资本持有人——股东承担财务风险。

(4) 创业企业要尽量使用财务杠杆

尽管财务杠杆会给企业带来风险,但是,创业在很大程度上就是利用风险为创业者开辟一个新世界的活动,冒险对创业者来说,是自己面临的常态,不冒险就无法称自己是一位创业者。创业企业雇用了工人,才可能生产出产品,出售了产品,收回了货款才可能发工资,这期间一定会有薪资拖欠,创业者应该有足够的信心,相信货款能够收回来,有这样胆量的人才会成为创业者。

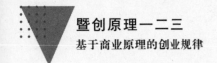
创业者应该在自己能够承受的风险范围内，尽量使用财务杠杆，来放大自己的资源支配能力。这并不只是为了扩大股东权益，而是在扩充创业企业的发展实力，增加应对风险的能力，推动企业走向成熟。

从企业资本结构角度，创业过程也是一个企业从以自有权益资本为主，向权益资本与债务资本混合发展的过程，为了不断扩大债务资本融资能力，企业的权益资本也需要调整好内部结构，充实好可抵押资本，为获得负债能力做准备。

一些企业很有钱，却无法获得负债能力，原因是它们的权益资本多不是实收资本，更不是可以抵押的资本，它们是来挣钱的，不是来承担责任的。在权贵经济比较猖狂的地方，这种情况更加突出。前面提到中山古镇华艺灯饰能够得到超常发展，是因为它们不断向可抵押资本投入，它们为何这样做呢？一是可以借助财务杠杆放大自己的资金实力；二是扩大股东权益，提高自有权益资本的利润率；三是增大了资本支配的弹性。以银行负债为主的华艺灯饰用银行特别喜欢的地产作为自己的可以抵押资产，在几次经济危机时，低价收购地产，形成了自己的负债弹性能力，在经济形势明朗以后，立刻全力扩张。

创业者在创业初期时刻面临着资金紧张，但越是资金紧张，越要有财务杠杆意识，如何借助别人来扩充自己的资源才是根本，而这个根本是需要自己做好安排，不完全依靠社会提供的便利。创业者不能利用外部资源，主要是因为缺少这方面的知识与观念，从观念上来说，向银行负债不是一件丢人的事，而是借助别人的资源为自己服务，非常正常。只要项目利润率足够高，该负债时一定要负债。由于股权投资机会增多，中国的创业也开始形成尽可能地利用股权资本，但要知道，股权融资是一个高成本的决策。

假设企业项目需要 1 000 万元，利润率为 20％，你可以有两个方案，一个方案是使用股权融资获得 800 万元，你占股 50％，债权融资 200 万元，利息率 10％；另一个方案是使用股权融资 500 万元，你占股 80％，债权融资 500 万元，利息率不变。第一个方案下，付息以后的利润率为 20％×1 000－10％×200＝180 万元，作为创业者，你可以得到利润 50％×180＝90 万元，第二个方案下，付息以后的利润为 20％×1 000－10％×500＝150 万元，创业者可以得到利润 80％×150＝120 万元，两个方案之间 30 万元的利润差别在于，如果你以为股权融资很好，就会有 30 万元的利润损失。这就是马云在思考了一夜以后，退回孙正义 3 000 万元投资，只保留了 2 000 万元投资的原因。当然，你可能会说中间 30％的股份差异有点不可信，少了 300 万元的股权投资，就可以增加 30％的股权？这需要看谈判的情况。不过，即使没有 30 万元的利润差，对这个趋势的判断应该是没有错的。这说明什么？说明股权成本高，创业者应约束自己不要过多地扩大股权融资，而是要把债权融资一并考虑，否则创业的权益会因

为融资成本过高,而蒙受损失。

创业者必须有胆量,因为他们没有多少实际投入可以损失掉,那有什么可怕的?创业者看好的未来,不论什么样的融资都可以接受,这就是创业者的心态。但是多数的创业者应该知道排在第一位的还是债权融资,这不仅仅是胆量的问题,还是创业者是否为自己信念敢于牺牲的问题。自己那点投入,基本就是吃饭的钱,牺牲掉了,还有那么多人陪同你一起牺牲,你得负起责任。为谁负责?为自己的理想负责,为自己的亲戚、朋友、投资人以及债权人负责,如果失败,有可能让人们对创业者的能力和为人产生怀疑。

有的人太过保守,但要知道现代企业制度只承担有限责任,创业者应该不会有多少投入,承担有限责任,也不会有多少损失,但是万一闯出去了,那么就可以有成就了。不能只看到风险看不到收益。创业者宁可相信自己的理想、为人以及个人信用抵押,也不会食言,在这样的前提下,创业者就不应该太保守。

如果没有多少保守就应该替他们想办法,就要借助财务知识放大杠杆的方式,更多地利用杠杆。基本原则是把资本尽可能地投入到可以按现行银行制度抵押的资产上去,并且根据各种债权融资的制度安排好抵押物的投资。其实质是,根据不同的金融环境,确定不同的财务杠杆定义,借助这个杠杆放大自己的资源运用能力。

(5)合理运用各种杠杆,放大财务杠杆效应

有一家房产企业,现金收购了股票,掌握了控股权以后,用股票做抵押,贷款向政府购买了土地,再以土地做抵押向银行贷款,在土地上建了房子,按当时国家规定建楼高的80%就可以预售了,因此,投资很快就收回来了。购买的股票当地政府点赞,股东点赞,地产建设的地方政府也来点赞,因为改造城区没有任何的违规,却成就了地方政府的业绩,企业为付出并立了功劳的员工点赞,老板为此给该企业的四位策划组织者每个人买了一辆宝马车。

利用当时、当地的条件,把所有人的积极性都调动出来,可以使用多重杠杆。我们把这家企业的故事写成了一个多重杠杆的故事,这样的例子在我们生活中太多了。

不论是创业者,还是成熟企业,还是居家过日子,都应该向这家企业学习,学习它们是如何放大杠杆效应的。这样做可以遵循下列四条原则:

1)借助环境放大自己

企业周围有许多可以借助的条件和环境,自己要去寻找和创造这样的条件和环境。这些环境包括:

- 银行
- 租赁企业

- 房屋中介
- 典当行
- 带资进场的工程队
- 愿意预付的顾客
- 政府工程等

所谓的放大自己主要是指借助这些机构和条件,让自己的生产经营条件得到扩充,以自身的资产、声誉、资质、关系作为条件,以利益来吸引外部的条件。

2)放大自己的融资能力,特别是债权融资能力

融资方式包括直接融资和间接融资,债权融资是间接融资,其条件往往是财物抵押物或者关系抵押,如担保。获得间接融资可以更加有效融通,根据企业的实际来建立有效的资产,增强杠杆能力,推进企业扩张。

3)尽量地绕开创富直接路径,既利用了多重财务杠杆让各方受益,又增大创业者的利益

财务风险是指企业因使用债务资本而产生的在未来收益不确定情况下,由主权资本承担的附加风险。但要知道增加融资弹性也是企业能力的一个重要方面,适当地借入资金有利于扩大企业的经营规模,提高企业的市场竞争能力,特别是那些无息的融资,不会伤害顾客的融资方式更加让企业重视。

4)任何时候都不要让自己的资金处于闲置状态

闲置资金的存在也促进了借贷行为的发生。资金只有投入生产过程才能实现增值。若把一笔资金作为储藏手段保存起来,是不会产生增值的,如果存在通货膨胀,还会贬值。所以,企业将闲置资金存入银行以收取利息,由银行贷出投入生产。把闲置的资金用于购买可抵押资本,可以放大自己的融资能力,将外部闲置资金借来用于生产增值。

创业者一定要在法制环境下做事,不仅仅是为顾客服务,还要立志为自己和投资人服务,因为他们相信自己是一个有追求的人。如果失败了就承担责任,尽心尽责,敢于担当。

看到利益不去追求,只考虑风险,应该不是中国未来社会的基本价值取向,我们必须树立新的创业观念,谁能敢闯敢干,谁就会受到社会的赞扬。

【小案例】 只租不售的万达

在人们热火朝天投入争夺民用地产项目的时候,万达地产的王健林却异常冷静,悄悄地成为中国首富并长达三年之久,王健林也因为多次放出豪言而让国人侧目。不过万达的成功与它们深谙地产规律有关,它们深知,住宅地产需要"社区要素",它

们决定做商业地产,为民用地产服务,形成与民用地产双赢发展的局面,避免了不利的发展环境。

它们注意到,一个商业产业不只民用地产需要,当地城市发展也需要,不能把商业产业仅仅看成为一家民用地产服务,还要把为城市发展服务作为自己的定位,城市化进程中不能没有一个地标性的商业中心,一旦商业中心形成,城市的新中心就可以建立起来,城市格局也将发生改变,这是当地公众都需要的。万达把改造城市的规划、设计能力作为自己的核心能力,把万达的产品做成当地的地标建筑,成为提升城市化水平的一支外部力量。这样首先要把当地政府的积极性调动出来,政府成为企业的站台人。它们把规划作为自己的核心,与政府协同工作,一切围绕严格的规划,规划一旦确定,其他都要让位于规划。针对当时城市商业地产的管理分散造成的乱象,强化万达自己的管理权力,使用只租不售的商业模式,淡化租户的权利,控制租户行为,它们有三定——"定地位、定客户、定规模",并以做城市最好的商业地产公司定位自己。在全国实现统一功能、统一区划、统一色彩、统一符号,兼顾了城市发展的短期让土地升值和长期让城市持续稳定繁荣的需求,让万达成为全国所有城市都欢迎的地产商。

只租不售的模式带来的好处有以下四个方面。

- 保证了城市形象按规划加以提升,不会出现商业管理乱象,去除了市场发展与城市发展之间的矛盾,让政府成为自己的最大客户。

- 让当地市民感受到城市的变化,他们花钱不仅可以买到好房子,还可以选择好城区,让他们有城市人的自豪感,这样,万达成为了公众的好朋友,万达广场成为了全国提升城市化水平的标配。

- 与民用地产形成合作共赢的格局。它们的规划带动民用地产,民用地产保证了商业地产对城市发展的贡献地位,化解与民用地产可能争利的矛盾,让民用地产成为自己的支持者。

- 只租不售,以自己持有的房地产作为抵押,为自己获得银行贷款做好杠杆抵押准备,为实现全国性的扩张提供了条件,让自己成为银行追逐的优质客户。

在万达只租不售这种逆主流的商业模式推动下,万达成了别人看不懂,也无法与之竞争的面向全国服务的大地产商。而那些曾经与之竞争,只想做住宅房地产的企业,和只考虑卖了房子赚一把就走的企业,逐渐淡出了人们的视线。

其实,万达还为自己设计了另外一个杠杆。在万达广场的标准设计中,一定要有电影院,这是提升城市文化水平的重要基础设施。随着万达在全国不断建设万达广场,万达影院的数量也在节节攀升,在国内数量占比也在不断提高,最高时曾经达到25%。万达广场中的电影院以其环境好,处于新的中心地段,吸引着大量的观众,这

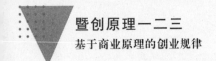
让万达成为电影发行的重要控制者。借助这一能力,万达成立了万达影业,它们在这个高弹性的产业为自己找到了一块可以做大的试验田,放大了自己的资源。

全国统一的"万达广场",也为它们的酒店业提供了连锁经营的可能,它们不用刻意推广酒店品牌,在万达广场的统一概念下就可以放大这个品牌,至于餐饮以及其他服务,都被万达广场这个无形资产撬动起来。

从万达的案例可以看到,杠杆的作用并非只是为了获得融资能力,凡是可以撬动的资源,都应该找到杠杆加以撬动,为自己的发展服务,不论政府(不是个别官员),还是公众,不论有形的实收资本,还是符号和文化等无形资产,都可以用来作为自己的杠杆,成为放大自己能力的工具。

4. "权"钱交易定律及其运作

千万不要理解错了,这里的"权"并非政治权力的"权",而是产权的"权"。产权并非只是用来生产,更重要的是它本身就是商品,可以出售、转让并获得收益。

(1) 一个故事

洛杉矶奥运会举办之前所有举办过奥运会的城市都有巨额亏损,奥运会成了一个"鸡肋",只能凭借奥运精神来推动。洛杉矶拿到主办权,面临这个烫手的山芋,一时不知如何是好。有人推荐了尤伯罗斯,这个在体育界从没有人听说的名字,令人怀疑,人们对此议论纷纷。但面临着可能的城市亏损,他们也不得不拼死一搏,万一这个名不见经传的尤伯罗斯不会让奥运亏损呢?

尤伯罗斯是一位策划人,人们推荐他成为洛杉矶奥运会组织委员会主席,正是基于他以前策划的成绩,他这次拿出来的策划方案也没有让人失望。

以往奥运会的电视转播都是免费的。他认为,所有转播电视台都在插播广告,而奥运会作为内容提供者却要向各商业性质的电视台免费开放,这不合理,应该果断地取消免费,实施转播收费制度。体育精神不能体现在免费转播上,或者说不能以免费体现体育精神。而转播者收费不能增强体育精神,转播者在我们和观看者之间加入利益,这个利益要收回。

奥运会的赞助都是自愿,虽然后来有了赞助的最低起点,但尤伯罗斯认为,既然提供赞助的是厂商,他们的行为就是商业行为,既然是商业行为就要服从商业规律,赞助商随意参与赞助并不可取,最好的办法是限定在一个产业之中只有一个竞标胜出者。这样,就把过去自愿交纳赞助费,变成了行业内竞标,竞标成功者成为行业的唯一赞助商。这等于是说,赞助是一个为唯一权力而竞争的活动,赞助商可以得到垄

断地位。但是,这个垄断者的预期收益,将全部转化为奥运组委会的收益,随着电视转播范围的扩大,这个收益也在不断提高。

奥运会是一场全民运动盛会,许多人都想参与,奥运会也极力动员人们的参与,主要办法是设计了奥运会前的火炬接力。每届奥运会前,在奥林匹亚的赫拉神庙遗址前都要举行庄重的点火仪式,从希腊奥林匹斯取来火种,以火炬接力的方式在国内传递,整个过程都很隆重,往往政界要员、著名运动员都要参加。在火炬接力途中,如遇高山峻岭、江河湖海,则可用飞机、轮船运送。火种必须在奥运会开幕前一天到达主办城市,在开幕式举行时由一人手持火炬,在人们的欢呼声中点燃位于主体育场醒目位置的"奥林匹克圣火"。这一过程让尤伯罗斯利用起来将收益达最大化,他们把接力细分到 100 米一个单位,规定了参与接力者,都要提供赞助费用。当然,这种资格也不是谁想有就有的,也需要推举和评选,以制造声势,营造全民参与体育的氛围。但是路线可以曲折迂回,这就为奥运会组委会尽可能多地获得赞助费提供了可能。

奥运会的吉祥物作为特殊标识,经过全民参与设计变成了奥运会组委会的资产,所有与之相关的形象、微缩、衍生品权利都归属于奥运会组委会。1992 年以前,奥运会吉祥物大多以举办国有特色的动物形象为创作原型,一般是一个物种。1992 年后,奥运会的吉祥物出现了人物,或者是完全虚拟的形体,数量也有变化。1998 年冬奥会吉祥物有 4 种,2000 年夏季奥运会吉祥物有 3 种,2004 年的雅典奥运会吉祥物有 2 种,而 2008 年北京奥运会吉祥物则多达 5 种,并且是人物。吉祥物的创作一定有利于表达当届奥运会的主题,有利于表现主办城市独特的地域特征、历史文化和人文特色,同时有利于市场开发和保护。吉祥物作为最有传播力的文化符号,自成系列,也向各方面渗透、延伸,形成了一个巨大的知识产权体系。每个造型多样的吉祥物,都独一无二,它们都富有活力,体现了友谊和公平竞赛的奥林匹克理想。吉祥物将奥运会价值拟人化,为其赋予实际的形体并使之为广大公众,特别是儿童所接受,是当今奥运会识别项目中其他形象所无法比拟的,其传播力强、潜在利益大,给奥运会组委会带来的利益更多、更持久。

每届奥运会都有会歌,它的版权也归属于奥运会组委会。这些都成为奥运会组委会可以控制的资产。当然也有一些无法控制的,比如在赞助约定范围之外的活动。尤伯罗斯从以前的奥运会举办的资产之中,挖掘出可以再深化和再控制的资产让洛杉矶奥运会的收入大幅度增加。为增加收益,他利用夏季美国大学有三个月的假期,将奥运村放在大学生公寓,将部分场馆用大学现成的体育馆代替,这样,又进一步压缩了建设性支出,节约了成本。1978 年的洛杉矶奥运会以 2.5 亿美元净利润成为史上第一届盈利的奥运会。

尤伯罗斯不负众望,成功地让这座举办奥运会的城市没有背上财政负担,开辟了

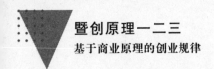

一个全新的奥运商业模式。究其做法的核心,就是将本应主张的权利变成了利益,并通过主张让奥运会精神在现代得以弘扬和贯彻。

(2) 权钱交易的含义——创业者的基本素质

创业者在很大程度上是为了获得资产的支配权而创业的,因为拥有这个权力,就可以集中决定资源的使用方向,可以让分散、无用的资源功能化,强化资源效率,放大资源功效。人们可以放弃资源使用权,只保留所有权,让创业者借助资源提升效率,再通过高效率的产出与回报,让资源的所有者和使用者均得到收益,其收益的来源是将资源集中统一调配所产生的效率。这种集中统一调配是以转让资源使用权为前提的,资源使用者为了实现自己和资源拥有者的利益,需要购买资源的支配权。所谓的权钱交易定律指的是,能够通过这样的交易实现权力的转移进而为创造财富提供前提。

为什么需要这样的权力呢?主要是经济社会权力与资源存在着高度的结合,权力支配着资源的转移,权力对资源具有重要的约束、控制作用,权力游离于资源之外,却驾驭着资源。

权力是一个社会工具。自然也在变化,受到太阳引力的影响,它的卫星无法离它远去,只能以某种速度保持着与之不远不近的关系,这不是权力,只是力量。类似的,潮汐现象是受月球近地的影响,岩石风化是受大气变化的影响,这些都是力量,而不是权力。权力只有在一个社会环境中才会存在,人类社会比狮子的社会更有力量的原因在于人类设计出更复杂的权力结构,其目的不仅在于维持生存,还在于更好地生存。权力结构的复杂化是人类社会进步的标志。

权力依附于资源,却可以游离于资源之外,其本质是为了增加资源的信息。通常资源转移存在着成本。当代表资源的"权力"出现多次转移的时候,相当于资源在转移,但真实的资源只转移一次就可以,这可以为社会节约成本。节约成本就是创造财富,"权力"发明的本身就是为了让社会获得节约,成为创造财富的重要条件。类似的,当某人需要其他人的资源的时候,只需要考察一下与资源相关的信息,即资源归谁所有,购买或使用的条件是什么,这些都需要拥有资源权力的人明确表达,人们是根据资源的特性和权力归属来决定资源配置的。所谓的资源配置优化,是以资源的相关信息为基础,用资源转移以后的预期效用减去预期的资源转移成本加上在资源转移过程可能出现的各种信息成本,特别是权利纠纷带来的麻烦,由此产生了净剩余,则会推动资源重新配置,其中权利纠纷成为制度经济学关注的焦点。

资源的所有权需要监督,但监督需要成本。如果资源利益受到侵害,有权利的保护可以挽回损失,也正因如此,人们经常不敢轻易侵犯他人的权利。在社会中,对权利的主张和维护成为社会的最基本行为,这带来了两个结果,一是权利高于实体资源成为社会要素,大家谈论、造成冲突、法律保护的对象都是权利,而不是资源本身,对权利产生重要影响的政治越来越驾驭在资源之上;二是维护权利的运行体制成为一种公共品,处于相对公正的地位,为所有人服务。

明晰权利是创造财富,这是科斯定理的一个重要推论。科斯定理是经济学最基本的五个定理之一,是关于权利与资源配置关系的一个理论。他举了一个例子。两个相邻的农户,一家放牧,一家种粮,牛经常越过边界吃庄稼。为此他设计了三个方案来解决这个问题:一是种粮的人搬走;二是养牛的人搬走;三是中间安放一排栅栏;第三个方案是最经济的。权利问题以前经常讨论的重点是归属问题,但科斯经过分析得出归谁都一样的结论,但不能不明晰,只有清楚地表明了产权归属,双方认可的结果才是资源最为节约的方案。比如权利给种粮者,养牛的就得给种粮者以补偿,相当于共建这个栅栏,反之,则种粮者只能自己建这个栅栏。从社会福利角度看,权利给谁不重要,重要的是一定要给,而且是明确地给,边界清晰地给,这样就可以让社会得到成本的节约。从创造财富角度看,只要具备产权边界明确的条件,就可以促进产权清晰,从而可以保证社会资源获得节约,这个条件就是以法律为手段的政治体制。

权利明晰也可以减少监督成本。狮子用尿代表它的领地权利范围,人类则用法律规定每个人的权利范围,显然人类比狮子更节约。人类使用了法律并依据法律制定契约,都是在借助权利增加信息,降低监督成本,其结果也是在增进社会的财富。

人们并不只限于科斯定理下的产权明晰,以促进财富增加,还在于借助权利这种抽象的概念工具,可进行资源配置。

资源是稀缺的,而权利并不稀缺,当权利代表资源时,权利才会成为稀缺。资源是权力保护的对象,权力必须有所约束,否则会形成没有根据的权力,造成权力膨胀,与通货膨胀没有任何区别,其结果一定是资源的贬值。为了扩张资源,避免资源的稀缺性,人们发明了"权力分解",最重要的分解是形成了两个典型的权利——所有权与使用权。这是一种资源节约行为,因为所有权人未必是资源的使用者,当使用权与所有权分离时,所有权往往保留,而使用权则随着资源转移。如果使用者再次让资源闲置,可以再派生使用权,直到资源潜力挖掘殆尽。比如,"旅行家"的房子是租来的,他们再分租给那些来此旅游15天以上的游客,所有权没有改变,但使用权却发生了多次转移,财富也随之增加。这是尽可能不让资源闲置的一些发明。

资源的多样性使不同资源有不同作用,形成了资源的财富贡献差异。某种资源的"专门价值"大小让资源呈现出稀缺程度的差异,这种差异决定了并不是拥有资源越多越好,而是在结构优化下的资源总量越多越好。也就是说,首先要保证资源多样

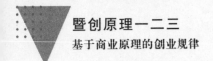

性,每种资源与其他资源之间配合均不能出现浪费。

有两种办法可以消除浪费,一种是增加高稀缺程度的资源和挖掘稀缺资源的潜力;另一种是出售过剩的资源。增加资源,可以通过购买的方式,也可以通过掠夺的方式。在法治背景下,后者很难实现,但也是存在的,因为总存在法律漏洞和利用法律漏洞的钻营者。挖掘资源潜力可以通过各种创新行为实现,特别是那些围绕资源重新利用的科技创新,可以让资源得到节约或者使用其他稀缺程度较低的资源进行代替。向外部出售资源,将闲置资源转让给那些需要资源的人,其实,所有工厂所生产的产品在本质上都是这样的活动,它们消耗不了自己的产品,对它们自己而言,都是要转移出去的。

权利转移还可以带来交换价值。由于资源是稀缺的,又存在着专门价值,一些不拥有某类资源者会因为获得这种资源而增大了其他资源的效能,让其他资源变得更加有用,比如土地缺少水就种不了粮食,有水的人没有土地,也无法生产粮食,但他们各自出让部分资源,就可以大幅度地增产粮食。

在权利社会,权利的所有变化都代表着资源的改变。而权利的所有变化如果不能带来财富增长,人们可能就没有让权利变化的动力。权利变化的最重要的方式是权利交易,它是财富创造的基本条件。

权钱交易定律把权利作为交易的对象,认为通过权利交易实现财富创造,创造权利交易条件,积累权利交易的能力,运用权利交易方法,在权利交易中挖掘资源潜力,获得资源价值增值。权钱交易定律包括以下含义:

第一,所有围绕资源配置的活动都要与权利挂钩,尽可能地使用权利表达资源的所属与用途,以增大信息,指导资源配置。忽略和轻视权利与资源的关系,有可能让资源闲置、缩小价值、乱用资源;强化资源的权利,可以缩小资源监督成本,更有效率运用资源,提高资源利用效率,进而实现财富的创造。

第二,与资源对应的权利是为了资源交易。当权利处于可以交易的状态时,相当于实现了资源的交易,其本身就可以放大资源的总价值。权利所包含的信息比资源本身更加灵活、复杂,交换权利可以让资源配置更加优化。如果说资源交换是低级市场形态,权利交换则是高级市场形态。

第三,充分的权利交易才可能促进资源优化配置,推动资源的利用,挖掘资源的潜力。譬如,当养猪的猪粪数量巨大,影响村民生活的时候,村民通过权利主张,向养猪场提出诉求,猪场就会约束自己的规模,同时也会开发那些不让猪粪发臭的饲养方法。如果村民的诉求无法满足,他们可能会转让权利,总会有人来管理或者规避这一结果。

权钱交易是财富创造的核心动力,也是财富创造的方法。为了别人的需要而生产,借助权利的交易实现企业与顾客的双赢。产权,如果不用于交易,就无法衡量和证明产出的有效性,也不能激励资源拥有者转让资源,让资源得到充分合理的利用。当充分的产权交易让资源不再具有交易的可能时,达到了资源的充分配置,就有了向内部挖掘潜力的动力,进一步就有了组织资源和通过科技进步发现资源价值的动力。

(3) 主张权利:财富丢失的原因

洛杉矶奥运会的成功在于主张权利的成功,也在于挖掘资源潜力的成功。如果奥运会这样巨大的收益因为忽略了权利主张而丢失,没有将权利主张细化并调动出资源,那将多么令人遗憾啊。

人们为什么没有主张权利?一个重要原因是没有意识到权利是保证产出的条件。人们缺少权利意识的现象十分普遍,大到领土丢失,小到家中物品遗忘,以及每天都安分守己地工作,从来不主张自己的权益。这种普遍丢失权利的现象在于对权益意识的淡薄,越是没有主张,越会忘记如何主张,越没有了主张意识。大致有以下三个原因。

首先,当权利变成产权的时候,就意味着衡量权利存在的价值在于财富的创造。这是一个基本观念,但人们经常忘记,把权利与产出分离。一个权利不能产出,或者是低效率的产出,通常是因为权利主张存在着问题,或者是忽略了权利意识,或者忽略了产出意识,从而让本可以创造财富的资源被隐藏、闲置和浪费。

其次,权利被误解。权利有许多种,但并非仅仅只有一种权利可以产生权益,许多人一讲到"权"就以为是政治权力,并且不愿意把权利这样的概念与经济利益挂钩,一旦挂钩,似乎就是在利用权力谋利。其实,在市场经济中,权利主要是用来做资源配置的,在资源与财富之间加入权利,可以让资源配置更有效率。其原因是权利可以帮助细化、准确、规定资源,也就是可以增加资源的信息。另一种误解是认为权利是自然的,只要认识到资源,就可以拥有权利。其实权利是通过主张得到的,权利不主张,权利就不会存在。有一些人认为强化权利会让权利过重,加强私人社会的力量,私权太重,社会将变得不公正,受到利益的诱导而走向邪恶。因此权利经常受到诟病,但主张权益可以实现双赢,因为如果权益是有约束的,权利在为个人利益服务的同时,客观上也会为社会服务。

再次,除了观念上的权利模糊,也存在着权利主张方法与规律认识的欠缺。如果只有观念没有方法,人们就不会在这个方面做出自我强化的行为,没有收获,人们体会不到意义,长期没有成就感,人们就会积累失败感,也会失去进一步行动的动力。对一个社会来说,普及主张权利的知识,可以成为创造财富的方法,甚至可以对国家的政策走向带来积极的促进作用。经常去一些荒无人烟的地方,去那些不能经过的

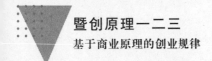

领海视察,到你出租的房子、闲置的房子看看,都是权利主张。如果你没有去,或者你不知道这样做的意义,那么可能就会有人以实际使用为理由让你的权利受到压缩,这些资源有可能会被强占。

监督自己的产权,不让自己的产权丧失,可以归纳出下列方法:

- 登记并清单化,自己要掌握权利的范围、存在方式,以便不遗漏地掌握产权情况。
- 到产权地去看看,视察的意义在于重申自己的主权。
- 如果不能去看看,那就适当进行产权声明并与公共产权管理部门协调,考察相关信息,比如购买股票你没有时间去公司,但你可以去股票市场上看看。
- 维护权利,如果权利可以定期有所回报,那么也要去争取分红,它既是在维护自己的利益,也避免让那些投机者以为权利可以偷窃,从而积累出不好的习惯并在恶习爆发时使企业面临无法挽回的局面。

(4) 权力与权利

权力是用来创富的,它变成了权利。

人们使用权利就是为了让资源环境更加宽松,其原因是资源多寡既由领地范围决定,也由对资源的挖掘能力决定,人们一方面扩张自己的权力范围;另一方面也在开动脑筋,把资源用得更好。前者唯权力而权力,在道德上经常受到诟病,现代社会被称为是侵略,因为那些所谓的蛮荒之地越来越少,增加自己的权力范围,可能就在压缩别人的权力范围;在经济发展的原始状态,许多当时看起来没有什么意义的资源,也没有多少权利的领域,却因为权利的渗透而造成了过度开发,有时因为急于满足需求,而急于开发,都遭到了自然的报复。中国的黄土高原 5000 年的历史就是这样的一个演变过程。

所以,人们对权力的反感还来自于一些掌握权力的人,不仅支配资源,还通过资源支配人,那些没有资源的人,受到支配经常感到愤愤不平。

随着社会的进步,人们渐渐认识到,这些只能是短期的获取财富的方法,也是一个让人们越来越穷的方法。社会逐渐觉醒,并使用一些约束行为,避免这些缺少道德的抢夺资源或利用资源压迫人的行为,转向挖掘资源潜力,调动资源内在价值。这样的行为受到社会的赞扬,其原因是这是一个不会伤害他人,却可以让自己获得财富的方法。

在经济发展的初期,社会用权力调动了人们去开发资源,扩张接触资源的空间范围,同时自然地挖掘现有资源,这两种行为在道德评价上并没有太大的差别,但是,当人类社会的资源所有权完全为主体所有的时候,压缩别人的空间扩张就变成不道德的行为,而创新地挖掘资源价值变成了有道德的行为。以前自然的行为,变成了人们普遍认可的高尚行为,而且越来越受到社会赞扬,甚至成为获取财富的基本方法。如果没有权力背景的财富激励,人们不可能去开拓资源空间,为通过挖掘资源获得财富创造条件。人类社会走向创新,是权力变成权利的过程和结果。

有了权利的保护,人们的创新行为为自己增加了财富,但创新行为更大的道德在于创新是一种思想,它一旦形成,可以传播成为人类共同拥有,而不只是为个人拥有。权利激励了个人投入行为,却为人类社会带来了利用资源的新方法。这是权利在经济社会中的重要意义,它是权力的利益化,也是权利的社会化。

尽管人类挖掘资源的目的并不完全是为了利益,人类精神对人们的教化作用可以让人们努力为社会服务。但是从一般意义上来讲,个人利益仍然是基本动力,在个人利益得到满足的前提下,人们会有更高的精神追求。人类社会越发展,物质越丰富,人们的个人利益追求越低,而社会责任追求越高;社会倡导的个人承担社会责任越多,人们为社会挖掘资源的创造财富也会越多。

前面还讨论过,权利包含了信息,如果它与利益结合,会包含更多的信息。信息的作用在于引导资源配置,让资源配置更有效率,而权利拥有者可以分配到效率增长的绝大部分份额,这也是激励私人去努力主张、发现并实现自己权利的原因。

发现权利就是挖掘资源配置中隐藏的各种潜在利益。2007 年,陕西西安的一位女大学毕业生,好不容易找到一个送盒饭的工作,却在目的地遭遇了一场责难。被指责她每天送的盒饭太单调了,送的盒饭还不好吃。如果这个毕业生没有"权利"观念,最多也就是把这个顾客的意见反馈给老板,因为她把自己定位成只是个打工的。如果她只是看透了老板不可能让顾客满意,她也可以自己创办一家饭店,用自己的努力让顾客满意,至少不致于挨骂。但是,她还有其他的选择。她问那个顾客:"你们需要什么?"这种再普通不过的问话包含了一个重要的商业智慧,也开始了她主张权利和发现权利的过程。她反问的意思是,你有权利指责我,但我也有权利反问。如果涉及利益关系,这种套取信息的办法,可以让她能够确定下一步她的权利方向,是服务好这样的挑剔顾客。通过反问,她得到了需求信息,这个信息可以成为她权利的来源。她回去以后,不再给这个老板打工,而是用"订"的方式得到所有白领可能的需求信息,然后找到她认为可以接受成本的饭店,满足各种不同花色的需求。她在饭店与顾客之间插入了一个新的行业,是一个以订餐为基本业务的特殊物流——送餐企业。后来她成了一个业绩非常不错的创业者。受到这个故事的启发,在互联网时代,出现了一个与其十分相似的企业——"饿了么"。

发现是一个商业设计过程,没有创业行动,这个发现还不能兑现成利益。通过自己去发现权利,可能让市场更加有效,可细化市场分工,增进社会福利。

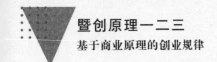

在市场中,人们很容易想到用竞争去争取利益,这不是在争取权利,因为它不是通过发现获得利益,对社会带来的好处有限,最多也就是通过价格战让更多顾客能够买得起。这经常受到人们的批评,至少很难听到人们的赞扬,原因是这种以竞争的方式压缩别人的利益空间,为自己争取利益,对社会进步的意义受到怀疑。

在中华文化中,"和而不同",意味着向自己挖掘资源,是主张权利和发现权利过程中一个突出的思想内核。"和"就是和谐、和气、和平,不以竞争、掠夺为获取财富的主要手段,而是以与竞争对手的差别来取悦顾客的理念和方法。不断深入服务顾客,唯一的办法就是挖掘资源的潜力,以"不同"和"有差别"服务顾客、创造价值。虽然"和"之中存在着淡化权利的倾向,但也避免了人们过于看中自己的权利,让社会秩序处于动荡和混乱之中。追求"不同",让社会获取财富的方式多样化,是发现利益的更有效的方法。

(5) 知识产权的权利

在用权利不断拓宽自己领域的过程中,人们的思想也成了权利,思想的内容也成为可以获取利益的工具。本来思想是不具有权利性质的,但是,为了鼓励人们不断产生新的思想和将思想转化为实际的财富,对思想的权利加以人为的规定,形成了知识产权制度,这一制度的核心是以国家的强制力来保护人们的思想,形成某种形式思想的独立性。知识产权制度的作用是激发人们的创造力,是以排他性的方法,保护思想者的个人(集体)利益,从而促进人们的发现和发明。

知识是人类对社会影响最重要的因素,知识一旦形成就不会消失,永远存在。知识不仅时间上会被人们不断传承并保留,在空间上也因人与人之间的传播不断得到扩散,非但不会因为扩散而受到磨损,还会因为不断被传播和理解而得到验证和完善。知识是人们对自然和社会的认识,知识创造是从无到有的活动。如果说物质生产是从有到有,是改变物质存在方式以形成功能,并且复制出大量相同的产品,而知识的从无到有,则是产生了一个无形的,却可以不断被不同的人传播、应用并发现其价值的内容。这样,知识的生产变成了社会纯粹的财富生产,不会让任何人的财富受损,还会让所有人的财富增加。

由于知识传播非常容易,这之中知识创造者的利益往往会被忽视或削弱。人们为了保护知识,人为加入了知识产权制度,以阻止知识随意传播的手段来维护知识创造者的利益。知识产权制度的出现促进了工业革命,也成为今天人们创造财富的重要保证。

利用知识产权制度创造财富是社会进步的标志。这并不是说,阻碍知识传播会促进社会进步,而是知识创造本身对社会进步有重要意义。在知识产权制度下,人们

主张权利、发现权利并兑现利益变得有法可依。因此,依据知识产权制度,主张自己的知识产权,通过运用并保护知识权利,可以实现更有效地创富。

知识产权的各种形态都可以成为财富创造的工具,专利、版权和商标是最典型的知识产权。但是,现在与知识接近的域名、博客、Workpaper 以及其他网络知识表达形态,也正在成为新型的获取利益的权利。当人们把一种知识申请成为知识产权的时候,就有可能通过知识产权出让、运用和转化获得利益。

有一位女士在 2002 年中国商标法允许私人拥有商标权时,把《飘》注册成洗发水的商标,挂在网上 5 天以后,就有一位中国香港商人以 12 万元港币将其购买下来。《飘》是著作权,有着很深的社会影响,但是没有人使用它作为商标,这位女士以挖掘现有知识产权的方式将其转换为商标。她的这种行为是挖掘知识,不算是过度利用知识产权制度,对社会有一定的好处。

2004 年,一位大学生听说德国大众在推出 2007 款汽车,它们在欧洲进行投票,让公众在四个商标名中进行选择。这是企业的一种营销方法,就是借助公众的喜爱确定自己的品牌。这位大学生觉得其中一个可能会胜出,他留意了一段时间,发现他确认的名称肯定会胜出,就以这个名称注册成了中文网络域名。两年以后,2006 年年底,一位上海人打来电话,他们以 8 000 元英镑成交,这位大学生成功将域名转让出去了。

知识产权形态的相互转换可以作为一种创造财富的重要方法,知识产权形态转换基于的是相同的内容,以相同或相近的内容用不同形态表达,可以让知识发挥不同的作用。内容是资源,需要加以开发,当使用不同知识产权形态可以让内容表现得更加丰富时,用途就会更加多样化,权利就会覆盖更广。

知识产权是一个"无中生有"的活动,创造知识产权并把知识产权作为资源,由那些需要知识的人拥有或使用是一些大企业的战略。美国硅谷有一家企业,将自己定位为技术应用研究企业,它们把 3 000 人的公司分成三个工作团队,第一个 1 000 人主要从事科技信息搜集,包括情报搜集与分析,科技前沿跟踪,科技线索挖掘;第二个 1 000 人主要从事技术的实验室开发和知识产权申请;第三个 1 000 人主要从事知识产权出售。它们只是将知识产权的使用权转让出去,而不会转让所有权。他们曾经吃过亏,他们发明的鼠标技术专利,以 50 美元价格出售给了日本企业,日本企业经过再次开发,每年收取的专利使用费达到一亿多美元。他们总结教训以后马上调整了战略,不再转让所有权,而是向全球出售他们研发的具有实用意义的技术专利。这个企业现在是世界 500 强企业。

主张知识产权不仅可以主动出击,维护自己的利益,也可以实现小企业的发展。珠海一家打印耗材企业,它们使用了独立开发和模仿大企业的打印机技术,破解了大

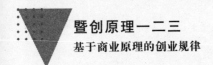

企业开发的新款打印机,结果经常遭到世界知名打印机公司的起诉。它们挺身而出,陪同这些大企业打官司,这既是法律消耗战,又是一种维护自己知识产权的态度。但多数情况下,它们会与大企业达成和解。和解意味着它们不会赔偿,更意味着它们的代理商不会因为出售违法商品而中断了合作。为了实施以知识产权为核心的战略体系,这家企业建立了内部知识产权管理系统,包括知识产权决策体系、知识数据系统、知识开发系统、知识产权运营系统等,形成了独特的发展方式。

(6) 创造产权的交易条件

企业要借助外部制度条件保护自己的产权。但是我们经常看到,并不是所有企业都会使用产权交易,原因是它们并没有意识到,产权交易既需要借助外部条件,也需要自己主动利用这些条件。

创造交易的条件就是把自己已经设计好的产品或服务,以更便捷的方式识别、以简捷的渠道接触、以更方便的结算、以更有感染力的推广等,减少购买者的购买障碍,刺激购买者的购买欲望,从而促进交易,进而为客户创造价值并提升企业价值。比如将大包装拆分成小包装,不仅可以让需求量小的顾客方便购买,减少他们因为消费不及时造成的不新鲜、功能退化以及对贮藏要求过高等问题,也可以减少他们的现时支出,还可能为方便搬运、携带创造条件。虽然小包装可能比大包装总价格更高,但是,拆分以后的好处,可能让顾客更容易接受。服务也可以进行拆分,共享单车是一个典型的例子,共享单车企业把使用自行车的时间拆分开,只要一空闲下来就有可能被骑行,企业的应用界面比较容易打开,结算与监督也十分方便,于是形成了共享单车被投资者追逐的热潮。

交易条件不好,会加大交易成本,它是无效成本,会阻碍交易。产权明晰会促使人们设法降低交易成本。也就是说,交易条件并不是绝对外生给定的交易条件,也可能是内生的,可以通过企业努力设法降低的一个变量。科斯定理所阐述的"在交易成本为零时,资源配置效率取决于产权明晰程度"只是科斯定理的一种形式,它的另一个含义是,如果交易成本不为零,产权已经明晰,那么当事人会设法降低交易成本让资源配置的活动得以实现,并在低的交易成本下促进资源配置优化。

当代许多技术都是为了降低成本而被应用的,一旦交易成本下降,创新者就可以通过自己的商业模式获得利益。他们可能减少了法律纠纷,节约了打官司的成本。或者建立一个平台,让所有可能受到交易成本影响而不能形成的供需通过平台实现对接。当今最典型的就是互联网技术的应用。

当然,降低交易成本并非只是靠技术的进步,在经济发展过程中,大宗产品交易市场、超市、农贸市场无一不是为了降低产品交易成本而出现的新商业模式。那些运

作市场的企业利用这样的平台也得到了不小的发展。为未来实物交易的期货市场更是吸引了许多大宗虚拟交易,运作平台的利益更大。

在金融市场,发展最早的是股票市场,它和股份公司制度一起成为促进经济发展的最重要的工具。人们说,股票和股份公司制度是人类的一大发明。在这些制度的推动之下,股份公司的概念形成,企业社会化的进程加快,也让企业得到了快速发展。股份公司的最大贡献是让公众有了新的投资渠道,使平民也可以成为大公司的股东,享受企业的红利,而不再是少数资本家得益。从企业角度来看,把分散的资金吸收进企业,集中成一笔大的资金,让企业可以在避免财务风险的前提下获得融资,同时,也会比较有效地吸收股民在参与公司治理中表现出的智慧。如果公开募集,切割好权利,让一份权利变小,小的权利可以让股权更加分散,企业更加公众化和社会化,穷人也可以买得起股票。如果借助股票市场,会形成更加公开的交易。如果使用电子交易方式,会进一步降低交易成本,以促进流通。如果实现电子交易网络化式移动化,就再次降低交易成本,也会促使企业拆分股票,让股票更加社会化。除了公司能够对如何设计权利,规定股份权利大小以外,最小的股份大小还会受到交易平台的传统与运行成本的限制,比如中国股票市场仍然保持着以 100 股为一个交易单位的最小交易数量,而不是 1 股为一个交易单位,就是基于这样的考虑。

通过创造交易条件,企业从中可以获得资源配置效率提升,这是企业一种重要的创富方法。比如把交易的股份数量缩小,就可以让更多的人能够购买股票,从而使融资更加容易;而股权再次分散,控股者可以用更少的资本调动更多的资本,而不会失去控股权,这不是给企业创造利益吗?

如果归纳交易条件创造的方法,大概有下列几种。

- 针对知识产权,建立平台或借助平台上网交易,直接沟通信息,其目的可以实现知识交易。但更有可能的是借助信息沟通,使知识产权人能够参与创业,或作为顾问深入到企业之中,参与企业与知识产权相关的研发过程,提高知识产权的转化效率。知识产权背后的投入,促进了知识产权能够变成创业行动,或者企业的创新实践,让知识产权配置效率更高,增加了社会财富,知识产权人也可以得到收益。

- 划小权利单位,可以增加权利,不仅股票如此,债权或者产品、服务也是如此。

- 借助各种交易平台,实现低成本交易,不论是股票以及各种金融产权工具,还是劳务市场,都可以减少交易费用,促进交易,在充分的选择中,实现人尽其才,物尽其用。

参 考 文 献

[1] 蒋银华.战略视角决策框架研究：基于竞争战略和蓝海战略的整合分析[J].科技进步与对策，2012,29(1)：26-31.

[2] 严生,吴晓波.中国企业蓝海战略[M].杭州：浙江人民出版社,2006：120-125.

[3] W.钱·金,莫博涅.蓝海战略：超越产业竞争,开创全新市场[M].吉密,译.北京：商务印书馆,2005：292-300.

[4] 左田园.浅析蓝海战略对中国企业的借鉴意义[J].黑龙江对外经贸,2010(11)：113-114.

[5] 王建军,吴海民."蓝海战略"的经济学解释[J].中国工业经济,2007(5)：88-95.

[6] 王立栋."红海战略"与"蓝海战略"的融合——扬子石化未来发展初探[J].中国石化,2009(4)：77-79.

[7] 刘文华,任利成,王刊良.基于服务能力和关系资本的服务商选择研究——决策者个体视角[J].技术经济,2011,30(6)：106-114.

[8] 冯俊.论服务企业服务力测评指标体系的建立[J].企业活力,2006(4)

[9] 杨旭东.顾客满意与顾客忠诚[J].商业研究,2006(7)：77-79.

[10] 严浩仁.试论顾客忠诚的影响因素与理论模型[J].商业经济与管理,2005(4)：61-65.

[11] 粟路军,黄福才.服务质量对顾客忠诚的影响机制研究——顾客消费情感的中介作用[J].大连理工大学学报：社会科学版,2011(1)：7-13.

[12] 吕海."老干妈"陶华碧的传奇之旅[J].全球商业经典,2019(2)：127-132.

[13] 唐绍祥,邵冉.顾客忠诚度问题研究评述[J].经济学动态,2010(5)：122-125.

[14] 吕天骄(编辑).老干妈：从贵州民间小吃到世界知名品牌[J].中国名牌,2019,10(2)：34-37.

[15] 朱冬.不想"二次增长"的企业,不是好企业！[J].中外管理,2018(3)：132-133.

[16] 齐延年.坚定不移走好企业发展之路[J].山西建筑业,2017(5)：23-28.

[17] 杨丹萍.对波特国家竞争优势理论的评析[J].技术经济与管理研究,2004(3)：30-32.

[18] 梁微.技术创新、服务性价值主张创新与企业价值[J].财会通讯,2019(27)：57-60.

[19] 王阳.脑白金营销策略分析——基于消费者行为角度[J].商场现代化,2017(5)：83-84.

[20] 王凡.红海与蓝海：两种战略的比较浅析[J].企业导报,2013(5)：62-63.

[21] 钱小龙,杨茜茜,顾天翼.解析大学MOOC商业模式的价值主张——以加州大学欧文分校为例[J].高教发展与评估,2019,35(4)：81-91＋112-113.

[22] 2018营销盘点之十大社会化营销[J].成功营销,2019(Z1)：25-27.

[23] 陈新.社会化营销实践方法探析[J].山西农经,2019(4)：18-20.

[24] 程美静.从顾客归属感到忠诚感[J].商场现代化,2011(7)：31-32.

[25] 汪纯孝,韩小芸,温碧燕.顾客满意感与忠诚感关系的实证研究[J].南开管理评论,2003(4)：70-74.

[26] 李姗姗.莱杯咖啡：打造全新现磨咖啡消费体验[J].中国商界,2018(1)：72-77.

［27］ 江积海,刘芮.互联网产品中用户价值创造的关键源泉：产品还是连接？——微信2011—2018年纵向案例研究[J].管理评论,2019,31(7)：110-122.

［28］ 何燕.中美电子商务商业模型比较研究——以阿里巴巴和亚马逊为例[J].东方企业文化,2010(12)：216.

［29］ 张正勇.脑白金品牌策略研究[D].复旦大学,2013.

［30］ 林旗.社会主义商业道德与盈利[J].商业研究,1980(5)：28-29.

［31］ 张强.深圳市停车管理问题及对策分析[J].交通企业管理,2019,34(5)：40-42.

［32］ 查明志.基于用户画像的运营商客户分析营销系统的设计与实现[D].山东大学,2019.

［33］ 韩佳嘉.推进商业经济创新发展的路径探索[J].山西农经,2019(4)：33.

［34］ 刘骏民.财富本质属性与虚拟经济[J].南开经济研究,2002(5)：17-21.

［35］ 陈震.市场经济财富四论[J].知识经济,2019(17)：108-110.

［36］ 李任玉,杜在超,何勤英,龚强.富爸爸、穷爸爸和子代收入差距[J].经济学(季刊),2015,14(1)：231-258.

［37］ 杨筱,高兴宇.充分发挥财务杠杆作用[N].山西日报,2019-09-02(97).

［38］ 秦廖元.财务管理基本理论问题的探讨[J].中外企业家,2019.

［39］ 刘晓颖,刘丽琴.财务杠杆应用及财务风险防范[J].内蒙古煤炭经济,2019.

［40］ 韩雅竹,杨行狮,施蓓源,王杉杉,翁欣欣.大学生创业知识产权融资讯存在的问题和对策研究[J].价值工程,2018：7-9.

［41］ 刘洋.洛杉矶奥运会：拯救"奥运危机"[J].中国商界(上半月),2019：91-93.

［42］ 张耀辉等.新商业模型评析(第一、二、三辑)[M].广州：暨南大学出版社,2009、2010、2011.

［43］ 张耀辉.知识经营者[M].北京：中国计划出版社,2000.

［44］ 朱武祥,魏炜.发现商业模式[M].北京：机械工业出版社,2009.

［45］ 张耀辉,张树义,王勇.创业基础[M].重庆：重庆大学出版社,2018.

［46］ [美]卡尔·爱波罗.信息规则[M].张帆,译.北京：中国人民大学出版社,2000.

［47］ [美]罗伯特·清崎,[美]莱希特.穷爸爸,富爸爸[M].黄明,译.西宁：青海出版社,2011.